普通高等教育"十一五"国家级规划教材
"十二五"普通高等教育本科国家级规划教材
国家精品课程配套教材
全国高校出版社优秀畅销书

# 电子商务概论
## （第4版）

宋文官 主编

清华大学出版社
北京

## 内 容 简 介

编写本书的目的是使读者了解电子商务的基本框架及初步应用,全书共分11章。

第1章电子商务概述,主要讲述了电子商务基础知识;第2章电子商务交易模式,主要讲述了B2C、C2C、B2B电子商务模式;第3章电子商务货币与网上支付,在这一章中增加了电子货币的内容;第4章物流信息管理;第5章电子商务交易安全;第6章网上销售与营销计划;第7章移动电子商务;第8章电子商务法律;第9章客户关系管理;第10章电子商务网站规划与建设;第11章中小企业电子商务案例分析。

本书参考最新修订的"电子商务师"国家职业资格标准编写,取材新颖,内容丰富,通俗易懂、EC聚焦、热点话题、实战演练是本书的特色。

本书适合作为高等院校电子商务专业、市场营销专业、商贸经营、财经专业等相关专业的电子商务基础教材,也可作为自学参考书及培训教材。

本书封面贴有清华大学出版社防伪标签,无标签者不得销售。
版权所有,侵权必究。 举报: 010-62782989, beiqinquan@tup.tsinghua.edu.cn。

### 图书在版编目(CIP)数据

电子商务概论/宋文官主编. —4版. —北京:清华大学出版社,2017(2024.7重印)
ISBN 978-7-302-47758-7

Ⅰ. ①电… Ⅱ. ①宋… Ⅲ. ①电子商务—高等学校—教材 Ⅳ. ①F713.36

中国版本图书馆CIP数据核字(2017)第164932号

责任编辑:谢 琛 李 晔
封面设计:常雪影
责任校对:李建庄
责任印制:杨 艳

出版发行:清华大学出版社
网　　址:https://www.tup.com.cn, https://www.wqxuetang.com
地　　址:北京清华大学学研大厦A座　　邮　编:100084
社 总 机:010-83470000　　　　　　　　　邮　购:010-62786544
投稿与读者服务:010-62776969, c-service@tup.tsinghua.edu.cn
质量反馈:010-62772015, zhiliang@tup.tsinghua.edu.cn
课件下载:https://www.tup.com.cn, 010-83470236

印 装 者:三河市人民印务有限公司
经　　销:全国新华书店
开　　本:185mm×260mm　　印 张:17.75　　字 数:433千字
版　　次:2006年9月第1版　2017年10月第4版　　印 次:2024年7月第18次印刷
定　　价:56.00元

产品编号:071389-02

# 前 言

电子商务如果从1997年网易成立算起至今已有20年的历史了。1998年阿里巴巴成立,阿里巴巴成立之初,就有着非常明显的赢利模式,2003年淘宝上线,2004年京东上线,这三家企业代表着典型的B2B、B2C、C2C企业。2012年天猫成立,这期间还有当当、唯品会、美团、滴滴、聚美优品等著名的电子商务企业。2015年典型的电子商务企业以共享单车为代表,2016年以网红直播为代表。近年来,农村电子商务的推广,说明电子商务已到了普及阶段。

在这种形式下,为满足市场的需要,各类院校都开设了电子商务专业及电子商务相关课程。特别是电子商务专业,在广大专业教师的努力下,培养目标越发清晰。

笔者从2000年开始负责国家"电子商务师"职业资格标准的起草工作,电子商务的职业活动随着电子商务行业的变化大概5年左右有一次较大的变化。2000年时电子商务专业以"网站"建设为中心进行电子商务专业课程设置,这是电子商务专业的初期,商务课程较弱,技术导向明显;2005年开始,电子商务平台优势相对突出,以阿里巴巴、京东、当当为代表,这时传统企业开始进入电子商务领域,商务课程增多;2008—2013年,电子商务细分且竞争激烈,这时出现的美团、饿了吗、大众点评等典型平台,网络营销成为电子商务的主要内容。2014年开始,大型的电子商务平台非常少,这时全民电子商务兴起,人们对互联网重新认识,以互联网为主导的新经济突起,电子商务专业以"网店"运营为核心进行课程设置。

学校里的专业有三个基本特征:第一是基本能力,这个基本能力是其他专业中没有的,也是其他专业的基本能力不能替代的;第二是专业边界,与相近专业相比,有着明显的边界;第三是层次分明,层次分明的概念是中职、高职、本科的专业分界在哪里,这也涉及同一门课程如何区分三个层次。

近年来,有人提出"移动商务"专业,电子商务专业是基于互联网出现的,而当终端由PC转向手机时,互联网的本质并没有变,只不过是"无线"上网代替了"有线"上网,"小屏幕"代替了"大屏幕"。国家电子商务师职业标准中对电子商务职业定义是:利用互联网及现代信息技术从事商务活动的人员。无论小屏幕还是大屏幕都是利用互联网进行商务活动。

学校专业课程设置的变化相对滞后。但经典课程越来越清晰,这源于对电子商务专业的边界的理解趋于形成共识。电子商务概论(基础)、网络营销两门课程的认可度相对最高。

电子商务概论的相关图书已被越来越多的学校用来开设公共课,为在校学生普及电子商务知识及技能。本书的主要任务是描述电子商务的基本框架,在本次修订中,"电子货币"内容增加的较多,其他内容只是作了更新。

本书由宋文官教授主编,其中第1章和第2章、第5章和第6章、第8章和第9章由宋文官执笔完成,第 3 章和第 4 章由徐文执笔完成,第 7 章和第 10 章由胡蓉执笔完成,第 11 章由宋文官及麻丽颖改编,全书由宋文官教授统稿。

  在本书的编写中一直得到清华大学出版社谢琛编辑及清华大学谭浩强教授的大力支持,阿里巴巴提供了部分原创性案例,并从企业培养人才的角度提出了修改意见,在此谨表衷心的感谢。

  由于电子商务的基本框架包含哪些内容、电子商务的基本能力如何训练等都是值得研究的问题,再加上作者的学术水平有限,书中不足之处在所难免,敬请各位专家、读者批评指正。

宋文官

songwg@vip.163.com

# 目录

## 第 1 章 电子商务概述 … 1

1.1 传统商务与电子商务　1
 1.1.1 什么是电子商务　1
 1.1.2 商务运作流程　2

EC 聚焦——从传统贸易到网络贸易　6

1.2 电子商务基本框架　8
 1.2.1 电子商务的基本组成　8
 1.2.2 物流、资金流和信息流　9
 1.2.3 企业电子商务的基本框架　9

EC 聚焦——格兰仕的"非典"时期　10

1.3 电子商务标准　10
 1.3.1 国外电子商务标准发展　10
 1.3.2 网上零售交易标准　11
 1.3.3 我国电子商务相关标准发展　12

EC 聚焦——迈克的大礼包　13

1.4 互联网应用　13
 1.4.1 IP 地址　14
 1.4.2 域名　15
 1.4.3 电子邮件　22
 1.4.4 浏览器　26

EC 聚焦——雅虎的域名　28

1.5 电子数据交换　29
 1.5.1 什么是电子数据交换　29
 1.5.2 手工方式与 EDI 方式的比较　29
 1.5.3 EDI 贸易的工作步骤　30
 1.5.4 EDI 标准　32

EC 聚焦——EDI 在商检中的应用　32

关键概念　33
简答题　33
热点话题　33

实战演练　33

## 第2章　电子商务交易模式 ································································ 36

2.1　商务模式　36

EC聚焦——网上超市1号店　37

2.2　B2C电子商务模式　37

  2.2.1　B2C电子商务概述　37

  2.2.2　B2C电子商务的主要模式　38

  2.2.3　B2C电子商务企业类型　45

  2.2.4　B2C电子商务企业的收益模式　48

EC聚焦——从传统企业走向电子商务企业的易购365　49

2.3　C2C商务模式　50

  2.3.1　C2C电子商务概述　50

  2.3.2　拍卖平台运作模式　51

  2.3.3　店铺平台运作模式　56

EC聚焦——网上创业　59

2.4　B2B电子商务模式　60

  2.4.1　B2B电子商务概述　60

  2.4.2　B2B电子商务的模式　61

  2.4.3　B2B电子商务赢利模式　65

EC聚焦——思科连接在线　67

关键概念　67

简答题　68

热点话题　68

实战演练　68

## 第3章　电子货币与网上支付 ······················································· 70

3.1　电子货币　70

  3.1.1　电子货币的概念　70

  3.1.2　电子货币的发行和运行　70

  3.1.3　储值卡型电子货币　71

  3.1.4　银行卡型电子货币　71

  3.1.5　电子支票　72

  3.1.6　电子现金　73

EC聚焦——区块链　79

3.2　网上支付　80

  3.2.1　什么是网上支付　80

  3.2.2　网络银行　81

  3.2.3　网上支付工具的比较　85

EC聚焦——招商银行的参与方　86

3.3 第三方支付 87
　　3.3.1 什么是第三方支付 87
　　3.3.2 第三方支付的特点 87
　　3.3.3 第三方支付产品 88
EC 聚焦——拉卡拉 93
3.4 移动支付 93
　　3.4.1 移动支付的概念 93
　　3.4.2 移动支付实例 94
关键概念 95
简答题 95
热点话题 95
实战演练 95

## 第4章 物流信息管理 97

4.1 物流概述 97
　　4.1.1 物流的构成要素 97
　　4.1.2 物流管理及其目标 98
　　4.1.3 物流对电子商务的影响 102
　　4.1.4 电子商务下物流体系的模式 103
EC 聚焦——美国联合包裹运送服务公司 UPS 105
4.2 物流配送与配送中心 106
　　4.2.1 电子商务下的物流配送 106
　　4.2.2 电子商务下的配送中心 111
EC 聚焦——光明乳业的现代物流配送 114
4.3 物流信息管理 115
　　4.3.1 物流信息 115
　　4.3.2 物流信息技术 116
　　4.3.3 物流信息系统 119
EC 聚焦——北京华联综合超市条码应用 123
关键概念 124
简答题 124
热门话题 124
实战演练 125

## 第5章 电子商务交易安全 126

5.1 电子商务安全概述 126
　　5.1.1 电子商务的安全问题 126
　　5.1.2 电子商务安全体系 128
　　5.1.3 电子商务的安全控制要求 129
　　5.1.4 电子商务安全管理 129

EC 聚焦——网络黑客　132

　5.2　电子商务安全技术　133

　　　5.2.1　数据加密技术　133

　　　5.2.2　数字签名技术　137

　　　5.2.3　数字证书　139

　　　5.2.4　信息加密与数字认证的综合应用　141

　　EC 聚焦——信息窃密　143

　5.3　电子商务安全交易协议　144

　　　5.3.1　SSL 协议　144

　　　5.3.2　SET 协议　146

　　　5.3.3　SSL 协议与 SET 协议比较　148

　　EC 聚焦——与 SET 有关的支付　149

　　关键概念　150

　　简答题　150

　　热点话题　150

　　实战演练　151

## 第 6 章　网上销售与营销计划　152

　6.1　网上产品　152

　　　6.1.1　网上产品的利益　152

　　　6.1.2　网上产品的成本　154

　　　6.1.3　网上的产品组合策略　155

　　EC 聚焦——Datek 的故事　156

　6.2　网络销售　157

　　　6.2.1　网络营销渠道的职能　157

　　　6.2.2　网络广告　159

　　　6.2.3　网络促销　161

　　　6.2.4　许可营销　162

　　　6.2.5　搜索引擎营销　164

　　EC 聚焦——走对一步,领先一路　166

　6.3　网络营销计划　167

　　　6.3.1　制定网络营销计划的七个步骤　167

　　　6.3.2　设计营销组合战略　167

　　　6.3.3　行动计划　168

　　EC 聚焦——某公司网络营销计划　170

　　关键概念　170

　　简答题　171

　　热点话题　171

　　实战演练　171

# 第7章 移动电子商务 ... 173

## 7.1 移动电子商务概述 173
### 7.1.1 移动电子商务的定义 173
### 7.1.2 移动电子商务的架构 174
### 7.1.3 移动电子商务的特点 174
### 7.1.4 移动电子商务的服务 175
### 7.1.5 移动电子商务的模式 176

EC聚焦——某公司移动商务 176

## 7.2 移动电子商务的行业应用 177
### 7.2.1 移动办公 177
### 7.2.2 移动银行 178
### 7.2.3 零售行业 179
### 7.2.4 无线医疗行业 180
### 7.2.5 物流领域 180
### 7.2.6 移动资产管理和诊断 181
### 7.2.7 移动娱乐 181

EC聚焦——世界移动银行发展 181

关键概念 182

简答题 182

热点话题 182

实战演练 183

# 第8章 电子商务法律 ... 185

## 8.1 电子商务法概述 185
### 8.1.1 电子商务法的概念 185
### 8.1.2 电子商务法的特点 186
### 8.1.3 电子商务法的特殊问题 187

EC聚焦——上海某传呼台主控计算机数据库破坏案 188

## 8.2 相关的电子商务法 188
### 8.2.1 电子签名法 188
### 8.2.2 电子合同法 191
### 8.2.3 域名法律保护 192

EC聚焦——免费电子邮箱谁负责任 196

关键概念 196

简答题 197

热点话题 197

实战演练 197

# 第9章 客户关系管理 ... 198

## 9.1 客户关系管理 198

        9.1.1  关系营销的定义  198
        9.1.2  客户关系管理的定义  201
        9.1.3  电子商务与 CRM  202
        9.1.4  CRM 的实施  203
        9.1.5  CRM 案例——汇丰银行如何定义其最佳客户  204
        9.1.6  CRM 案例——保险公司的客户服务  207
    EC 聚焦——航空业 CRM  209
    9.2  售后服务  210
        9.2.1  正确处理客户投诉  210
        9.2.2  售后服务必不可少  213
    EC 聚焦——阿里巴巴客户管理系统  215
    9.3  数据挖掘与 CRM  218
        9.3.1  数据挖掘技术  218
        9.3.2  数据挖掘在 CRM 中的应用  220
        9.3.3  展会数据挖掘应用步骤  221
    EC 聚焦——电信行业的应用  223
    关键概念  223
    简答题  224
    热点话题  224
    实战演练  224

第 10 章  电子商务网站规划与建设 ………………………………………………… 226

    10.1  为什么要建商务网站  226
        10.1.1  什么是商务网站  226
        10.1.2  建商务网站的理由  226
    EC 聚焦——波斯机械  230
    10.2  商务网站上的主要内容  230
        10.2.1  联系信息  231
        10.2.2  重要客户的介绍  231
        10.2.3  公司产品和服务介绍  231
        10.2.4  新闻  232
        10.2.5  价格  232
    10.3  市场需求分析  233
        10.3.1  市场需求分析的基本内容  233
        10.3.2  市场需求分析的难点  233
    EC 聚焦——金缘婚典网站市场需求分析  234
    10.4  商业模式  236
        10.4.1  什么是商业模式  236
        10.4.2  几种典型的商业交易模式  237
    EC 聚焦——旅宝网网站商业模式设计  238

  10.5 业务流程及网页设计 **240**
    10.5.1 业务流程 **240**
    10.5.2 网页设计方法 **241**
 EC 聚焦——艺海拾贝网站设计 **242**
  10.6 网站测试 **244**
    10.6.1 测试纲要 **244**
    10.6.2 系统测试 **245**
  10.7 网站发布与推广 **246**
    10.7.1 网站内容发布管理规范 **246**
    10.7.2 网站推广的目标 **247**
    10.7.3 网站推广方法 **248**
 关键概念 **248**
 简答题 **248**
 热点话题 **249**
 实战演练 **250**

**第 11 章 中小企业电子商务案例分析** ………………………………………… **252**
  11.1 案例 1 Jane Ivanov：阿里巴巴助我创办孕产妇内衣王国 **252**
  11.2 案例 2 中小企业利用网络做外贸 **253**
  11.3 案例 3 网络贸易建立企业品牌 **254**
  11.4 案例 4 贸易通的巧妙沟通 **256**
  11.5 案例 5 B2B 与 C2C 的界限真的可以打破 **257**
  11.6 案例 6 从零开始做外贸 **258**
  11.7 案例 7 小雨伞大舞台 **259**
  11.8 案例 8 成熟产品也能开拓国际市场 **260**
  11.9 案例 9 特殊产品也可通过网络做外贸 **262**
  11.10 案例 10 网络怪才获取大订单 **263**
  11.11 案例 11 让我们的光明照耀全世界 **266**
  11.12 案例 12 亿元企业更需要网络营销 **267**
  11.13 案例 13 从"门外汉"向"行家里手"挺进 **269**

**参考文献** ……………………………………………………………………………… **271**

# 第 1 章 电子商务概述

**学习要点**

- 什么是电子商务；
- 传统商务与电子商务的区别；
- 电子商务的组成要素；
- 互联网接入及相关服务；
- IP 地址及域名；
- 网上零售标准；
- 电子数据交换及应用。

## 1.1 传统商务与电子商务

### 1.1.1 什么是电子商务

以前你需要迈开双脚才能逛完一个百货商店,现在你只需选择电子商务在家里就可以逛成千上万个百货商店,找最价廉物美的商品。现在人们像需要呼吸一样需要网络,需要电子商务！人类所表现出的创造力,没有哪种能够像互联网及现代通信技术那样,如此广泛和迅速地改变社会。然而,尽管这些变革非常显著,我们消化和学习的过程却只是刚刚开始。

电子商务是指通过互联网进行销售商品、提供服务等的经营活动。例如,通过互联网销售笔记本电脑,通过互联网为客户提供软件下载服务,通过互联网远程修复个人计算机,还可以通过互联网进行远程医疗服务等。

在我国国家职业标准中对"电子商务师"职业的定义为：利用互联网及现代信息技术从事商务活动的人员。

对于电子商务有人喜欢用 e-business 这个词表述,也有人喜欢用 e-commerce 这个词表述,e-business 比 e-commerce 所包含的内容更加广泛。但大多数人更容易接受 e-commerce 这个词,对这些之间的区别与联系本书不加讨论,请读者参考有关文献。本书采用 e-commerce 这个词,其目的是将电子商务限定在"互联网"上进行的商务活动,这些商务活动包括商品交易、信息服务、产品服务等内容。

电子商务模式的分类有很多种,认可度较高的是按交易对象分类,即电子商务可分成 B2B、B2C、C2C 三种类型。

（1）企业间的电子商务（Business to Business，B2B）,即企业与企业之间,通过网络进行产品或服务的经营活动。B2B模式又可以分为两种：第一种是企业之间通过网络进行产品销售和购买，第二种是企业之间通过网络提供服务和得到服务。

（2）企业与消费者之间的电子商务（Business to Customer，B2C），即企业通过网络为消费者提供一个产品或者服务的经营活动。B2C模式也可以分为两种：第一种是企业与个人消费者通过网络进行产品销售和购买，第二种是企业与个人消费者通过网络提供服务和得到服务。

（3）消费者之间的电子商务（Customer to Customer，C2C），即消费者与消费者之间，通过网络进行产品或服务的经营活动。C2C电子商务中的参与者主要有两个：消费者及为消费者提供网络服务的平台提供商，例如，买买乐、淘宝网、易趣网等。

新浪、搜狐、网易等门户网站分别为企业或个人提供新闻、邮件、广告、短信、游戏等服务活动，属于B2B及B2C服务类商务活动；阿里巴巴网站主要是为企业提供产品销售和采购等商机信息服务，从事的是B2B服务类商务活动；拍拍网主要是为个人消费者提供拍卖等商机信息服务，从事的是B2C类商务服务，当当网主要是为个人消费者提供图书、光盘等产品，从事的是B2C电子商务活动；联众网站为个人消费者提供娱乐服务，从事的是B2C服务类电子商务活动；工商银行等金融机构的在线银行通过网络为企业和个人提供金融服务，从事的是B2B、B2C服务类电子商务活动。

一个企业可能是B2B与B2C共存的，例如一个生产电视机的公司，这家公司可以在互联网上向消费者销售它的产品，即B2C电子商务。它通过互联网从其他公司采购用来生产电视机的原材料，即B2B电子商务。除了采购和销售活动外，这家公司还需要完成将原材料转成电视机的许多活动，其中包括招聘并管理生产电视机的工人、租赁或购买用于生产和存放电视机的场地、运输、会计记账、购买保险、开展广告活动以及设计新型的电视机产品等。这些交易和业务流程大部分都可以在互联网上进行。

有关电子商务类型的详细内容请参考本书第2章。

### 1.1.2　商务运作流程

**1. 传统商务**

商务是指与商品买卖及服务相关的一切事务活动。例如，请客户打高尔夫球，定期召开研讨会，举行特色晚餐，给客户发短信祝贺生日，电话回访老客户等，这些活动虽然不能直接产生交易，但能够为交易打下基础。

交易是指双方以货币为媒介的价值的交换。例如，小张花5000元买一台笔记本电脑，某公司用50万元购买化妆品材料等。

传统商务起源于远古时代，当人门对日常活动进行分工时，商务活动就开始了。每个家庭不再像以前那样既要种植粮食，又要打猎和制造工具。每个家庭只专心于某一项活动，然后用他们的产品去换取所需之物。例如，制造工具的家庭可以和种植粮食的家庭互换物品，制造工具的家庭可以与打猎的家庭互换物品，打猎的家庭可以与制造工具的家庭互换物品，人们在一个特定的场所进行物品交换，远方的人们走路或骑马来到这些固定的场所进行物品交换。那时，物品信息传达只靠"听说、观察"来获取，有些消息灵通人士善于利用这些信息进行货物交换，后来称之为商人。在这些原始的商务活动中，无形的服务也开始了买卖。

例如，占卜通过求神保佑来换取必要的食品和工具等。

货币的出现取代了易货贸易，交易活动变得更容易、更简捷了（参见图1-1）。然而，贸易的基本原理并没有变化，只不过是将原来的以物易物变成以货币购买物品。商务或商务活动是至少有两方以上参与的有价物品或服务的协商交换过程，它包括买卖各方为完成交易所进行的各种活动。

图1-1 货币的变迁

1）买方

可以从买主或卖主的角度来考察交易活动。在传统商务中，涉及买方的业务活动如图1-2所示。

图1-2 买方

买方的首要工作就是确定需要。这种需要可能只是一个简单的需求，如一个人说"我饿了，想吃午饭"。这种需要也可能是非常复杂的需求，如要建设城市地铁。对一个饥饿的人来说，确定需要非常简单，只要想一下附近有哪些快餐店就可以解决问题了。但对于"城市地铁建设"就需要很多人长期地有组织地工作。在实际工作中，大部分确定需要工作的难度在上述两个极端之间。

一旦买方确定了他们的特定需要，就要寻找能够满足这些需要的产品或服务。在传统商务中，买方寻找产品或服务的方法很多，他们可以参考产品目录、请教朋友、阅读广告或查找工商企业名录等。买方也可以向推销员咨询商品的特点和优势。买方选择了满足某一特点需要的产品或服务之后，就要选择一个可以提供这种产品或服务的卖主。在传统商务中，买主可以通过很多途径与卖主进行接触，包括电话、邮件和贸易展览会。一旦买主选择了一个卖主，双方就开始了谈判。谈判内容包括交易的很多内容，如交货日期、运输方法、质量保证和付款条件，另外还常常包括产品交付或服务提供时要进行检验的各个细节问题。

如果买方是一家企业，采购交易的谈判可能会十分复杂。例如，当航空公司从飞机制造公司采购一架新飞机时所涉及的订购、交付和检验工作就非常复杂。企业一般会设立专门的部门同供应商谈判采购交易。

当买方认为收到的货物满足双方议定的条件时，他就应该支付货款了。买卖完成后，买方可能需要就质量担保、产品更新和日常维护等问题和卖方接触。

2）卖方

对于上述的买方完成的每一项业务，卖方都有一个相应的业务与之对应。图1-3给出了卖方的主要活动。

**图1-3　卖方**

卖方通常通过市场调查来确定潜在顾客的需要。企业在确定顾客的需要时，经常使用的方法包括问卷调查、推销员与顾客交谈、主题小组讨论或聘请企业外部的咨询公司等方法。

一旦卖方确定了顾客的需要，他们就要开发出能够满足顾客需要的产品，包括新产品的设计、测试和生产等过程。卖方的下一步工作是让潜在顾客知道这种新的产品或服务。在产品的开发过程中，卖方要开展多种广告和促销活动，同顾客及潜在顾客沟通关于新的产品或服务的信息。

一旦顾客对卖方的促销活动有了回应，双方就开始对交易的条件进行谈判。在很多情况下，谈判是非常简单的，例如，在超级市场的交易不过是顾客进入商店、选择商品然后付清货款。

有时，交易需要艰苦漫长的谈判，以便对商品的运输、检验、测试和付款达成协议。双方解决了运输问题后，卖方就要向买方交付货物或提供服务，同时还要向买方提供销售发票。在有些业务中，卖方每月还会向每个顾客提供一份明细账，包括该顾客本月收到的发票及付款情况。

在有些情况下，卖方要求买方在交货前或交货时付款。大部分企业还是靠商业信用做生意，所以卖方先记下销售记录，然后等待顾客付款。大多数企业都有先进的顾客付款接收和处理系统，并利用这个系统来跟踪每一个应收货款账户，以保证所收到的每笔货款都对应于正确的顾客和发票。销售活动结束后，卖方常常要为产品和服务提供持续的售后服务。在很多情况下，卖方要根据合同或法规对售出的产品或服务提供质量担保，以确保这些产品或服务能正常地发挥效用。卖方提供的售后服务、日常维护和质量担保可以使顾客满意并重新购买企业的产品。

**2．电子商务**

通信工具的变革，给商务活动插上了翅膀，但贸易的基本原理还是没有变。早在1839年，当电报刚出现的时候，人们就开始运用电报进行商务活动，例如，"请速发货"，这是催促发货的电报，比任何交通工具都要快且节省时间。随着电话、传真、电视、移动通信等电子工具的诞生（参见图1-4），商务活动中可应用的电子工具进一步扩充。在电话出现以前，电报还是较为先进的商务工具，电报的缺点是文字少，不能说明复杂商务问题。电话出现以后解决了复杂商务信息的传送问题，商人可通过电话说明较复杂的商务问题，但用电话做商务存在的问题是只能"说"，不能留下凭证，于是人们发明了传真，传真通过电话线能传送商务凭证，且信息量比电报大得多。广播的出现,让人们能"听"到远方的声音,于是商务广告在广播中出现,人们听起来感到亲切。电视这种媒体能播放人们看得见的画面,由于视觉效果显著,所以商务应用很快普及,广播与电视这两种媒体的最大缺点是不能交互,观众的参与性较差。互联网的出现,极大地影响了人类的生活方式。

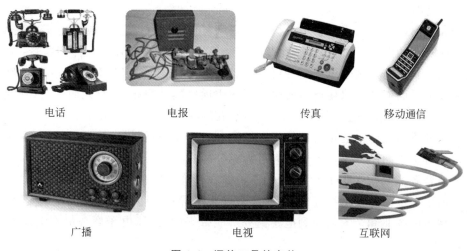

图1-4 通信工具的变革

电子商务伴随着互联网的出现而诞生。电子商务可以让人们逛更多的百货商店,寻找最价廉物美的商品,找到最好最优的服务,企业可同时为更多的人服务。为什么互联网可以做到这些?因为互联网简单易用、成本低。

在电子商务环境下,商务的运作过程没有变,只是其中的一些环节运用电子商务进行。例如在图1-2中,确定需要、选择供应商及支付货款在电子商务中是很容易实现的。在图1-3中,广告、接收货款在电子商务中也是容易实现的。电子商务的流程更加注重买卖双方的业务流程。在买卖双方中将图1-2及图1-3合成为交易前的准备、贸易的磋商、合同的签订以及资金的支付等环节。

(1)交易前的准备:在电子商务模式中,交易的供需信息都是通过交易双方的网址和网络主页完成的,双方信息的沟通具有快速和高效的特点。

(2)贸易的磋商:电子商务中的贸易磋商过程将纸面单证在网络和系统的支持下变成了电子化的记录、文件和报文在网络上的传递过程,并且由专门的数据交换协议保证了网络信息传递的正确性和安全性。

(3)合同的签订:电子商务环境下的网络协议和电子商务应用系统保证了交易双方所有的贸易磋商文件的正确性和可靠性,并且在第三方授权的情况下,这些文件具有法律效力,可以作为在执行过程中产生纠纷的仲裁依据。

(4)资金的支付:电子商务中交易的资金支付采用信用卡、电子支票、电子现金和电子钱包等形式以在网上支付的方式进行。

并不是所有的商品都适合采用电子商务,例如易腐食品、低值小商品等。有些商品非常适合采用电子商务,例如软件、图书、音像制品、旅游服务、信息服务和远程教育等。有些商品可以采用电子商务与传统商务相结合的方式,例如汽车、古董、珠宝等。

与传统商务相比,电子商务给买主提供了更多的选择,因为买主可以考虑更多卖主的产品和服务。买主每天 24 小时都可以与卖主接触。有些买主在决定购买时喜欢得到大量的信息,有些买主则只需要较少的信息。电子商务可以使顾客根据自己的需要决定获得信息的多少。在电子商务环境下,买主可以通过 WWW(World Wide Web,万维网)立即得到所需的信息。有些产品(如软件、声音和图像等)甚至可以直接通过互联网传递。这样就减少了买主的等待时间。

电子商务的好处可以惠及整个社会。互联网可以安全、迅速、低成本地实现税收、退休金和社会福利金的电子结算。另外,比起支票结算,电子结算更容易审计和监督,这可以有效地防止欺诈和盗窃。由于电子商务可让人们在家工作,交通拥挤和环境污染问题也可以得到缓解。电子商务还可以使产品或服务到达边远地区。例如,不管人们住在哪里,也不管他们何时学习,都可以通过远程教育学习知识、获得学位。

有些业务流程也许永远也不能使用电子商务。例如,不管将来技术如何进步,易腐食品和珠宝古董等贵重商品都不可能远距离进行充分的检验。

有些消费者不愿改变购物习惯,他们不习惯在计算机屏幕上选购商品,而愿意到商场亲自购物。由于电子商务安全存在的问题,还有一些消费者不愿在互联网上发送信用卡号码;随着越来越多的企业和个人认识到电子商务所能带来的好处,电子商务的有关缺点将会逐渐消失。

**3. 传统商务与电子商务的比较**

传统商务与电子商务的比较可从信息提供、流通渠道、交易对象、顾客方便度和交易时间等几个方面进行,如表 1-1 所示。

表 1-1 传统商务与电子商务的比较

| 项 目 | 传统商务 | 电子商务 |
| --- | --- | --- |
| 信息提供 | 根据销售商的不同而不同 | 透明、准确 |
| 流通渠道 | 企业→批发商→零售商→消费者 | 企业→消费者 |
| 交易对象 | 部分地区 | 全球 |
| 交易时间 | 规定的营业时间内 | 24 小时 |
| 销售方法 | 通过各种关系买卖 | 完全自由购买 |
| 顾客方便度 | 受时间与地点的限制 | 顾客按自己的方式购物 |
| 对应顾客 | 需要用很长时间掌握顾客的需求 | 能够迅速捕捉顾客的需求,及时应对 |
| 销售地点 | 需要销售空间 | 虚拟空间 |

# EC 聚焦——从传统贸易到网络贸易

凯瑞服饰有限公司是一家以经营箱包、服饰等系列产品为主导的现代专业营销公司,业务范围分为外贸箱包、礼品出口和内贸品牌服饰营销两大部分。作为一家具有 10 年出口贸易经验的公司,凯瑞具有稳定的海外客户资源,可是公司总经理下令外贸部放弃大部分的国外老客户,一切从零开始。当时由于单纯依靠老客户下订单,所以客户的任何要求凯瑞都不敢怠慢,而苛刻的价格更是让利润单薄。几年的合作使得公司的外贸业务进入一个恶性循环轨道,企业对老客户的依赖程度越来越强。原有的出口形式只能使企业朝着不健康的方向发展,所以企业痛下决心快刀斩乱麻。在接下来的几个月里,公司断绝了大部分原来的外贸客户关系,公司的业务量明显下降了40%。

正当企业整装待发,准备利用春交会的契机重新开始的时候,一场突如其来的"灾难"让凯瑞人不禁打了几个寒噤。某年的"非典"在全国范围内蔓延,尤其是北京、广州等人口密集型城市,传统的贸易推广方式在非典的淫威下变得弱不禁风。凯瑞人同时感到,单纯依靠广交会等传统方式已经无法改变企业现状,必须另谋生路。公司总经理果断指出,投资电子商务。在危急时刻,公司想到了阿里巴巴网站。对于这家同在一个城市的B2B网站,凯瑞公司早有耳闻,并成为阿里巴巴免费会员。总经理认为,阿里巴巴定位于中小型企业,是一家处于高速发展时期的新兴企业,与这样的公司合作,必将给企业带来新鲜气息,伴随企业共同成长。

从广交会回来以后,公司的业务员都被"隔离"了,刚好趁着隔离期间,他们在家里完成了公司介绍和产品图片的准备工作。

加入"中国供应商"以后,公司人力资源部对外贸部做了一些调整。

(1) 设立网络处理专员,全权负责对阿里巴巴网站发来的信息进行处理;

(2) 调整工作时间,方便与国际买家联系;

(3) 建造全新的公司网站,配合阿里巴巴网站宣传。

一切准备就绪后,凯瑞公司开始了全新的电子商务之旅。很快8个月过去了,凯瑞公司除了收获一大堆买家询盘和寄出一大批样品以外,几乎颗粒无收。但是自始至终,他们都没有把不成功的原因归于电子商务,而是检讨自己在哪些环节上没有做好。为此他们采取了很多举措:为了方便管理客户询盘,公司专门投资建造了一个强大的数据库,规范买家信息的入库工作;每月定期召开网络工作会议,分析国际形势。凯瑞的王经理认为,既然选择了电子商务就必须在这个领域里坚守下去,哪怕在一年的第365天才接到订单。

在当年年末,凯瑞公司终于迎来了加入"中国供应商"后的第一笔订单。但是成交金额只有1270美元,凯瑞人为此付出的辛劳却远远高于它本身的价值。这是一位荷兰买家,他们和这个买家谈了整整半年时间,期间他们每周给客户报一次价格,每个月寄一次样品,最后才做成订单。虽然订单几乎是亏本的,但是富有远见的总经理告诉大家,这是一个突破,大家要充满信心,只要做好服务,付出就一定有回报。从加入中国供应商开始,凯瑞公司的电子商务出现了转机,陆续与众多买家建立了合作关系,这其中,包括德国的官方买家——德国铁路公司和德国移动公司。经过海外朋友推荐,两位买家找到了凯瑞。起初的合作并没有持续稳定地开展起来。当产品上传到阿里巴巴网站以后,买家通过对网上产品的考察和关注,才加大了与凯瑞公司的合作。但是与大买家的合作并不是一件容易的事情,凯瑞总结了这些大买家的一些采购特点:

(1) 德国铁路和移动公司采购的产品多半是用于促销派送,采购的产品种类非常杂。曾经在三个月期间,为买家提供的样品以及寄样费就达五万元之多;

(2) 订单数量非常小,由于都是促销礼品,所以买家按照计划以试单方式下小单;

(3) 验货严格,买家派专人前来中国,从半成品开始实行100%验货,不合格产品不得进入下道工序；

（4）为了保证产品质量，买家出钱购买所有次品，杜绝次品流入市场。

同时通过仔细分析，凯瑞得知德国铁路和移动公司长期赞助国际体育竞赛，礼品类在竞赛上派发的数量比较大，所以凯瑞迅速收集礼品类资料，不断推荐新的方案给买家，以最快、最强、最好的服务质量配合买家。凯瑞在电子商务上的成功，优质服务起了非同寻常的作用。

当然也有遇到网络贸易低谷的时候，此时凯瑞就会调整政策，比如参加关键字排名、更新产品信息、对老客户进行回访等，在不断的探索中积累经验。

## 1.2 电子商务基本框架

### 1.2.1 电子商务的基本组成

电子商务的基本组成要素有 Internet、intranet、extranet、用户、物流配送、认证中心、银行和商家等，其系统结构示意图如图 1-5 所示。

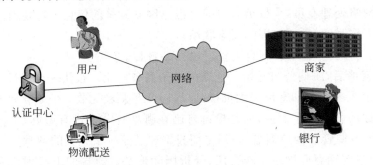

图 1-5 电子商务的基本组成示意图

**1. 网络**

网络包括 Internet、intranet 和 extranet。Internet 是电子商务的基础，是商务、业务信息传送的载体；intranet 是企业内部商务活动的场所；extranet 是企业与企业以及企业与个人进行商务活动的纽带。

**2. 用户**

电子商务用户可分为个人用户和企业用户。个人用户使用浏览器、电话等接入 Internet。企业用户建立企业内联网、外部网和企业管理信息系统，对人、财、物、供、销、存进行科学管理。企业利用 Internet 网页站点发布产品信息、接受订单等，如要在网上进行销售等商务活动，还要借助于电子报关、电子报税、电子支付系统与海关、税务局、银行进行有关商务、业务处理。

**3. 认证中心**

认证中心（Certificate Authority，CA）是受法律承认的权威机构，负责发放和管理数字证书，使网上交易的各方能互相确认身份。数字证书是一个包含证书持有人、个人信息、公开密钥、证书序号、有效期和发证单位的电子签名等内容的数字文件。

**4．物流配送**

物流配送即接受商家的送货要求,组织运送无法从网上直接得到的商品,跟踪产品的流向,将商品送到消费者手中。

**5．网上银行**

网上银行即在 Internet 上实现传统银行的业务,为用户提供 24 小时实时服务;与信用卡公司合作,发放电子钱包,提供网上支付手段,为电子商务交易中的用户和商家服务。

## 1.2.2 物流、资金流和信息流

电子商务的任何一笔交易都包含以下三种基本的"流",即物资流、资金流和信息流。物流主要是指商品和服务的配送和传输渠道。对于大多数商品和服务来说,物流可能仍然经由传统的经销渠道,然而对有些商品和服务来说,可以直接以网络传输的方式进行配送,如各种电子出版物、信息咨询服务、有价信息等。

资金流主要是指资金的转移过程,包括付款、转账、兑换等过程。

信息流既包括商品信息的提供、促销营销、技术支持、售后服务等内容,也包括诸如询价单、报价单、付款通知单、转账通知单等商业贸易单证,还包括交易方的支付能力、支付信誉、中介信誉等。

## 1.2.3 企业电子商务的基本框架

企业电子商务的基本框架如图 1-6 所示。一个企业实体上游连接着供应商,下游连接着客户,因此,供应商管理与客户管理已成为企业不可缺少的内容。企业实体除了本身具有的商业场所外,还应有虚拟商厦、虚拟配送中心、虚拟银行等,虚拟商务将成为传统企业的发展方向。在虚拟商务中,交易安全是人们普遍关注的问题。物流管理是企业实施电子商务中物流的具体实现。支付结算是企业中资金流的体现。网络技术、数据库技术、网站建设等基础技术是企业实现电子商务、进行信息化管理的基础。

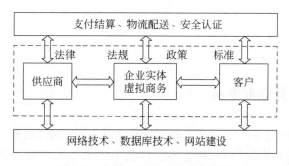

图 1-6　企业电子商务的基本框架

## EC 聚焦——格兰仕的"非典"时期

格兰仕收到直接通过阿里巴巴网站发来的客户查询将近 700 份,其中有 200 份是有效查询,有 32 个客户有兴趣购买,有 5 个客户已经下订单,订单金额已近 400 万元人民币。这些订单来自委内瑞拉、瑞典、英国、也门等不同国家,产品包括微波炉和空调。然而,获得这些订单,格兰仕付出的成本价值却不过是订单额的 5%。

由于格兰仕刚开始加入电子商务,得到的网上信息参差不齐,收到的有效查询并不多,能实现的订单则更少。其原因一方面是因为格兰仕的搜索排名比较靠后,另外就是因为整个中国乃至世界电子商务的大环境还不够成熟。

然而,"非典"的到来却让格兰仕看到了一个契机。就在不少企业在"非典"的阴影中向隅而泣的时候,格兰仕却从容不迫地安坐家中完成了一笔又一笔交易。通过阿里巴巴的平台推广,客户在网上就可以从不同角度详细了解产品的特点,看到格兰仕的原材料、产品,甚至工厂的生产线。"非典"时期的格兰仕不但订单没有减少,反而同比销售增长 70%。

每天上班,几乎每隔 5 分钟格兰仕电子商务小组就会查收一次 E-mail。一收到网上的询盘和电子邮件,就会马上按照客户的不同需要转发给美国、中国香港特别行政区、印度等不同区域的高级销售经理或者业务主管。而这些销售人员会在两小时之内给查询的客户答复,向咨询的客户介绍公司情况,了解客户具体需求、客户的性质、市场的情况等。同时根据客户对第一封 E-mail 的回复,给客户寄发产品目录、报价,提供市场销售方案,寄样品等,并且跟踪服务下去。一旦谈妥,就按照传统的销售渠道,进行合同评审,收取定金,把客户信息反馈给计划中心,马上进入生产实施阶段,然后出货送到客户手里。一般来说,从接受订单到出货的周期只需 30 天。

在格兰仕眼中,与同行的竞争已经由最初的产品质量的竞争、价格的竞争进入客户服务和速度的竞争时代。如果每天能在两小时之内及时准确地给咨询客户以满意的回复,比其他"网商"先行一步,提供又快又专业的优质服务,那么,毫无疑问,网络平台将会成为格兰仕大规模低价策略外的又一个制胜筹码。

## 1.3 电子商务标准

### 1.3.1 国外电子商务标准发展

电子商务是一门综合性的新兴商务活动,涉及面相当广泛,包括信息技术、金融、法律、市场等多个领域,相关标准跨行业、跨学科。广义上的电子商务标准体系十分庞杂,几乎涵盖了现代信息技术的全部标准范围。

标准是电子商务规范化的前提,标准在国外电子商务的发展中得到了相当的重视,特别是在电子商务安全方面普遍存在标准先行的情况。如美国政府很早就致力于密码技术的标准化,从 1977 年公布的数据加密标准 DES(Data Encryption Standard)开始,就由美国国家标准技术研究院(National Institute of Standards and Technology,NIST)制定了一系列有关密码技术的联邦信息处理标准(Federal Information Processing Standards,FIPS),在技术标准的前提下对密码产品进行严格的检验。1998年7月1日,在美国政府发布的美国电子商务纲要中,明确提出要建立一些共同的标准,以确保网上购物的消费者享有与在商店购物的消费者同等的权利。为了迎接电子商务给全球带来的机遇和挑战,使之在全球范围内更加有序地发展,1997年6月,ISO/IEC JTC1成立了"电子商务业务工作组(BT-EC)"。BT-EC确定了电子商务急需建立标准的三个领域。

(1) 用户接口,主要包括用户界面、图像、对话设计原则等;

(2) 基本功能,主要包括交易协议、支付方式、安全机制、签名与鉴别、记录的核查与保留等;

(3) 数据及客体(包括组织机构、商品等)的定义与编码,包括现有的信息技术标准、定义报文语义的技术、EDI(Electronic Data Interchange,电子数据交换)本地化、注册机构、电子商务中所需的值域等。

## 1.3.2 网上零售交易标准

随着电子商务在互联网上的兴起,对电子商务的标准提出了迫切的要求。由 *Ziff-Davis* 杂志牵头,组织了301位世界著名的Internet和IT(Information Technology,信息技术)业巨头、相关记者、民间团体、学者等经过半年时间,于1999年12月14日,在美国加州旧金山的St. Francis饭店,公布了世界上第一个Internet商务标准(The Standard for Internet Commerce, Version 1.0-1999)。

这一标准共有7项47款。虽然这只是1.0版,但它已经在相当程度上规范了利用Internet从事零售业的网上商店需要遵从的标准。虽然它的制定完全是按照美国标准,但对我国正在起步的电子商务事业仍有相当大的参考价值。

在这一标准中首先定义了电子商务和Internet商务的概念:电子商务是指利用任何信息和通信技术进行任何形式的商务或管理运作或进行信息交换。Internet商务是指利用Internet,包括WWW(万维网)进行任何电子商务运作。

制定这个Internet标准的目的有五个:

(1) 增加消费者在Internet上进行交易的信心和满意程度;

(2) 建立消费者和销售商之间的信赖关系;

(3) 帮助销售商获得世界级的客户服务经验,加快发展步伐并降低成本;

(4) 支持和增强Internet商务的自我调节能力;

(5) 帮助销售商和消费者理解并处理迅猛增长的各种准则和符号。

显然,这一标准既可以被销售商用于其Internet商务,并且向所有消费者和合作伙伴宣称自己符合这一标准;也可以被消费者用来检验销售商是否可以提供高质量的服务;同时,也可以指导如IT供应商、网站开发商、系统集成商等从事相关的业务。

整个标准的每一款项都注明是"最低要求",还是"最佳选择"。如果一个销售商宣称自己的网上商店符合这一标准,那么它必须达到所有的最低标准。

在本标准的首页上写着:消费者的满意、信心和信任,销售商的利润和变革。这也是这份标准的核心。

### 1.3.3 我国电子商务相关标准发展

由于我国的体制因素,标准工作始终是政府有关职能部门的一项重要工作,无论是国家标准还是行业标准,都是由政府职能部门主持研究制订、推广实施以及监督执行的。政府主导型工作模式一方面确保了标准在内容及适用范围方面的权威性;另一方面也为标准在各相关行业的实施提供了强有力的保证,即充分满足了标准的内容权威性、实施统一性两大基本特性的要求。电子商务相关标准的研制工作同样如此。虽然目前我国电子商务标准工作还处在跟踪研究阶段,尚未进入实质性的制订和实施阶段,但仍然贯穿着政府主导的研究工作。各项研究工作都是在政府各有关部门的直接领导、协调下有条不紊地进行着,从而避免了由于各研究机构各自为政的研究局面所导致的资源浪费、成果重复、派别冲突等不良现象的出现。如在北京、上海等地开展的信息标准研究工作,都是由各地的技术监督部门甚至当地政府直接出面主持的。

从当前的市场应用情况来看,标准基本上分为两层:底层的数据交换标准和高层的面向流程标准。

我国对电子商务的研究紧随国际发展潮流,相关标准工作的跟踪研究也十分及时。特别是在政府有关部门的组织下电子商务相关标准的研究取得了相当大的成绩。1999年5月,由北京市技术监督局主持的"北京电子商务标准化国际研讨会"是我国第一次以电子商务标准为主题的国际性学术研讨会,体现了我国在电子商务标准研究领域与国际同步发展的水平。上海市"电子商务相关标准研究"课题集中了来自政府、技监、银行、民航、运输、IT企业、ISP(internet service provider,互联网服务商)及大专院校等各方面的数十位专家、学者对电子商务标准进行了全面的研究,形成了电子商务标准框架体系等研究成果。1999年4月"上海信息标准化技术委员会"成立,专门设立了"电子商务分专业委员会",从而形成了一支专门从事电子商务标准研究的专家队伍。

电子商务的发展奠定了较好的基础。作为信息技术在商业领域的重要发展,电子商务在我国开始得到越来越多的重视。有关电子商务标准的研究与制定工作正在开展。电子商务是基于计算机网络技术发展起来的,因此电子商务发展的程度直接取决于相应的信息技术发展水平,特别是标准的制定直接与技术发展水平相联系。由于我国信息技术的发展,特别是相关基础研究及产品开发相对信息技术发达国家尚有一定差距,因此电子商务相关标准的制定工作相对薄弱。目前除了一些EDI标准及部分相关网络标准是从国际相应标准等同或等效转换而来外,由我国自主制定的、直接与电子商务相关的标准几乎为零。

2013年12月27日,全国人民代表大会财政经济委员会召开电子商务法起草组成立暨第一次全体会议,标志着中国电子商务法立法工作正式启动。从起草组成立至2014年12月,进行专题调研和课题研究并完成研究报告,形成立法大纲。2015年1月至2016年6月,开展并完成法律草案起草。在起草电子商务法的同时,一批与电子商务相关的国家政策及法规也相继出台实施,包括《关于利用电子商务平台开展对外贸易的若干意见》《网络交易管理办法》《关于跨境贸易电子商务进出境货物、物品有关监管事宜的公告》等,规范电子商务和网络交易管理,维护市场秩序。

## EC 聚焦——迈克的大礼包

辽宁迈克集团股份有限公司，其前身为辽宁省机械设备进出口公司，于 1994 年改制并更名，成为集国际工程承包、国际贸易、国内贸易、工业生产、仓储运输、物业管理为一体的综合性企业。

迈克公司加入了阿里巴巴"高级中国供应商"服务后，就专门组建了服务于全公司的电子商务小组，来自于 5 个分公司的 20 多位精兵强将汇聚其中。公司领导特别任命徐延峰为电子商务小组组长，直属董事长领导，希望此小组能够肩负起集团公司电子商务发展的道路。

在随后的日子里，电子商务小组每天都会从阿里巴巴网站获得十几条来自世界各地的询盘，他们把这些信息分门别类地传递给相应的业务员，细致地进行跟踪。可是尽管一切都在有条不紊地进行着，合作了半年多时间，海外买家却迟迟没有下订单。这给组长徐先生巨大的压力。当时电子商务小组成员经常在周末来公司加班，大家认为多尝试就能有多一点机会。可是如此超负荷的工作强度并没有使业务出现转机，反而动摇了公司里一些同事对电子商务的信念，甚至一些年轻业务员也开始产生怀疑的态度。

但是企业领导认为电子商务是一定可行的，要是不行肯定是内部的原因。在董事长的亲自领导下，迈克公司开始从自身入手，针对许多业务员都是刚毕业的大学生，对于电子商务的操作没有清晰的认识，公司专门组织了大量的培训，让先行开展网络贸易的业务员分享经验；并建立了电子商务扶持基金，鼓励电子商务的开展，逐步转变了员工传统的贸易观念。

不久以后发生了一件事情，彻底转变了大家的态度。一位肯尼亚客户急需一套餐巾纸生产设备，从网上找到了迈克公司一位年轻的业务员。这位业务员立即与相关工厂取得联系并给予了回复。接下来的五个多月里，他细致地为客户发送样本、联系工厂、配合服务，终于获得了一个当之无愧的"大礼包"——一张 27 万美元的订单。这也是迈克公司进入电子商务领域以来最具重量级的头号订单。

这笔订单对于迈克有着里程碑的含义：一位年轻的业务员，没有丰富的工作经验，能在那么短的时间内取得资深业务员所没有的成绩，这大大增加了大家对电子商务的信心。从此，业务员们倍加珍惜公司提供的电子商务平台，相继从网上拿到订单，并在此基础上形成自己出口的拳头产品，有规模、有计划地进行网上销售。

## 1.4 互联网应用

互联网也即 Internet，是一个把分布于世界各地不同结构的计算机网络用各种传输介质互相连接起来的网络（见图 1-7）。因此，有人称之为网络的网络。互联网好像天上的云一样，因每时每刻都有计算机接入或退出，接入互联网中的计算机就好像云一样变幻莫测。

20 世纪 60 年代末期，出于冷战的需要，美国军事当局开始研究计算机系统的安全性和

图 1-7 互联网

可靠性。为了保证数据通信安全,采用可变换的通信线路,万一某一条线路遭到攻击和损坏,信息可沿另一条线路传输,使得整个网络仍然能正常运行,这就是互联网的前身。Internet 采用 TCP/IP 协议(Transmission Control Protocol/Internet Protocol,传输控制协议/网际协议),该协议是网络通信的规划,简单实用。原则上任何计算机只要遵守 TCP/IP 协议都能接入 Internet。

1992 年,Internet 协会成立,这是一个用户自发形成的组织,以制定 Internet 相关标准和推广 Internet 的普及为目标。Internet 协会把 Internet 定义为"组织松散、独立的国际合作互联网络,通过自主遵守协议和过程,支持主机对主机的通信"。

Internet 从一个科研、教育应用的计算机网络系统,在短短的十几年内演变为全面商业化的全球信息网,发展速度之快、应用面之广都是前所未有的。

### 1.4.1 IP 地址

为了在网络环境下实现计算机之间的通信,网络中任何一台计算机必须有一个地址,而且该地址在网络上是唯一的,这就像家庭地址一样,也是唯一的,这个地址用于收信、收货。在进行数据传输时,通信协议必须在所传输的数据中增加发送信息的计算机地址和接收信息的计算机地址(参见图 1-8)。

图 1-8 网络中任何一台计算机必须有一个地址

Internet 网络中所有计算机均称为主机,并有一个称为 IP(Internet Protocol,网络之间互联的协议)的地址。

IP 地址是 Internet 主机的一种数字型标识,它由网络标识(netid)和主机标识(hostid)组成。

目前,IP 地址使用 32 位二进制地址格式,为了方便记忆,通常使用以点号划分的十进制来表示,用 3 个圆点隔开 4 段十进制数,每段的数值范围是 0~255。如:202.112.0.36。

网络地址可分为 A、B、C 三类。每类网络中 IP 地址的结构,即网络标识长度和主机标识长度都不一样。

- A 类地址:第一段标识网络号,后三段标识主机号。A 类地址的最高取值范围为 0~127。
- B 类地址:前两段标识网络号,后两段标识主机号,B 类地址的第一段即最高字节取值范围为 128~191。
- C 类地址:前三段标识网络号,最后一段标识主机号,C 类地址的第一段即最高字节取值范围为 192~223。

可以估算出,互联网上共有 126 个 A 类地址,每个 A 类地址网络最多可容纳大约 200 万台主机,第一个数字是 1~126;共有 1.6 万个 B 类地址,每个 B 类地址网络最多可容纳大约 6.5 万台主机,第一个数字是 128~191;共有大约 200 万个 C 类地址,每个 C 类地址网络最多可连接的主机为 254 台,第一个数字是 192~223。除了三大类外,还有 D 类和 E 类地址。

识别 A、B、C 类地址的方法是看 4 段十进制数的第一段(见表 1-2),如果第一段数在 1~126 之间,是 A 类地址,如 23.173.190.12。如果第一段十进制数在 128~191 之间是 B 类地址,如 135.136.245.2。如果第一段十进制数在 192~223 之间是 C 类地址,如 222.212.3.4。

表 1-2 地址的范围

| 范 围 | 类 型 |
| --- | --- |
| 1.0.0.0~126.255.255.255 | A 类 IP 地址 |
| 128.0.0.0~191.255.255.255 | B 类 IP 地址 |
| 192.0.0.0~223.255.255.255 | C 类 IP 地址 |

并非所有的 IP 地址都是可用的,在配置 IP 地址时,必须遵守一些规则:
(1) 主机号和网络号不能全为 0 或 255。例如 0.0.0.0、255.255.255.255。
(2) A 类地址的网络号不能为 127。例如 127.0.0.1、127.2.1.2。

## 1.4.2 域名

**1. 什么是域名**

上面讲到的 IP 地址是一种数字型网络和主机标识。数字型标识对使用网络的人来说有不便记忆的缺点,因而人们提出了字符型的域名标识。域名(domain name),就是用人性化的名字表示主机地址(见图 1-9)。目前使用的域名是一种层次型命名法,它与 Internet 网的层次结构相对应。域名使用的字符包括字母、数字和连字符,而且必须以字母或数字开头和结尾。整个域名总长度不得超过 255 个字符。在实际使用中,每个域名的长度一般小于 8 个字符。

图 1-9 域名

由于 Internet 起源于美国，所以美国通常不使用国家代码作为第一级域名，其他国家一般采用国家代码作为第一级域名。

Internet 地址中的第一级域名和第二级域名由网络信息中心（Net Information Center，NIC）管理。我国国家域名的国家代码是 cn。Internet 目前有三个网络信息中心：INTERNIC 负责北美地区，APNIC（Asia-pacific Network Information Center，亚太互联网络信息中心）负责亚太地区，还有一个 NIC 负责欧洲地区。第三级以下的域名由各个子网的 NIC 或具有 NIC 功能的节点自己负责管理。

一台计算机可以有多个域名（一般用于不同的目的），但只能有一个 IP 地址。一台主机从一个地方移到另一个地方，当它属于不同的网络时，其 IP 地址必须更换，但是可以保留原来的域名。

把域名翻译成 IP 地址的软件称为"域名系统（Domain Name System，DNS）"。DNS 的功能相当于一本电话号码簿，已知一个姓名就可以查到一个电话号码，号码的查找是自动完成的。完整的域名系统可以双向查找。装有域名系统的主机叫做域名服务器（domain name server）。

域名采用层次结构，每一层构成一个子域名，子域名之间用圆点隔开，自左至右分别为计算机名、网络名、机构名、最高域名。例如，indi.shcnc.ac.cn，该域名表示中国（cn）科学院（ac）上海网络中心（shcnc）的一台计算机（indi）。

从大类上看一般可将域名分为三类。

第一类是类别顶级域名，共有七个，也就是现在通常所说的国际域名。由于 Internet 最初是在美国发源的，因此最早的域名并无国家标识，人们按用途把它们分为几个大类，它们分别以不同的后缀结尾。如 com（用于商业公司）、net（用于网络服务）、org（用于组织协会等）、gov（用于政府部门）、edu（用于教育机构）、mil（用于军事领域）、int（用于国际组织）。最初的域名体系也主要供美国使用，因此美国的企业、机构、政府部门等所用的都是"国际域名"，随着 Internet 向全世界发展，除 edu、gov、mil 一般只被美国专用外，另外三类常用的域名 com、org、net 则成为全世界通用，因此这类域名通常称为"国际域名"，直到现在仍然为世界各国所应用。

第二类是地理顶级域名，共有 243 个国家和地区的代码，例如.cn 代表中国、.uk 代表英国、.jp 代表日本、.hk 代表中国香港等。这样以.cn 为后缀的域名就相应地叫做"国内域名"。

与国际域名的后缀命名类似,在.cn 顶级域名下也分设了不同意义的二级域,主要包括类别域和行政区域,这就是通常所说的二级域名;可以在.com.cn 或.net.cn 等二级域下注册三级域名,三级域名可分为两类:类别域名和行政区划域名。

类别域名是依照申请机构的性质划分出来的域名,具体包括:ac(科研机构)、com(工、商、金融等企业)、edu(教育机构)、gov(政府部门)、net(互联网络、接入网络的信息中心和运行中心)、org(各种非营利性的组织)。

行政区划域名是按照中国的各个行政区划划分而成的,其划分标准依照原国家技术监督局发布的国家标准而定,包括"行政区域名"34个,适用于我国的各省、自治区、直辖市。例如北京的机构可以选择如 cnnic.bj.cn 的域名。

此外,从 2002 年 12 月份开始,CNNIC(China Internet Network Information Center,中国互联网络信息中心)开放了国内.cn 域名下的二级域名注册,可以在.cn 下直接注册域名。

第三类顶级域名,也就是所谓的"新顶级域名",是 ICANN(The Internet Corporation for Assigned Names and Numbers,互联网名称与数字地址分配机构)根据互联网的发展需要,在 2000 年 11 月做出决议,从 2001 年开始使用的国际顶级域名,也包含七类:biz、info、name、pro、aero、coop、museum。其中前四个是非限制性域,后三个是限制性域,如 aero 须是航空业公司注册,museum 须是博物馆,coop 须是集体企业(非投资人控制,无须利润最大化)注册。

这七个顶级域名的含义和注册管理机构如下:

.aero,航空运输业专用,由比利时国际航空通信技术协会(Societe International De Telecommunications,SITA)负责;

.biz,可以替代.com 的通用域名,监督机构是 JVTeam;

.coop,商业合作社专用,由位于华盛顿的美国全国合作商业协会(National Cooperation Business Association,NCBA)负责管理;

.info,可以替代.net 的通用域名,由 19 个到联网域名注册公司联合成立的 Afilias 负责;

.museum,博物馆专用,由博物馆域名管理协会(Museum Domain Name Management Association,MDMA)监督;

.name,是个人网站的专用域名,由英国的"环球姓名注册"(globe name registry)负责;

.pro,医生和律师等职业专用,监督机构是爱尔兰都柏林的一家网络域名公司"职业注册"(registrypro)。

**2. 为什么要注册域名**

域名是企业在 Internet 上发布信息或提供服务的身份标识,是企业在网络上的地址和在线的商标。它使一个公司或者服务能够在 Internet 的版图上划定自己的领地,将其服务通过 Internet 推送给全球的用户。域名作为企业在网络环境下商业活动的唯一标识,具有独占性,与企业商标的定义相对应,域名可以定义为:"由人、企业或组织申请的网站使用的 Internet 标识,并对提供服务或产品的品质进行承诺和提供信息交换或交易的虚拟地址"。由此可见,域名不但具有商标和识别企业组织的功能,还具有传递企业产品或服务的品质和属性的功能。

企业的商标是企业无形资产的重要组成部分,一个好的商标对于企业的形象及其产品的销售是非常重要的。同样,域名被视为企业的"网上商标",是企业在网络世界进行商业活动的基础。所以,域名的命名与一般商标的选择一样必须审慎从事,否则与一般商标选择不妥一样,会对企业的发展产生不必要的负面影响。

准备申请注册的域名就是企业网站的名字,原则上域名的选择可以任意决定,但作为电子商务网站需要有一个响亮好记的名字,网站的名字如同一个注册商标。一个易于拼写和记忆、朗朗上口又有冲击力的网站域名,将会使你的网站获益匪浅。如亚马逊是世界上最长的河流,亚马逊网络书店就采用这一响亮的名字,获得了极大的成功。

**3. 注册域名要考虑的问题**

在进行企业电子商务网站域名命名时,应考虑以下几个方面。

1) 选用企业已有商标或企业名称

如能将企业名称与域名统一,可以营造完整立体的企业形象,不但便于消费者在不同环境下准确识别,而且两种商标的宣传可以起到互补和互相促进的作用。目前大多数企业都采用这种方法。

2) 选择简单和易记易用的名字

网站的域名不但要容易记忆和识别,还应当简单易用。用户总是通过输入域名地址来实现浏览企业网站的网页。如果域名过于复杂,不但让人不易记忆,同时又容易造成拼写错误。申请时,最好选择一个能够让人"望文生义"的名字,至少使人能够通过域名中"WWW."与".COM"之间的字符,领略到一些与网站相关的东西,如阿里巴巴、1号店、QQ、163等。由于域名数量正呈爆炸性增长态势,域名的选择也越来越困难,因此申请域名时,提供几种备选方案,不失为一种加快申请速度的有效措施。

3) 域名的自我保护

企业的域名同企业品牌一样代表了企业的形象。域名的知名度和访问率就是公司形象在 Internet 商业环境中的具体表现,公司商标知名度和域名知名度一样具有重要的商业价值,与商标一样具有"域名效应"。随着网络空前的开放性和自由性,域名作为品牌的价值实际上已远远超过了真实市场。如以 IBM(International Business Machines Corporation,国际商业机器公司)作为域名,使用者很自然会联想到 IBM 公司,联想到该站点提供的服务或产品同样具有 IBM 公司一贯承诺的品质和价值。如果被别人抢先注册,不但注册者可以利用该域名所附带的属性和价值获取巨额的商业利润,企业还可能因此而面临品牌形象受损的风险。因而在注册域名的同时,保护域名也是相当重要的。域名保护的意义就在于将用户牢牢锁定在自己品牌的周围,保持一个独立、明确、有影响力和号召力的商业品牌形象。

全方位域名保护的方法可归纳为两个具体的方向:在横向上,注重的是域名的整体性保护,即通用后缀和相似、相近域名保护。首先,尽可能地将最常见的关系到未来进一步发展的.com、.net 以及.org 等"一网打尽";其次,根据企业自身资金实力和品牌战略要求,将可能对访问者造成误导的相似域名一一注册,以免为别有用心的竞争者留下可乘之机。而在纵向上,强调域名的长期规划。

**4. 在哪里申请域名**

申请域名可以直接到中国互联网信息中心 CNNIC(http://www.cnnic.net.cn,见图 1-10)办理,也可以委托网络服务单位代为办理,如中国万网、中国频道等。

中国互联网络信息中心(China Internet Network Information Center,CNNIC)是经国

图 1-10　中国互联网络信息中心

务院主管部门批准,于 1997 年 6 月 3 日组建的管理和服务机构,行使国家互联网络信息中心的职责。CNNIC 在业务上接受信息产业部领导,在行政上接受中国科学院领导。中国科学院计算机网络信息中心承担 CNNIC 的运行和管理工作。由国内知名专家、各大互联网络单位代表组成的 CNNIC 工作委员会,对 CNNIC 的建设、运行和管理进行监督和评定。经信息产业部批准,CNNIC 是我国域名注册管理机构和域名根服务器运行机构,负责运行和管理国家顶级域名.cn、中文域名系统及通用网址系统,以专业技术为全球用户提供不间断的域名注册、域名解析和查询服务。中国互联网络信息中心(CNNIC)还是亚太互联网络信息中心(Asia-pacific Network Information Center,APNIC)的国家级 IP 地址注册机构成员。以中国互联网络信息中心(CNNIC)为召集单位的 IP 地址分配联盟,负责为我国的网络服务提供商(Internet Service Provider,ISP)和网络用户提供 IP 地址和 AS(Application Server,应用服务器)号码的分配管理服务。中国万网(http://www.net.cn,见图 1-11)是中国著名的域名注册服务商,由美国风险投资公司 IDG(International Data Group)和新桥集团投资,创建于 1996 年,是中国互联网服务行业的旗舰。中国万网率先通过 ISO 9001:

图 1-11　中国万网

2000国际质量体系认证。在国际上,中国万网是互联网域名体系最高管理机构ICANN认证的注册商,在国内,万网是CN中英文域名以及通用网址的最高管理机构CNNIC认证的金牌注册服务机构。经过多年耕耘,万网先后帮助客户注册中英文域名超过100万个,在2004年一直蝉联CNNIC季度明星注册服务机构第一名。

中国频道(http://www.china-channel.com,见图1-12)成立于1996年,是国际知名的为全球企业用户、组织机构、商务人士及个人用户提供互联网应用服务的提供商(Internet Service Provider,ISP)。多年来,公司在激烈的市场竞争中始终走在行业前列,实现了跨越式发展,为社会各界提供专业的企业邮局、虚拟主机、独立主机、域名注册、网站建设、网站推广和个人邮箱、网络游戏等服务。公司旗下现拥有35互联(http://www.35.com)、中国频道(http://www.china-channel.com)、http://www.OnlineNIC.com、易名网(http://www.domainpricing.com)、海之乐章(sea.35.com)五大网站。中国频道是中国首家获得ICANN认证和CNNIC首批认证的顶级域名注册服务机构,目前是亚洲最大的域名注册、企业邮局、虚拟主机服务商。

图1-12 中国频道

域名注册申请人必须是依法登记并且能够独立承担民事责任的组织,个人不能申请注册域名。域名注册申请表中的各类联系人都是代表组织来办理域名注册申请的各项事宜。

域名注册应提交域名注册申请表、本单位介绍信、承办人身份证复印件、本单位依法登记文件的复印件等材料。申请表最好采用打印填写;若手工填写,应该用钢笔填写;要求书写工整、不得涂改;不能用传真纸填写。联机申请域名的一般流程如图1-13所示。

**5. 英文域名命名规划**

1) 通用规则

由于互联网上的各级域名是分别由不同机构管理的,所以,各个机构管理域名的方式和域名命名的规则也有所不同。但域名的命名也有一些通用的规则,如:

(1) 域名中只能包含以下字符:A～Z共26个英文字母;0～9共10个数字;-(英文中的连字符)。

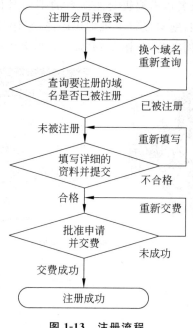

图 1-13 注册流程

(2) 域名中字符的组合规则：在域名中，不区分英文字母的大小写，对于一个域名的长度是有一定限制的。

2) CN 下域名命名的规则

(1) 遵照域名命名的全部共同规则；

(2) 只能注册三级域名，三级域名用字母（A～Z，a～z，大小写等价）、数字（0～9）和连字符(-)组成，各级域名之间用实点(.)连接，三级域名长度不得超过 20 个字符；

(3) 不得使用，或限制使用以下名称。

第一，注册含有 CHINA、CHINESE、CN、NATIONAL 等及国家有关部门（指部级以上单位）不得使用。

第二，公众知晓的其他国家或者地区名称、外国地名、国际组织名称不得使用。

第三，县级以上（含县级）行政区划名称的全称或者缩写不得使用。

第四，行业名称或者商品的通用名称不得使用。

第五，他人已在中国注册过的企业名称或者商标名称不得使用。

第六，对国家、社会或者公共利益有损害的名称不得使用。

如果申请的域名已被别人注册，这时，就发生了域名注册冲突，一般解决冲突的办法是，换个名字，或是在申请的域名上加"-"或一些字母等，或是选择其他可用的域名。

域名注册完成后，就可以使用自己的域名建立网上的宣传站点，但是，有件事情是不能忘记的，就是每年要为域名付年费。不同的域名、不同的机构收费不相同，付款方式与注册时的付款方式一致。另外，域名一经注册不能买卖。需要修改域名注册信息时（域名本身不得修改），要提交盖有单位公章的域名申请表给域名注册机构，域名登记申请表上要注明修改项。

CNNIC（中国互联网信息中心）规定，从 2009 年 12 月 14 日上午 9 点开始，CN 域名停止对个人注册。注册成功的域名也需要提交注册者的书面身份证明材料,包括加盖公章的域名注册申请表、企业营业执照副本或组织机构代码证(复印件)、注册联系人身份证明等信息,如果个人要注册域名只能创办公司(图1-14为个人域名注册)。

图1-14 个人域名注册

### 1.4.3 电子邮件

电子邮件(E-mail)是Internet上使用最频繁的应用之一。

**1. 电子邮件地址格式**

电子邮件如生活中人们常用的信件一样,有收信人姓名、收信人地址等。存储电子邮件的地点称为电子信箱,电子信箱由电子邮件服务机构为用户建立。目前也有免费的电子信箱。电子信箱实际上就是在互联网服务商(Internet Service Provider,ISP)的E-mail服务器上为用户开辟出一块专用的磁盘空间,用来存放用户的电子邮件文件。每个电子信箱都有一个地址,称为电子信箱地址(E-mail address)。电子信箱地址的格式是固定的,并且在全球范围内是唯一的。电子信箱地址的格式为:

用户名@主机名

其中,@符号表示at,用户名是申请电子信箱时用户自己起的名字。主机名是拥有独立IP地址的计算机的名字。例如,swg@sbs.edu.cn,用户名为swg,主机名为sbs.edu.cn。

**2. 电子邮件的传递过程**

电子邮件系统采用了简单邮件传送协议(Simple Mail Transfer Protocol,SMTP),它是TCP/IP协议的一部分。电子邮件的传送过程如图1-15所示。

图1-15 电子邮件的传递过程

用户发送一封电子邮件,经过发方电子邮件服务器到Internet上,再传到收方的电子邮件服务器上,收方接收时即可将电子邮件下载到个人计算机中。如果收方不想阅读电子邮件,电子邮件将一直存放在收方的电子邮件服务器上。不过,ISP分配给用户的磁盘空间是固定的,当电子邮件多到一定数量时,系统会自动删除部分的电子邮件。为了减少不必要的损失,用户须经常将电子邮件下载到自己的计算机中。

**3. 联机邮箱的申请**

电子邮箱的申请可到提供电子邮件服务商的网站上申请,有些是免费的,有些是收费的。表1-3是国内外常见的电子邮件服务网站。

表1-3 部分常用的E-mail账号网站列表

| 名 称 | 申请地址 | 容 量 | POP3服务器 | SMTP服务器 |
| --- | --- | --- | --- | --- |
| 网易 | www.126.com | 3GB | pop3.126.com | Smtp.126.com |
| 网易 | www.163.com | 3GB | pop3.163.com | Smtp.163.com |
| 21世纪 | www.21cn.com | 10GB | pop.21cn.com | smtp.21cn.com |
| 雅虎 | http://cn.mail.yahoo.com/ | 2GB | pop.mail.yahoo.com.cn | smtp.mail.yahoo.com |
| google | http://www.gmail.com/ | 6GB | imap.gmail.com | smtp.gmail.com |

POP(Post Office Protocol)是一种电子邮件传输协议,而POP3是它的第三个版本,规定了将个人计算机连接到Internet的邮件服务器和下载电子邮件的电子协议。它是Internet电子邮件的第一个离线协议标准。

SMTP的全称是Simple Mail Transfer Protocol,即简单邮件传送协议。它是一组用于从源地址到目的地址传输邮件的规范,通过它来控制邮件的中转方式。

SMTP协议属于TCP/IP协议簇,它帮助每台计算机在发送或中转信件时找到下一个目的地。SMTP服务器就是遵循SMTP协议的发送邮件服务器。

在线邮箱申请不必关心POP3及SMTP,但如果使用Outlook Express或其他工具收发电子邮件,就一定要知道POP3及SMTP,否则不能正常工作。

在线邮箱的申请关键是要取一个能代表自己又让别人好记的"用户名",目前很多运营商开通了用手机作用户名的业务,如QQ、网易等,图1-16是网易手机邮箱开通示意图。

图1-16 网易手机邮箱

一般联机邮箱开通的流程为:
确定用户名(系统会自动确认是否能用)→输入密码→输入个人资料→配置邮箱。

**4. Outlook Express 的使用**

Outlook Express在IE(Internet Explorer)安装后会自动安装好,使用较为方便。

1) 账号设置

启动Outlook Express,添加账号,在"工具"中选择"账号"。

在添加中选择邮件,按提示填写:用户名、发送者姓名、邮件地址、POP3服务器、SMTP服务器、账号及密码,完成设置。

"用户名"是发件方的标识,用于区别使用同一台机器上的收发邮件的其他用户,这里的用户名不是邮箱地址;"发送者姓名"是指收件人能看到的发件人姓名,以便于 E-mail 的接收者识别邮件到底是由哪个用户发送过来的;"邮件地址"信息则是在发送的邮件中显示发送者的 E-mail 地址,以便于接收者给发件人回信;POP3、SMTP、账号、密码是指发件人的邮件参数,例如刚刚申请的账号 shec@21cn.com,密码为 111111,POP3 服务器为 POP.21cn.com,SMTP 服务器为 SMTP.21cn.com。

2) 发邮件

在主界面中的"邮件"中选择"写新邮件",或直接单击"撰写"按钮,写好邮件后单击"发送"按钮。收件人的地址一定要准确,通常用小写字母,主题如文章的标题要简明扼要,让对方一眼就能看明白要表达的意思。

如果邮件内容较多,可利用 Word、写字板、WPS 等先写好邮件,以附件的形式发送给对方。

3) 收邮件

Outlook Express 能够管理多个邮箱,可以从不同的邮箱中分别收取邮件,在"文件"菜单中选择"收取邮件",可选择收取哪个邮箱的邮件。

需要注意的是,用浏览器方式读邮件应是"在线"方式,也就是计算机必须接入互联网,当邮件读取后,邮件还在服务器上,并没有下载到本地计算机上。而当用 Outlook Express 读取邮件时,大多数是将邮件下载到本地计算机再读,这时服务器上已没有邮件了,也可以通过设置在服务器上保留一份邮件,请读者自己学习。

### 5. 邮件列表

1) 什么是邮件列表

互联网上有许多的对某个问题感兴趣的人,这些人组成一个组,每个组有一个别名,即一个公共的电子邮件地址。任何发送到公共电子邮件地址中的邮件都会自动地邮寄到组中的每一个人,而无须知道每个人的 E-mail 地址。这些公共电子邮件地址的集合或各组别名的集合称为邮件列表(mailing list),邮件列表用于各种群体之间的信息交流和信息发布。实际上邮件列表就是将许多人的电子邮件集中到一个组管理。

邮件列表可以自己创建,也可以在第三方网站上建立。网易是比较典型的邮件列表服务商。

网易(http://www.163.com,见图 1-17),主要提供免费邮件列表的自由发行平台,同时自己也制作一部分内容比较精良的电子杂志。目前邮件已淡化,逐渐被"组"所代替。

图 1-17 网易

2）邮件列表的特点

（1）自动转发。如果需要向某一邮件列表发送电子邮件，只要将此电子邮件发送到某一具体的地址，系统提供自动转发。

（2）特定客户群。每个邮件列表都是针对特定的某一用户群，例如，有一个"电子商务"的邮件列表，加入这个邮件列表的用户都是对"电子商务"感兴趣的用户。

（3）广告效果好。既然每个邮件列表都有特定的用户群，在邮件列表中投递针对此邮件列表的广告肯定会有特定的效果，同时在邮件列表中投递的广告是以电子邮件的方式直接发送到订户的电子邮件信箱。

（4）历史价值。邮件列表的历史文档也有重要的参考价值，例如，有关"网络营销"的邮件列表的历史文档可以作为"网络营销"研究者的参考文档；同时用户可以通过查询此邮件列表的历史文档，获得有关问题的解答。

3）邮件列表的创建与管理

（1）个人邮件简单邮件列表的创建与管理。

在个人要求不高的情况下，可以利用电子邮箱服务商提供的工具建立邮件列表。例如Gmail，在 http://www.gmail.com 登录后，在通讯录的组中创建。先将每个人的电子信箱录入 gmail 通讯录中，再创建相应的组，输入组名称，将每个人的电子信箱一个一个地加入组中就创建好了，如图1-18所示，发邮件时只要选中组就可以了。Gmail 组所提供的邮件搜索功能可以很快地查到所需要的邮件。

图1-18　在 Gmail 中创建组

（2）中小企业邮件列表的创建与管理。

对于中小企业可以利用邮件列表服务商提供的服务进行邮件列表的创建，下面以网易为例说明邮件列表的创建过程与管理过程。

网易的邮件列表查看、设置与邀请三个选项（如图1-19所示），登录网易邮箱后，在管理中心单击页面进行管理。

邮件列表代码是一个邮件列表的标识符，在整个系统中必须是唯一的，邮件列表类型是对列表中信件发送的限制，可选择公开、封闭及管制。也可以将该邮件列表授权给其他人

图 1-19 网易邮件列表

管理,这时要填写管理者的邮件地址。

## 1.4.4 浏览器

**1. 什么是网页浏览器**

在互联网上浏览网页内容离不开网页浏览器,现在大多数用户使用的是微软公司提供的 IE 浏览器(Internet Explorer),国内厂商开发的浏览器有腾讯 TT 浏览器、遨游浏览器、360 浏览器等,本书以 IE8 为例进行介绍,不同版本命令可能有些不同。

网页浏览器(browser)实际是显示万维网或局域网内网页服务器或文件系统内的文件,并让用户与这些文件交互的一种软件。系统中根据链接确定信息资源的位置,并将用户感兴趣的信息资源取回来,对 HTML(Hypertext Markup Language,描述网页文档的一种标记语言)文件进行解释,显示文字、图像及其他信息。

**2. IE 浏览器的设置**

浏览器的主要功能是浏览网站信息。对于任何一个网站都有一个网址(域名),或 IP 地址。在浏览器的地址栏中输入要访问的网址或 IP 地址就可以访问网站了。例如,在访问北京大学时,可在地址栏中输入:http://www.pku.edu.cn/,一般情况下可省略"http://",也就是直接输入:www.pku.edu.cn/。

IE 还有一个自动完成(auto complete)的功能,它可以让网站地址的输入变得更加方便与快捷,因为它会在输入网址时,自动从以前浏览过的网页文件中查找相关的 URL (Universal Resource Locator,统一资源定位符)并显示在地址栏上,比如之前输入过一个 URL 地址,当在地址栏中输入 http://www.pk 字样时,地址栏会自动出现 http://www.pku.edu.cn/ 的内容。若不需要这个地址,可接着往下输入另外一个 URL 地址。

**3. 默认网页的设置**

当启动浏览器时,总是希望能快速访问到自己想访问的网页,这时可进行设置。在桌面上右击 IE 图标,选择"属性"命令,如图 1-20 所示,在主页区输入网址,单击"确定"按钮即可更改默认主页。下面的"使用当前页"按钮指设置当前正在浏览的网页为默认主页、"使用默认值"按钮指设置微软中国主页为默认主页、"使用空白页"按钮指设置空白网页(about:blank)为默认主页。

第 1 章　电子商务概述

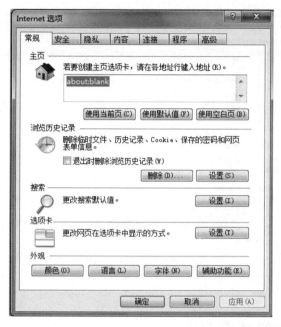

图 1-20　默认网页的设置

**4．收藏网页**

可以将自己喜欢的网页进行分类收藏，这样下次浏览时会省时省力。在菜单中选择"添加到收藏夹"，并对收藏的网页进行命名，选择要添加到的位置，在这里也可以创建新的文件夹，如图 1-21 所示。

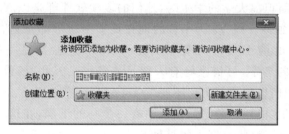

图 1-21　收藏网页

对收藏的网页可进行整理，可以移动、删除、重新命名收藏夹。下次访问网站时只要从收藏夹中直接调用即可浏览网页。

**5．保存网页**

有时需要将一个网页的内容作为资料保存下来，随时可以浏览。在"页面"中选择"另存为"。在"保存在"栏目中选择要保存网页的位置；在"文件名"栏目中输入文件名，单击"保存"按钮即可将当前网页中的文字、图形、链接等全部保存，但链接的内容不保存，还需要从原网站调用。保存网页时要注意的是保存类型的选择，有四种类型可选：第一种是"Web 档案，单个文件"（见图 1-22），表示将所有文本、图、链接保存在一个文件中，下次用起来较为方便；第二种是"网页，仅 HTML"，表示仅保存 HTML 文件；第三种是"文本文件"，表示仅保存文本资料；第四种是"网页，全部"，表示所有资料都保存，图与文本是分开的。

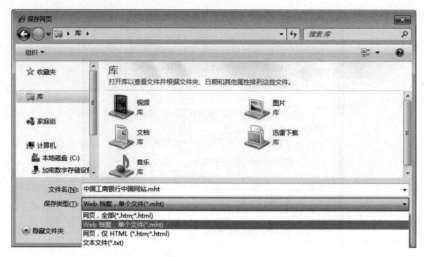

图 1-22　选择保存类型

# EC 聚焦——雅虎的域名

1995 年的一个夜晚,雅虎的创始人杨致远和他的好友费罗,在一间破旧的活动房里翻阅着韦氏词典,绞尽脑汁地想为他们创造的搜索引擎取个比较好听的名字,但花了好长时间,除了确定以 Ya 作为名字的字首之外,其他则毫无进展。之所以要以 Ya 为字首,是因为在杨致远和费罗还是斯坦福大学的学生时,他们的多项软件都是以 Ya 开头的,从这个意义上说,他们对 Ya 情有独钟。以 Ya 为字首的词在英文中通常都是复合字,代表"另一种"的意思。以 Ya 开头的电脑工具最为著名的是 YACC,意思是另一种 C 语言编译程序。YACC 是个非常不错的名字,可惜已经有人捷足先登了。因此,杨致远和费罗决定要想出更好的名字。终于,他们想到了。为何不叫"Yahoo"？在字典里 Yahoo 一字可以追溯到英国作家斯威夫特的小说《格列佛游记》,小说中有一个马的王国,在这个王国里,它们饲养着一种粗俗、低级的人形动物,它具有人的种种恶习,这种人形的动物就叫 Yahoo。这个词似乎不太文雅,但仔细一琢磨,反其意而用之,在强调平等的互联网上,大家还都是"乡巴佬""土老帽",这个名字非常特别。他们还特意在 Yahoo 的后面加上感叹号,以强调发现"野人"的吃惊,于是就有了"Yahoo!"。他们高兴得跳了起来,手舞足蹈,兴高采烈,一个劲儿地叫喊道"没错,太好了,就是它了,这简直是神谕"。他们一致决定将公司的名称确定为"Yahoo!"。从其名称可以看出雅虎的火辣辣味道,正是这种味道表现出了它的一种活力十足的昂扬朝气。只有它会在自己公司名称后面加上一个感叹号。一直到今天,杨致远和大卫·费罗的名片上仍然写着 Chief Yahoo!(雅虎酋长)的称号。

他们把公司叫做雅虎(Yahoo!)其实是有点开玩笑,但是自嘲自讽的作风盛行于网上,所以不失为一个好名字。Yahoo 还可以解释为"另一个分层体系组织表(Yet Another Hierarchically Organized List)"。后来,之所以把公司命名为"Yahoo!",杨致远对此也有一番解释,他说:"我们那时并没有当真,没有把建立网站当成一项事业,也没有想到会有今天的成功。我们完全是出于一种嗜好、玩闹。既然是为了好玩,为什么不起一个好玩一点儿的名字?《格列佛游记》中的那群叫 Yahoo 的人是没有受过教育,没有文化的野人,没什么水准。我们在斯坦福大学正事不做,游手好闲,没什么水平,于是我们也自嘲为 Yahoo。"但是他又说:"Yahoo! 能有今天的成就,与取了一个好名字不无关系。直到现在,Yahoo! 的成员还是很喜欢这个名字,并在名字中加入 Yahoo! 互称"。不管怎样,Yahoo! 由此保留了下来。

## 1.5 电子数据交换

### 1.5.1 什么是电子数据交换

电子数据交换(EDI)的定义至今还没有一个统一的规范,但有三个方面的内容是相同的。

(1) 资料用统一标准。

(2) 利用电信号传递信息。

(3) 计算机系统之间的连接。

联合国欧洲经济委员会贸易程序简化工作组(UN/ECE/WP.4)从技术上给出了 EDI 的定义:将商业或行政事务处理按照一个公认的标准,形成结构化的事务处理或报文数据格式,从计算机到计算机的电子传输方法。

联合国国际贸易法委员会 EDI 工作组(UNCITRAL/WP.4)从法律上将 EDI 定义为:EDI 是计算机之间信息的电子传递,而且使用某种商定的标准来处理信息结构。

联合国标准化组织将 EDI 描述成:"将商业或行政事务处理按照一个公认的标准,形成结构化的事务处理或报文数据格式,从计算机到计算机的电子传输方法。"

EDI 标准的数据格式必须用统一的标准编制各种商业资料。商业资料包括订单、发票、货运票、收货通知和提单等。这些商业资料形成了电子数据,在计算机系统之间传输。

在 EDI 系统中,一旦数据被输入买方计算机系统,就会传入卖方的计算机系统。数据不仅在贸易伙伴之间电子化流通,而且在每一个贸易伙伴内部电子化流通,这样可以节约成本,减少差错率,提高效率。

### 1.5.2 手工方式与 EDI 方式的比较

图 1-23 表现的是在手工条件下,贸易单证的传递方式。操作人员首先使用打印机将企业数据库中存放的数据打印出来,形成贸易单证。然后通过邮件或传真的方式发给贸易伙伴。贸易伙伴收到单证后,再由录入人员手工录入到数据库中,以便各个部门共享。传统商业贸易在单据流通过程中,买卖双方之间重复输入的数据较多,容易产生差错,准确率低,劳动力消耗多及延时增加。在 EDI 中,这些问题都将得到很好的解决。

图 1-24 是 EDI 条件下贸易单证的传递方式。数据库中的数据通过一个翻译器转换成字符型的标准贸易单证,然后通过网络传递给贸易伙伴的计算机。该计算机再通过翻译器

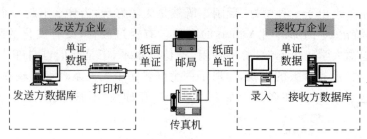

图 1-23  手工条件下贸易单证的传递方式

将标准贸易单证转化成本企业内部的数据格式,存入数据库。由此不难看出使用 EDI 的好处。但是,由于单证是通过数字方式传递的,缺乏验证的过程,因此加强安全性、保证单证的真实可靠就成为一个重要的问题。

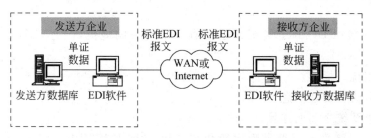

图 1-24  EDI 条件下贸易单证的传递方式

### 1.5.3  EDI 贸易的工作步骤

图 1-25 描述了 EDI 在买方、卖方及双方内部商业信息的通道,EDI 明显地减少了每笔业务所需的时间和重复录入数据的过程。

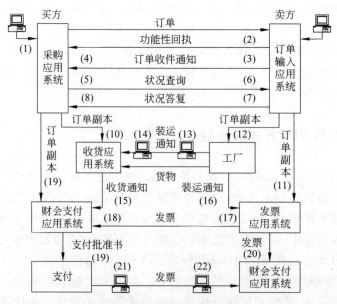

图 1-25  EDI 中商业信息的通道

(1) 买方标明要购买的货物的名称、规格、数量、价格、时间等,这些数据被输入采购应用系统,该系统的翻译软件制作出相应的 EDI 电子订单,这份订单被电子传送到卖方。

(2) 卖方的计算机接到订单后,EDI 软件把订单翻译成卖方的格式,同时自动产生一份表明订单已经收到的功能性回执,这份回执被电子传递到买方。

(3) 卖方也许还会产生并传递一份接受订单通知给买方,表示供货的可能性。

(4) 买方计算机收到卖方的功能性回执及接受订单通知后,翻译软件将它们译成买方的格式,这时订单被更新了一次。

(5) 买方根据订单的数据,产生一份电子的"了解情况"文件,并以电子化形式传递到卖方。

(6) 卖方的计算机收到了买方的"了解情况"文件,把它翻译成卖方的格式,并核查进展情况。

(7) 卖方的应用系统产生一份"情况汇报",并被以电子方式传递给买方。

(8) 卖方的"情况汇报"被买方的计算机收到,并被翻译成买方格式,用此"情况汇报"构成数据,更新买方的采购文件。

(9) 在买方的原始 EDI 订单建立的时候,EDI 软件就把数据传递到财会支付应用系统,在那里数据将被自动输入系统。

(10) 同样在原始 EDI 订单建立的时候,EDI 软件把数据传递到收货应用系统,更新系统中的文件。

(11) 在卖方收到原始 EDI 订单的时候,EDI 软件把数据传递到储存该种货物的仓库或生产厂家。

(12) 同样在卖方收到原始 EDI 订单的时候,EDI 软件把数据传递到发票应用系统,将那里的数据自动输入系统,更新发票文件。

(13) 仓库或工厂根据订单备货,并建立一个发运通知,将发运通知传递到卖方。同时将货物运到卖方。

(14) 买方收到发运通知后,数据自动输入收货文件。在收到货物之后,买方再输入收方的收据。

(15) 收据通过 EDI 软件,被电子传递到财会支付应用系统。

(16) 卖方的发运通知通过 EDI 软件,被电子传递到发票应用系统。

(17) 一份由卖方计算机产生的电子发票被传递到买方。

(18) 买方的计算机收到发票后,翻译成买方格式,发票收据和订单被计算机自动审核。

(19) 买方的计算机在审核了发票、收据和订单之后,自动产生一份支付批准书,并被传真到支付部门(买方银行)。

(20) 卖方计算机在产生发票的同时,收款应用系统也自动地更新,以表明可以收款。

(21) 买方通过其银行以电子方式传递货款到卖方的银行。一份电子汇款单被传递到卖方。

(22) 卖方在收到汇款单和支付说明之后,数据被翻译成财会能接受的形式,卖方的存款记录被自动更新,同时买方被授予信誉。

### 1.5.4 EDI 标准

由于 EDI 是国际范围的计算机与计算机之间的通信,所以 EDI 的核心是被处理业务数据格式的国际统一标准。以商业贸易方面的 EDI 为例,EDI 传递的都是电子单证,为了让不同商业用户的计算机能识别和处理这些电子单证,必须制定一种各贸易伙伴都能理解和使用的协议标准。EDI 标准应该遵循以下两条基本原则:第一,提供一种发送数据及接收数据的各方都可以使用的语言,这种语言所使用的语句是无二义性的。第二,这种标准不受计算机机型的影响,既适用于计算机间的数据交流,又独立于计算机之外。

目前国际上存在两大标准体系。一个是流行于欧洲和亚洲的,由联合国欧洲经济委员会(UN/ECE)制定的 UN/EDIFACT 标准,另一个是流行于北美的,由美国国家标准化委员会 ANSI 制定的 ANSIX.12 标准。此外,现行的行业标准还有 CIDX(化工)、VICX(百货)、TDCC(运输业)等。它们专门应用于某一部门。

## EC 聚焦——EDI 在商检中的应用

商检单证作为外贸出口的一个重要环节之一,利用 EDI 技术,可以提高单证的审核签发效率,加强统一管理,与国际惯例接轨,为各外贸公司提供方便、快捷的服务。EDI 技术在商检中的应用,早在 1985 年已在广东投入运行,提供商检原产地证和普惠制产地证两种单证的 EDI 申请和签发,是我国 EDI 系统较早的一个应用实例。外贸公司可通过 EDI 的方式与商检局进行产地证的电子单证传输,无须再为产地证的审核、签发来回地跑商检局几趟,既节约了时间和费用,同时也节约了纸张。而对于商检局来说,有了 EDI 单证审批系统,不仅减轻了商检局录入数据的负担,减少了手工录入出差错的机会,同时也方便了他们对大量的各种单证的统一管理,流程如图 1-26 所示。

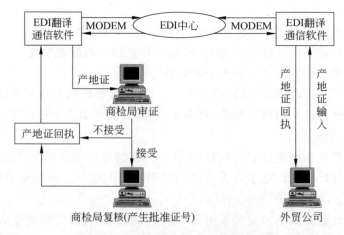

图 1-26 商检 EDI 审签系统数据流程图

## 关键概念

电子商务　商务　物流　信息流　资金流　互联网　IP 地址　域名　EDI　电子邮件　邮件列表

## 简答题

1. 什么是电子商务？
2. 什么是传统商务？
3. 比较传统商务与电子商务的优点与不足。
4. 在电子商务的基本组成中，每个要素的功能是什么？与传统商务相比有什么不同？
5. 为什么说电子商务标准是一个复杂的问题？
6. 接入互联网的方式有哪几种？
7. 什么是 IP 地址？什么是域名？它们之间有什么样的对应关系？
8. 常用的互联网服务有哪些？
9. EDI 有哪些标准？
10. EDI 的主要内容是什么？

## 热点话题

1. 在朋友过生日的时候，你想送给朋友一个数码相机。列出五种数码相机的型号、主要参数、生产商、价格、外观等。在这些产品中至少有一种是中国产的。在互联网上收集这些信息，并标明收集信息的网站，写一份报告，总结完成这个项目的收获与不足，并对选择一个参数进行深入讨论。
2. 上网找一个 FTP(File Transfer Protocol，文件传输协议)共享软件，安装并用这个软件访问一些 FTP 资源，这些资源大多分布在高等学校，找到 20 个常用的 FTP 网址。
3. 比较三个电子邮件供应商所提供的服务，至少确定五个以上的指标，例如容量、搜索、费用、通信录、附件等。

## 实战演练

1. 任选两个 B2C 零售网站，对照电子商务交易全部标准进行比较分析。
电子商务标准网站 1 和网站 2 简评：
(1) 必须建立一个信息中心，并且使消费者在网站上的任何地方都可以找到这个信息中心的链接。

（2）销售商必须在信息中心公布如下内容：销售商的法定名称以及业主；主要办公地点；和销售商联系的渠道，如电话或 E-mail；特殊业务的专业许可证。

（3）在消费者被要求最终确认订单之前，销售商必须为消费者提供所有费用的清单，包括商品或服务的费用、运费、处理费以及税。

（4）对每个产品或服务都必须提供有关售后服务的信息，包括服务范围、期限、如何进行等。

（5）在信息中心中必须向客户说明适用哪一国家或地区的法律。

（6）必须向客户公布可以选择的各种支付方式。

（7）必须提供有关处理取消订单、退货、退款的原则，包括可以取消订单的有效期、哪些产品可以退货、退货的条件、取消订单或者退货的费用、运费的支付方、消费者何时可以得到退款等。

综合评价自己上网查找 47 条标准，全部比较完成后写一个报告，并谈谈自己的看法。

2. 蒋义，某大学建筑工程与信息技术专业的一名在校生。蒋义在接触淘宝网之前曾在一家 IT 公司做销售，那时候曾在当时国内几个最大的交易平台上寻找客户。后来接触到淘宝网之后，发现它是免费的，而且自己对手机研究很深，在软件方面是个职业玩家，又有货源，就这样他的手机小店于 2004 年 7 月在淘宝网上开张了。

在开店以前蒋义对淘宝网一点了解都没有，只是直觉告诉他，淘宝网势必能成为国内 C2C 的龙头，所以在淘宝网上开店没错，事实证明他的直觉是正确的。刚开始他感觉竞争并不怎么激烈，自己对手机从硬件到软件都很精通，能够附加多样化的服务。而且当时淘宝网在上海的广告势头非常强劲，所以交易量一直呈上升趋势。蒋义也渐渐地从一个兼职卖家变成了专职卖家。因为曾做过软件行业，和批发商关系都比较密切，进货非常有优势。而在定价方面，蒋义也有所研究。一般按照市场价格略低，但又不能过低，否则对市场冲击太大。

作为一个大学生，如何平衡开店和学习的时间很重要。蒋义认为本职工作还是念书，所以成立了自己的工作室，现在工作室共由三人投资，蒋义负责销售，一个做手机软件的朋友负责货源，还有一个负责美工兼网络设计。现在他的工作室已经渐渐走上正常轨道，并聘请了一个人分担拿货、送货等工作。整体而言，蒋义在淘宝网上的手机小店每个月销售额接近 60 万元，利润在 5% 左右，好的时候能达到 8%。

店主感言：

蒋义觉得在淘宝网开店的这么长时间里，最让他感动的是客户的信任。曾经有位常州客户第一次购买了 2 台高价机，金额达 8000 多元，直接付款。客户付款以后蒋义正好到外地旅行去了，委托朋友帮忙发货。旅行的山区里信号很差，那个客户一直无法打通蒋义的电话，还以为碰上了骗子。等到了山顶，蒋义发现短消息信箱已经满了，全是那位客户的消息。他连忙打个电话询问发货的情况，原来是快递没有及时投递。当他和客户沟通时，客户说再相信他一次。客户收到货后说，东西很好，以后还会继续合作。现在这个客户不仅成为了蒋义的大客户，一年内购买金额超过 5 万元，而且也成为了蒋义最要好的朋友。

因为淘宝网,蒋义在上海拥有了属于自己的工作室,有了稳定的收入,更重要的是,因为淘宝网,他认识了更多的好朋友。

根据此案例,回答下列问题:

(1) 大学生蒋义为什么能创业成功?

(2) 根据蒋义的网上创业经验,写一篇自己的网上创业报告。

# 第 2 章 电子商务交易模式

**学习要点**
- 电子商务交易模式;
- 企业对企业电子商务(B2B)的概念及特点;
- 企业对消费者电子商务(B2C)的概念及特点;
- 消费者对消费者电子商务(C2C)的概念及特点;
- 交易中心在电子商务中的作用。

## 2.1 商务模式

商务模式最早出现于 20 世纪 50 年代,但直到 20 世纪 90 年代才开始被广泛使用和传播。目前,虽然这一名词出现的频度极高,但关于它的定义仍然没有一个权威的版本。本书采用的定义是:商业模式是指一个完整的商品流、服务流及信息流体系,包括每一个参与者及其在其中起到的作用,以及每一个参与者的潜在利益和相应的收益来源和方式。

商务模式是一种包含了一系列要素及其关系的概念性工具,用于阐明某个特定实体的商业逻辑。它描述了公司所能为客户提供的价值以及公司的内部结构、合作伙伴网络和关系资本(relationship capital)等用于实现(创造、推销和交付)这一价值并产生可持续赢利的要素。在分析商业模式的过程中,主要关注企业在市场中与用户、供应商、其他合作方的关系,尤其是彼此间的物流、信息流和资金流。

商务模式具有以下两个特征。

第一,商务模式是一个整体的、系统的概念,而不仅仅是一个单一的组成因素。如收入模式(广告收入、注册费、服务费)、向客户提供的价值(在价格上竞争、在质量上竞争)、组织架构(自成体系的业务单元、整合的网络能力)等,这些都是商业模式的重要组成部分,但并非全部。

第二,商务模式的组成部分之间必须有内在联系,这个内在联系把各组成部分有机地关联起来,使它们互相支持,共同作用,形成一个良性的循环。

电子商务出现后,人们更关心商务模式,对电子商务模式的研究有很多理论模型,但获得业内一致认同的分类方法是把企业和消费者作为划分标准,分别划分出企业对企业(B2B)、企业对消费者(B2C)和消费者对消费者(C2C)的电子商务模式。电子商务模式是指通过互联网进行销售商品、提供服务的体系。

本书将商务模式与商业模式视作相同的概念。

# EC 聚焦——网上超市"1 号店"

"1 号店"开创了中国电子商务行业"网上超市"的先河。公司独立研发出多套具有国际领先水平的电子商务管理系统,拥有多项专利和软件著作权,并在系统平台、采购、仓储、配送和客户关系管理等方面大力投入,打造自身的核心竞争力,以确保高质量的商品能低成本、快速度、高效率地流通,让顾客充分享受全新的生活方式和实惠方便的购物体验。

"1 号店"为客户提供了直观清晰的商品展示,最大限度地模拟真实超市的购物体验,充分体现"逛"的乐趣(见图 2-1)。"1 号店"为客户提供消费查询、购物等多种线上服务。

图 2-1 "1 号店"首页

自上线以来,商品涉及食品饮料、美容护理、厨卫清洁、母婴玩具、电器、家居、营养保健、礼品卡等大类,480 个小类,4 万多种商品,旨在为顾客提供生活用品的一站式网上购物服务。

## 2.2 B2C 电子商务模式

### 2.2.1 B2C 电子商务概述

**1. B2C 电子商务的概念**

B2C(Business to Consumer)电子商务是企业通过互联网向个人网络消费者直接销售产品和提供服务的经营方式。即企业通过网络为消费者提供一个产品或者服务的经营活动(见图 2-2)。

B2C 模式也可以分为两种:第一种是企业与个人消费者通过网络进行产品销售和购买,是有形商品的交易;第二种是企业与个人消费者通过网络提供服务和得到服务,

图 2-2 B2C 电子商务

是无形商品的交易。

**2. B2C 电子商务的特点**

B2C 电子商务以完备的双向信息沟通、灵活的交易手段、快捷的物流配送、低成本高效益的运作方式等在各行各业展现出极强的生命力。B2C 电子商务主要有如下特点：

（1）可以没有实物商铺，有利于企业降低销售成本。

（2）用户群数量巨大，所需要的身份认证、信息安全等方便、简捷。

（3）支付或转账金额较低（小额支付）。

（4）网络上传输的信息可能涉及个人机密，例如账号和操作金额等。

（5）重视客户服务，较大的企业都有庞大的呼叫中心，有较完善的客户服务体系。

（6）经常会出现"一次性"客户，不连续使用，只希望可以在方便的时候使用一下 B2C 的服务。

（7）网上商店商品琳琅满目。所销售的商品五花八门，从大米、啤酒等生活日用品，到家电、电脑、汽车、住房，琳琅满目，涵盖了人们生活的方方面面。

（8）单品制胜的推广策略。B2C 投放广告大多是一个单品，只通过一个页面就将产品描述得淋漓尽致，非常懂消费者心理；经常有线下推广资源的支持。

（9）较完善的物流配送体系。大多数 B2C 电子商务企业依靠成熟的第三方物流专业企业，所以物流配送效率高、速度快。

### 2.2.2 B2C 电子商务的主要模式

**1. 无形商品的电子商务模式**

无形商品是指能通过互联网传输的商品。无形商品无须实际的物流配送，它能以信息的形式通过互联网传输。无形商品分为两类：一类是信息产品，这类商品可以加在实体上，实体载体可以是光盘、磁介质、胶片、纸张等，例如报纸、电影、软件、书、游戏等；另一类是虚拟商品，这类商品不能加在任何载体上，是一种看得见、摸不到的商品，如邮箱、虚拟货币、域名、信息服务等。图 2-3 为 Q 币充值中心。

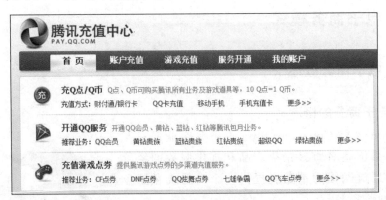

图 2-3　Q 币充值中心

网络本身具有信息传递的功能，又有信息处理的功能。因此，无形商品，如信息、计算机软件、视听娱乐产品、信息服务等，往往就可以通过网络直接向消费者提供。无形商品的电子商务模式主要有以下四种：网上订阅模式、付费浏览模式、广告支持模式、网上赠予模式。

1）网上订阅模式

网上订阅模式指的是企业通过网页安排向消费者提供网上直接订阅，消费者直接浏览信息的电子商务模式。网上订阅模式主要被商业在线机构用来销售报纸杂志、有线电视节目等。网上订阅模式主要有以下几种。

（1）在线服务。

在线服务是指在线经营商通过每月向消费者收取固定的费用而提供各种形式的在线信息服务。刚开始在线服务商大多都是按实际使用时间向客户收取费用。目前，一些网络服务商收取固定的费用向消费者提供国际互联网的接入服务，在线服务商现在也遵从相同的做法，以固定费用的方式提供无限制的网络接入和各种增值服务。在线服务商一般都有自己服务的客户群体，图 2-4 为 163 邮箱收费标准。

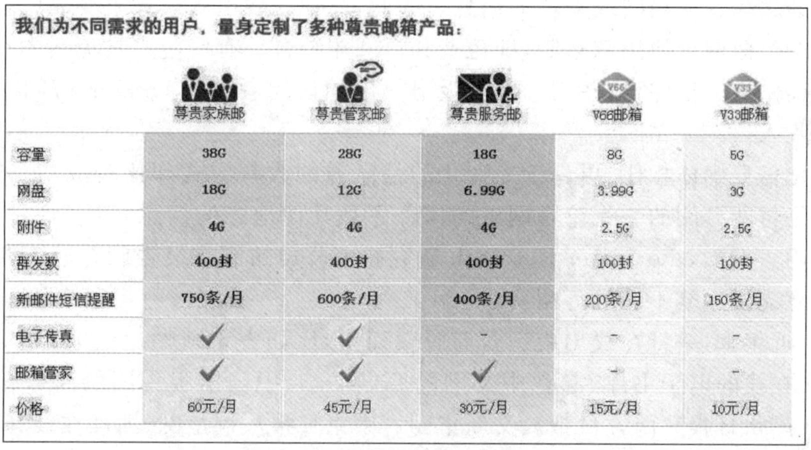

| 我们为不同需求的用户，量身定制了多种尊贵邮箱产品： | | | | | |
|---|---|---|---|---|---|
| | 尊贵家族邮 | 尊贵管家邮 | 尊贵服务邮 | V66邮箱 | V33邮箱 |
| 容量 | 38G | 28G | 18G | 8G | 5G |
| 网盘 | 18G | 12G | 6.99G | 3.99G | 3G |
| 附件 | 4G | 4G | 4G | 2.5G | 2.5G |
| 群发数 | 400封 | 400封 | 400封 | 100封 | 100封 |
| 新邮件短信提醒 | 750条/月 | 600条/月 | 400条/月 | 200条/月 | 150条/月 |
| 电子传真 | ✓ | ✓ | — | | |
| 邮箱管家 | ✓ | ✓ | ✓ | | |
| 价格 | 60元/月 | 45元/月 | 30元/月 | 15元/月 | 10元/月 |

图 2-4　163 邮箱收费标准

无论是哪种在线服务商，它们提供的服务都有共同的特点。

第一，基础信息的一步到位式服务。在线服务商一般都向订户提供基础的信息服务。所提供的基础信息服务一般可以满足订户对基础信息的需求。客户通过浏览在线服务商所提供的信息，基本上就可以满足日常收集信息的要求。例如在线服务商一般都提供优秀的剪报信息，订户不必再为不确定的信息去花费很长的时间浏览大量的站点和网页，从而一步到位地取得基础信息。有的在线服务商还独家发布在线报纸、杂志和其他信息，例如，美国在线（AOL.com）就是一个集电子邮件、新闻组、教育和娱乐服务为一体的大型门户网站。

第二，可靠的网络安全保障。由于在线服务都是在专有的网络上运行，通过在线服务商连接的网络比直接连接国际互联网要可靠。在美国，一些银行，如美洲银行和联合银行就是通过网络提供结算服务的。目前，在在线服务的环境下，订户可以更放心地通过提供并传输信用卡的号码进行网上在线购物。另外，在线服务商还提供额外的安全保障措施，如在线服务中可供下载的软件都要经过反病毒查询，证明安全可靠后才向客户提供。

第三，向新订户提供支持服务系统。在线服务商既通过电脑网络，又通过电话向新订户提供支持服务。对于新订户来讲，在线服务商能够为他们解决技术问题，在支持服务上比网络经营商要强。强大的支持服务系统加上有竞争力的价格优势使在线服务商在网络内容日益丰富的情况下能继续生存下去。

但是,专业网络在线服务商也面临新的竞争。迅速崛起的互联网服务商成为在线服务商的主要竞争对手,许多企业转向当地网络服务商寻求更快捷的网络文件下载方式。由于互联网日益普及,内容越来越丰富,人们对在线服务能否继续发展的信心也在下降。然而,在线服务一般是针对某个社会群体所提供的服务,至少在短期内不会消失。在美国,几乎所出售的每台电脑都预装了在线服务免费试用软件。在线服务商的强大营销攻势使他们的订户数量稳步上升。

(2) 在线出版。

在线出版指的是出版商通过电脑互联网络向消费者提供除传统纸面出版之外的电子刊物。在线出版一般仅在网上发布电子刊物。消费者可以通过订阅来下载刊物的信息。但是,以订阅方式向一般消费者销售电子刊物被证明存在一定的困难,因为一般消费者基本上可以从其他的途径获取相同或类似的信息。因此,此项在线出版模式主要靠广告支持。

大多数的类似网址使用双轨制,即免费和订阅相结合。有些内容是免费的,有些内容是专门向订户提供的。这样,这些网址既能吸引一般的访问者,保持较高的访问率,同时又有一定的营业收入。

与大众化信息媒体相比,更趋于专业化的信息源的收费方式却比较成功。网上专业数据库一直就是付费订阅的。无论是网上的信息还是其他地方的信息,似乎研究人员相对更愿意支付费用。例如,Forrester Research 研究咨询公司的研究报告就在网上收费发布,一些大企业愿意支付这笔不菲的订阅费。

在中国,近年来,一批在线出版运营商脱颖而出,比如方正阿帕比的电子书报、工具书、图片库;中文在线的电子书库、起点中文网的原创文学、中国出版集团的商务在线工具书;《解放日报》《广州日报》《南方日报》、文新集团、《南京日报》、荆楚网、浙江在线和中国移动的手机报、数字报等,它们的出现正是顺应了人们阅读习惯的改变这一大趋势,图 2-5 为《南方日报》数字版。

图 2-5 《南方日报》数字版

(3) 在线娱乐。

在线娱乐是无形商品在线销售中引人注目的一个领域。一些网站向消费者提供在线游戏,并收取一定的订阅费。目前看来,这一领域还比较成功。

在中国,盛大(SNDA)是目前中国较大的网络游戏运营商。盛大提供一系列网络游戏供用户在线娱乐,这些游戏包括自主研发和代理运营的产品。盛大的每一款游戏都有专门的团队管理,他们负责制订运营计划、调配内部资源,并且为虚拟社区进行每小时定时维护;盛大不仅具备独立研发能力,也具备游戏本地化运营的丰富经验;盛大已经建成了一个全国性的销售和收费网络,建立了一个遍布全国的服务器网络,拥有了一个完善的客户服务体系,包括一个24小时呼叫中心,图2-6为盛大首页。

图2-6 盛大首页

2) 付费浏览模式

付费浏览模式指的是企业通过网页安排向消费者提供计次收费性网上信息浏览和信息下载的电子商务模式。付费浏览模式让消费者根据自己的需要,在网址上有选择地购买一篇文章、书的一章或者参考书的一页。在数据库里查询的内容也可付费获取。另外一次性付费参与游戏娱乐将会是很流行的付费浏览方式之一。

付费浏览模式是目前电子商务中发展较快的模式之一。该模式的成功要具备如下条件:首先,消费者必须事先知道要购买的信息,并且该信息值得付费获取;其次,信息出售者必须有一套有效的交易方法,而且该方法要允许较低的交易金额,例如,对于只是获取一页信息的小额交易,目前广泛使用的信用卡付款方式就需改进,因为信用卡付款手续费可能比实际支付的信息费要高。随着小额支付方式的出现,付费浏览模式有待进一步发展。

网上信息出售者最担心的是知识产权问题。他们担心客户从网站上获取了信息,而后又再次分发或出售。一些信息技术公司针对这个问题开发了网上信息知识产权保护的技术。信息购买者作为代理人将信息再次出售,而且给予代售者一定的佣金。这样就鼓励了信息的合法传播。

维普资讯网(http://www.cqvip.com)就是一个比较典型的提供在线服务的网站。维普网由前身为中国科技情报所数据库研究中心的维普资讯有限公司运营,其主导产品是《中文科技期刊数据库》,目前提供综合性文献服务。维普网将它的用户分为流量用户和包库用户,对流量用户按照其每次下载的信息量收费,而包库用户则是预先支付一年的费用,在这一时间里可无限制地下载维普的文献。

3) 广告支持模式

广告支持模式是指在线服务商免费向消费者或用户提供信息在线服务,而营业活动全部用广告收入支持。此模式是目前最成功的电子商务模式之一。信息搜索对于上网人员在信息浩瀚的互联网上找寻相关信息是最基础的服务。企业也最愿意在信息搜索网站上设置广告,特别是通过付费方式在网上设置广告图标,有兴趣的上网人员通过单击图标就可直接到达企业的网址。

如创立于1994年的Yahoo(http://www.yahoo.com),是最早的目录搜索之一,也是

目前最重要的搜索服务网站。它有最具影响力的企业资料库,其数据库中的注册网站无论是在形式上还是内容上,质量都非常高。对一些企业网站,特别是商业网站,登录 Yahoo 的数据库来进行营销是非常重要的。目前 Yahoo 对商业网站登录目录均要收取一定的费用,免费登录只对非营利网站开放。

由于广告支持模式需要上网企业的广告收入来维持,因此该企业网页能否吸引大量的广告就成为该模式能否成功的关键。而能否吸引网上广告又主要靠网站的知名度,知名度又要看该网站被访问的次数。广告网站必须对广告效果提供客观的评价和测度方法,以便公平地确定广告费用的计费方法和计费额。目前大致有以下几种计费方法:

(1) 每千人成本(cost per thousand,简称为 CPM)。按访问人次收费已经成为网络广告的惯例。CPM 指的是广告投放过程中,听到或者看到某广告的每一人平均分担到多少广告成本。传统媒介多采用这种计价方式。

在网上广告中,CPM 通常被理解为一个人的眼睛在一段固定的时间内注视一个广告的次数。比如说一个广告横幅的单价是 1 元/CPM 的话,意味着每一千个人次看到这个广告横幅的话就收 1 元,以此类推,10 000 人次访问的主页就是 10 元。

至于每 CPM 的收费究竟是多少,要根据主页的热门程度(即浏览人数)划分价格等级,采取固定费率。国际惯例是每 CPM 收费 5~200 美元不等。

(2) 每点击成本(Cost Per Click,CPC)。这种计费方法是按用户在广告网页上单击广告图标的次数来计费,它仍然以 1000 次点击为单位。比如,一则广告的单价是 40 元/CPC,则表示 400 元可以买到 10×1000 次点击。与 CPM 相比,CPC 是更科学和更细致的广告收费方式,它以实际点击次数而不是页面浏览量为标准,这就排除了有些网民只浏览页面,而根本不看广告的虚量。

(3) 每行动成本(Cost Per Action,CPA),CPA 计价方式是指按广告投放实际效果,即按回应的有效问卷或订单来计费,而不限广告投放量。CPA 的计价方式对于网站而言有一定的风险,但若广告投放成功,其收益也比 CPM 的计价方式要大得多。

(4) 按用户录入的关键字计费。大多数搜索网站,一般都是按用户录入的搜索关键字来收费的,如 Google 的搜索页面。

4) 网上赠予模式

网上赠予模式是一种非传统的商业运作模式,是企业借助于国际互联网用户遍及全球的优势,向互联网用户赠送软件产品,以扩大企业的知名度和市场份额。通过让消费者使用该产品,让消费者下载一个新版本的软件或购买另外一个相关的软件。由于所赠送的是无形的计算机软件产品,而用户是通过国际互联网自行下载的,因而企业所投入的分拨成本很低。因此,如果软件确有其实用特点,那么是很容易让消费者接受的。

在这方面做得很成功的当属网景公司。网景公司较早地运用了这一电子商务模式,将其国际互联网浏览器在网上无偿赠予,以此推动该网络浏览器新版本的销售。网上赠予模式的实质就是"试用,然后购买"。用户可以从互联网站上免费下载喜欢的软件,在真正购买前对该软件进行全面的评测。以往人们在选择和购买软件时是靠介绍和说明,以及人们的口碑,而现在可以免费自选下载,试用 60 天或 90 天后,再决定是否购买。

采用网上赠予模式的企业主要有两类：一类是软件公司，另一类是出版商。电脑软件公司在发布新产品或新版本时通常在网上免费提供测试版。网上用户可以免费下载试用。这样，软件公司不仅可以取得一定的市场份额，而且也扩大了测试群体，保证了软件测试的效果。当最后版本公布时，测试用户可能购买该产品，或许因为参与了测试版的试用而享受到一定的折扣。有的出版商也采取网上赠予模式，先让用户试用，然后购买。例如，《华尔街日报》对绝大多数在线服务商以及其他出版社一般都提供免费试用期，大部分都成为后来的付费订户。

目前，国际互联网已经真正成为软件销售的测试市场。在以质取胜的同时，国际互联网使得小型软件公司更快速地进入市场并取得了一定的市场份额。当然消费者在采购软件时对不太了解的软件就更加谨慎，而对于免费试用的软件就会有更自由的选择权。

**2. 有型商品的电子商务模式**

有型商品指的是传统的实物商品，这种商品和劳务的交付不是通过电脑的信息载体，而仍然通过传统的方式来实现，网上成交额有增无减，图2-7为当当网首页。

图2-7 当当网首页

网上实物商品销售的特点主要是网上在线销售的市场扩大了。与传统的店铺市场销售相比，网上销售可以将业务伸展到世界各个角落。例如，美国的一种创新产品"无盖凉鞋"，其网上销售的订单有2万美元是来自南非、马来西亚和日本。一位日本客户向坐落在美国纽约的食品公司购买食品，付出的运费相当于产品的价值。然而，客户却非常满意，因为从日本当地购买相同的产品，其代价更昂贵。

除此之外，虚拟商店需要较少的雇员而且在仓库就可以销售。有些情况下虚拟商店可以直接从经销商处订货，省去了商品存储的环节。

在网上销售的商品中，一些出售独特商品的虚拟商店较为成功。例如，一家出售与象有关的商品的虚拟商店开展在线销售仅两个月，销售额就达5000美元。独特商品商店之所以较为成功，是由其产品特点和国际互联网的特点决定的。在实际市场上，对于特殊商品的需求是有限的，由于市场上的特殊商品的消费者比较分散，传统的实物店铺市场的覆盖范围不足以支持店铺经营。而国际互联网触及世界市场的各个角落，人们可以根据自己的兴趣来搜索虚拟商店，因此，见缝插针式的商品在在线销售方面就更容易成功。

另一类在线销售较成功的商品是一些众所周知、内容较确切的实物商品，如书籍、磁盘和品牌电脑等。如中国的当当网（http://www.dangdang.com），以销售图书、音像制品为主,现已成为全球最大的中文网上图书音像商城,面向全世界中文读者提供30多万种中文图书和音像商品。

企业实现在线销售目前有两种形式:一种是在网上设立独立的虚拟店铺,如当当网、1号店、京东商城等;一种是参与并成为网上在线购物中心的一部分,如优衣库、美特斯邦威、ninewest等品牌都在淘宝商城上开设了店铺。通常,互联网服务商可以帮助企业设计网页,创立独立的虚拟商店,为用户提供接入服务。

2010年以来,中国的B2C电子商务出现了高速发展,1号店、京东商城、凡客诚品、当当网等B2C网站发展良好,整个行业持续升温。

### 3. 综合模式

实际上,多数企业网上销售并不是仅仅采用一种电子商务模式,而往往采用综合模式,即将各种模式结合起来实施电子商务。

Web Golf(http://www.webgolf.it)就是一家有3500页有关高尔夫球信息的网站。这家网站采用的就是综合模式。其中40%的收入来自于订阅费和服务费,35%的收入来于广告,还有25%的收入是该网址专业零售点的销售收入。该网址已经吸引了许多大公司的广告,如美洲银行、美国电报电话公司等。专业零售点开始两个月的收入就高达10万美元。

网上的一些零售商店之所以能吸引广告,就是因为虚拟商店本身的名气很大。而在传统的类似实物商店中,一般商店的广告都与经营的商品有关,网上虚拟商店上的这种交叉广告并不十分常见。

由此可见,在网上销售中,一旦确定了电子商务的基本模式,企业不妨可以考虑一下采取综合模式的可能性。例如,一家旅行社的网页向客户提供旅游在线预订业务,同时不妨也接受度假村、航空公司、饭店和旅游促销机构的广告,如有可能还可向客户提供一定的折扣或优惠,以便吸引更多的生意。一家书店不仅销售书籍,而且可以举办"读书俱乐部",接受来自于其他行业和其他零售商店的广告。在网上尝试综合的电子商务模式有可能会带来额外的收入。

### 4. 团购模式

团购(group purchase)就是团体购物,指认识或不认识的消费者联合起来,加大与商家的谈判能力,以求得最优价格的一种购物方式。根据薄利多销的原理,商家可以给出低于零售价格的团购折扣和单独购买得不到的优质服务。团购作为一种新兴的电子商务模式,通过消费者自行组团、专业团购网站、商家组织团购等形式,提升用户与商家的议价能力,并极大程度地获得商品让利,引起消费者及业内厂商、甚至是资本市场的关注。

中国最早出现的团购是公司为了降低成本而集合所有子公司进行采购。而发展到目前的"个人层面"要归功于互联网,由业内有影响的个人或专业的团购服务公司(团购网站)进行召集,将有意向购买同一产品的消费者组织起来,大量向厂家进行购买,从而在保证质量的情况下,获得消费资产增值和服务保障;也可自发组织团购,由消费者自行组织,自发地将团购产品信息在网站上发布。

团购的模式主要有以下三种。

1) 网站对用户

团购网站提供有吸引力的商品和服务,超级优惠折扣,吸引用户购买,通过奖励用户推广等方式吸引和发展用户,或通过社交化的网络传播,带来规模效应。

2) 网站对商家

团购网站寻找有合作意向的商家,约定达成团购的有效人数,若没有达到人数则相当于媒体广告,若达到不同人数规模则可分享或提成部分收益。

3) 商家对用户

用户去商家进行消费,成为实际用户,商家积累用户后,进一步了解需求,再次开拓用户的价值。

目前国内的团购网比较多,如淘宝网的"聚划算"、1号店的"1号团"、QQ的"QQ团购"都是比较活跃的团购网,图2-8为聚划算首页。

图2-8 聚划算首页

作为一种新兴的消费方式,网络团购目前还没有相关的规则来约束它,因此,诈骗案也屡见不鲜。对此,网络团购作为一种消费方式,消费者在选择网络团购以获得价格优惠的同时,更应该全面考虑,对于交易要小心谨慎。

### 2.2.3 B2C电子商务企业类型

目前已建立或准备建立B2C模式的电子商务的企业大致可分为经营着离线商店的零售商、没有离线商店的虚拟零售企业和商品制造商。

### 1. 经营着离线商店的零售商

这些企业有着实实在在的商店或商场，网上的零售只是作为企业开拓市场的一条渠道，它们并不依靠网上的销售生存。

目前经营着离线商店的零售商大多从传统企业发展而来，且大多是线下和线上的经营并存。如上海书城网、优衣库、Nike、李宁、百丽等都是既有实体商场，又在网站宣传、销售它们的产品。对原在线下经营的企业来说，开展 B2C 并不是简单地把商品罗列在网站上，等候顾客光顾，而是一个重新定义企业内部管理、业务流程的过程。

以日本的 7-11 连锁便利店（见图 2-9）为例，它主要通过两个方式提供网上服务：一是网站（见图 2-10），二是放在商店中的多媒体终端。通过终端，顾客浏览、下载数字信息。在网站供应的商品不同于便利店的品种，最大的不同在于没有食品。网站的商品品种选择主要考虑两个因素：一是目标顾客，便利店的主要目标顾客是在城市中心工作或居住的年轻白领；二是挑选真正适合于网络销售的产品，而不是目标顾客的所有需求。在这个基础上，网站主要销售书籍、光盘、饮品、特色商品、汽车附件等，涉及的服务包括旅游、汽车租赁、保险和健康咨询等。顾客可以选择门店购买或者送货上门，大件商品由顾客支付少量运费，直接由供应商送往顾客家中。显然，7-11 的做法不是为了扩大实体商店的网络，而是为目标顾客提供更多的服务，增加顾客黏度和忠诚度。

图 2-9　7-11 实体店

图 2-10　7-11 便利店

### 2. 没有离线商店的虚拟零售企业

这类企业是 Internet 商务的产物，网上销售是它们唯一的销售方式，它们靠网上销售生存。如美国的 Amazon 网上书店，目前已成为世界销售量最大的书店。

美国的 E*Trade Securities 是一个股票交易的虚拟经纪商，该站点运营两个月后，美国 10% 的股票买卖都通过该网站交易。这类企业的优势在于收费低廉，股民可以通过网站及时查询信息并直接进行交易。

在中国也有许多此类的网站,如1号店(见图2-11)、当当网、卓越网等。以当当网为例,它是北京当当网信息技术有限公司运营的一家中文购物网站,以销售图书、音像制品为主,兼具发展小家电、玩具、网络游戏点卡等其他多种商品的销售。从1999年11月开通至今,已成为全球最大的中文网上图书音像商城,面向全世界中文读者提供近几十万种中文图书和音像商品。2010年12月8日,当当网首次登陆美国股市,吸引了全球投资者的目光。

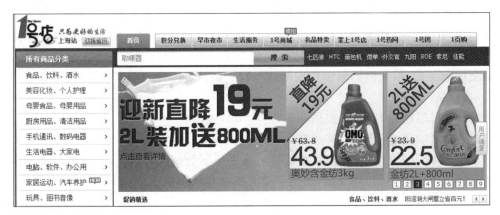

图2-11　1号店

### 3. 商品制造商

商品制造商采取网上直销的方式销售其产品,不仅给顾客带来了价格优势上的好处及商品客户化,而且减少了商品库存的积压。

例如DELL计算机制造商是商品制造商网上销售最成功的例子。由于建立了网上直销,使DELL公司跻身业内主要制造商之列,图2-12为DELL公司首页。中国青岛的海尔集团是中国家电制造业中的佼佼者。海尔通过建立自己的电子商务网站,一方面宣传海尔企业的形象;另一方面通过网上销售,加大了自己产品的市场推销力度。

图2-12　DELL首页

近年来新崛起的B2C企业——凡客诚品,是B2C商品制造商中比较成功的企业,目前已是中国互联网上领先的服装品牌。其所取得的成绩,不但被视为电子商务行业的一个创新,更被传统服装业称为奇迹。

### 2.2.4　B2C电子商务企业的收益模式

经营B2C电子商务网站的企业其收益模式是不同的,一般有四种收益模式:收取服务费、会员制、销售商品和收取广告费。

**1. 收取服务费**

在这种模式下,企业通过在网络上提供各种服务来获取服务费。

例如国外Peapod网上商店(http://peapod.com),对每个网上购物的消费者除要交纳实际购买商品的费用外,还要另外支付订货费5美元和订货总金额的5%的服务费。尽管顾客要交纳服务费,但他们仍愿意在该网站上购买商品。原因有以下几点:

(1) 顾客感觉方便;

(2) 顾客可以使用Peapod提供的优惠券,节约资金;

(3) 顾客可以通过比较,购买商品;

(4) 顾客可以减少计划外购物,获得自己真正需要的商品。据统计,在超市或便利食品店购物时,80%的购物是计划外的,增加了个人不必要的消费支出;

(5) 节约了顾客的时间。

国内也有许多通过收取服务费作为主要收益的网站。如创建于2005年的盛世收藏网(http://www.sssc.com),这是一个集古董收藏、鉴赏、交流于一体的专业网络收藏服务平台。它对在其网站上拍卖成功的交易按交易金额收取1%的服务费,最低收取5元,最高收取300元封顶。为了吸引收藏爱好者到盛世收藏网进行拍卖活动,网站从多个方面为客户提供服务,主要包括:

(1) 凭借行业优势,提供收藏资讯;

(2) 提供网上预展功能,为客户拍卖提供详细信息;

(3) 建立古玩收藏百科集,普及相关知识;

(4) 建立收藏论坛,为收藏爱好者提供交流平台。

**2. 会员制**

网络交易服务公司一般采用会员制,按不同的方式和服务的范围收取会员的会费。一般有两种方式:按时间,如按年、月、季收取固定的会费;按会员的实际销售规模的比例收取会费。

通过会员制方式收取费用已成为B2C网站的一种重要趋势。以婚恋网站百合网(http://www.baihe.com)为例,会员被分成了三个级别:免费会员可以享受标准服务;部分增值服务会员可以每月花很少的钱就享受某些服务,例如更新版本的精确匹配;而那些VIP(Very Important Person,贵宾)会员则会享受到更精准的、量身定做的服务,他们也愿意为之支付高达每年三四千元人民币的会费。

**3. 销售商品**

在这种模式下,企业通过销售商品来获得收益。

网络企业销售的商品主要有三种来源。

1) 销售本企业的产品

这类企业就是前面提到的商品制造商,它们本身是商品制造商,通过网站销售本企业的产品。如凡客诚品、戴尔等都属于这一类型。

2) 销售其他企业的商品

这类企业相当于网上零售商,网站上销售的是来自其他各个企业的各种各样的商品。如1号店、京东商城、当当网等都属于这一类型。

3) 销售衍生品

这类企业的网站上销售的是与某一行业相关的产品。如中国饭网出售食品相关报告、就餐完全手册;莎啦啦除销售鲜花外,还销售健康美食和数字产品。

网上销售商提供低价格的商品或服务,为的是扩大销售量,树立企业的形象。

当当网上书店是目前全球最大的中文书店,面向全世界中文读者,提供超过20万种的中文图书,占中国大陆市场图书品种的90%。当当网上书店以打价格战为其营销战略,在网络上获取最大的市场。它提供的所有商品,其平均价格要低于市价,最高可享20%的折扣。

**4. 收取广告费**

指网站直接从厂商处获得广告,帮助厂商销售产品来获取赢利的方式,这也是最主要最常见的网络在线赢利模式。

国内一些大型的门户网站如新浪网、搜狐,视频网站如优酷、土豆等,一般采取此种方式赢利,图2-13为新浪首页收费情况。

| 新浪首页 | | | |
|---|---|---|---|
| 要闻区左侧二轮播按钮 | 15万/轮/天 | | |
| 新闻中心首页 | | | |
| 要闻区右侧两轮播按钮01 | 13.5万/轮/天 | 国际新闻右侧两轮播按钮 | 5万/轮/天 |
| 要闻区左侧按钮 | 1.5万/小时<br>(8:00-11:59)<br>1.2万/小时<br>(12:00-7:59)<br>30元/CPM | 国内新闻左侧两轮播按钮 | 7.5万/轮/天 |
| | | 体育新闻左侧两轮播按钮 | 5.5万/轮/天 |

图2-13 新浪首页收费情况

# EC聚焦——从传统企业走向电子商务企业的易购365

与普通意义上单一从事商品买卖的B2C网站不同,易购365一方面集投资方业务、销售、配送和商誉等优势资源于一身,与国内外的食品商建立起了良好的合作关系,规划在未来的几年内整合社会优势资源,立足上海,辐射江浙,面向全国,并最终成为中国著名的居家生活服务综合性网站;另一方面鉴于网络对社会的全面渗透,传统商业融入新型电子商务行业已成为大势所趋,易购365旨在成为中国大型商业企业向电子商务转化的先行者。

易购365现已开通了两个专业频道,分别从事B2C(针对消费者个人)和B2B(针对加盟易购超便利体系的零售小店)业务,从形式上看,其网页的设计更注重于对消费者个人的服务,B2B频道更像是一个对外宣传加盟的窗口,走网上网下互相联动之路。

在逐步巩固B2C业务的基础上,易购365还重点对市内的社会零售小店(小食品店、小杂货店、小烟酒店的总称)进行整合,计划建立起以加盟店为基础的"易购超便利"连锁经营体系,为社区居民提供身边的人性化服务,改变零售小店以往给人脏、乱、差的印象,易购将这部分业务称为B2B部分。至此,易购已初步构筑起两条腿走路的完整商务模式。

易购365运营的是通过电话和互联网接受客户订货提供送货上门的无店铺销售业务,这就更需要每位从业人员的一切工作都围绕如何使消费者满意而展开,通过推进规范服务、星级服务、品牌服务和创新服务,使易购365的客户服务队伍在高起点上进一步提升整体素质。因此,易购365在提出"上午订货,下午送;下午订货,隔天送"的服务承诺和订购满50元环线内免费送货的基础上,又推出了"铃声一响,你我互连;在线服务,满意无限"的服务理念。

在网站取得一定成功经验的基础上,易购365将更多的人力、物力放在了"易购超便利"体系的建设上。

在经过了长时间的调研后,易购365发现零售小店遍布城市的大小街道,其无一不是与市民的生活圈紧密相连,且以小、快、灵为经营特色,与其余的零售业态保持着错位经营的格局。通过整合,使便民性更强、具有常青业态特征的零售小店真正成为可持续发展的业态,从而使上海的整体零售业态得到进一步完善。利用市场机制,将目前无人管理的零售小店纳入规范化管理,从采购、物流直至售后服务的各个环节全面杜绝"假冒伪劣",正本清源,使"市场规范工作"最薄弱、最难深入的方面得到加强。同时利用烟糖集团的强势资源,通过统一引进"超便利"经营模式,针对小店本身的特点,引入老百姓日常生活所需的常备商品,使老百姓在家门口就能解决基于生活的细节需要,以亲切的、人性化的服务有别于超市和大卖场。

此举不仅可以使整合后的零售小店突破以往散兵式的小打小闹,而且也为易购365找到了电子商务落地的较佳方式。

## 2.3 C2C 商务模式

### 2.3.1 C2C 电子商务概述

**1. C2C 电子商务的概念**

C2C模式即消费者通过Internet与消费者之间进行相互的个人交易,即消费者与消费者之间,通过网络进行产品或服务的经营活动。

C2C商务平台就是通过为买卖双方提供一个在线交易的平台,使卖方可以自行提供商品上网展示销售,而买方可以自行选择商品拍下付款或是进行竞价方式在线完成交易支付。

目前国内比较大型的C2C交易平台主要有淘宝网(http://www.taobao.com,图2-14)、易趣网(http://www.echnet.com)、拍拍网(http://www.paipai.com)。

**2. C2C 电子商务的特点**

C2C模式是最能够体现互联网精神和优势的,数量巨大、地域不同、时间不一的买方和

图 2-14 淘宝首页

同样规模的卖方通过一个平台找到合适的对象进行交易,在传统领域要实现这样的大工程几乎是不可想象的。

C2C 电子商务主要有如下特点:

(1) 用户量大,分散,并兼多种角色,用户既可以是买方,也可以是卖方;
(2) 买卖双方在一个第三方交易平台上交易,第三方平台负责技术及相关的服务;
(3) 单笔交易额小,还有相当一部分采用货到付款;
(4) 没有自己的物流体系,依赖第三方物流体系;
(5) 在 C2C 交易中如果发生纠纷,很难解决;
(6) 个人网店平均寿命短,不到一年的占绝大多数。

目前 C2C 电子商务的运作模式主要有拍卖平台和店铺平台。

## 2.3.2 拍卖平台运作模式

这种方式是 C2C 电子商务企业通过为买卖双方搭建拍卖平台,按比例收取交易费用。网络拍卖的销售方式保证了卖方的价格不会太低,他们可以打破地域限制把商品卖给地球上任一个角落出价最高的人;同理,买方也可以确保自己不会以很高的价格支付。更为重要的是,网络拍卖这个虚拟的大市场克服了传统商店的种种限制:在这里,每个人都站在同一个水平线上。

**1. 网络拍卖的定义**

网络拍卖(auction online)是通过互联网进行在线交易的一种模式。

网络拍卖指网络服务商利用互联网通信传输技术,向商品所有者或某些权益所有人提供有偿或无偿使用的互联网技术平台,让商品所有者或某些权益所有人在其平台上独立开展以竞价、议价方式为主的在线交易模式。

网络拍卖的主体,目前大多数观点认为它大致分为以下两种。

(1) 拍卖公司。拍卖是指以公开竞价的方式,将特定的物品或财产权利转让给最高应价者的买卖方式。传统的拍卖公司目前的网站一般多用于宣传和发布信息,属于销售型网站,北京保利国际拍卖有限公司(见图 2-15)依托中国保利集团雄厚的资金实力和产业链条以及具有前瞻性的战略发展思路,以中国古董、中国现当代油画及艺术品、中国近现代书画、中国古代书画等为主要拍卖项目。

图 2-15　北京保利国际拍卖有限公司

(2) 网络公司。网络公司在网络拍卖中提供交易平台服务和交易程序，为众多买家和卖家构筑了一个网络交易市场(net-markets)，由卖方和买方进行网络拍卖，其本身并不介入买卖双方的交易。这类网络公司在我国以 eBay 易趣(见图 2-16)、淘宝网为首要代表。网站仅作为用户物色交易对象、就货物和服务的交易进行协商，以及获取各类与贸易相关的服务的交易地点。网站不能控制交易所涉及的物品的质量、安全或合法性，商贸信息的真实性或准确性，以及交易方履行其在贸易协议项下的各项义务的能力。网站并不作为买家或是卖家的身份参与买卖行为的本身，它只提醒用户应该通过自己的谨慎判断确定登录物品及相关信息的真实性、合法性和有效性。

图 2-16　易趣

### 2. 网络拍卖和传统拍卖的区别

1) 拍卖的运作成本

在传统拍卖中，举行一场拍卖会的成本非常高，要制作、印刷拍品宣传画册、拍卖目录，组织拍品展示，在公开媒体上刊登拍卖公告等，租用拍卖场地。每一项工作都需要花费一定费用。

在网络拍卖中，大多数拍卖网站仅仅是向买卖双方提供一个商品交易载体，一个虚拟的网络空间，不用租用场地进行拍品展示及拍卖会，拍卖网站只是在计算机系统的服务器上安装了一个专门的竞价软件，而买卖双方则自己完成网上拍卖过程中的所有事情。这就有效地减少了公司的运作成本。

2）拍卖周期

在传统拍卖中，进行一次拍卖的工作周期一般较长。从产品构思到拍卖实施，再到最后成效，有许多的环节需要考虑。所花时间至少数十日，如果是一场规模较大的拍卖会，其运作的时间周期会更长。

网络拍卖有所不同，网络拍卖是一个连续的、不间断的过程。卖家只要向拍卖网站登记拍卖物品的信息，一件拍品的拍卖就开始了，省去了拍卖会前期的大量准备工作。不同的物品拍卖可以在同一时间进行，一天 24 小时，每周 7 天，拍卖网站上随时都有拍品在拍卖。

3）拍卖的时空限制

在传统拍卖中，拍卖会的举行受到时间和空间的限制。世界各地的拍卖行各自占领着小份额的拍卖市场，在同一地区会有许多家拍卖行激烈地竞争同类物品的拍卖业务。参与拍卖会的竞买人也受时间和地点的限制，在拍卖会进行的时间里，竞买人可能无法及时参加。拍卖会现场空间的大小也限制了竞买人的数量。

通过互联网来进行网上拍卖，将完全打破这种时间和空间上的限制，使原有的拍卖交易市场无限制地扩大了，使过去不能参与拍卖的人能参与拍卖，使更多的物品可以进行拍卖，并使交易范围扩大到全球。

4）拍品的审查

在传统拍卖中，举行拍卖会前要对征集到的拍品进行严格的审查。

而大部分由网络公司建立的拍卖网站只是一个网上竞价交易载体，拍卖网站自身不具备拍卖人主体资格，企业内没有专门的拍品鉴定、估价人员。而且，网络拍卖兴起初期，拍卖网站对卖方全面开放，只要有物品要卖的人都可以上网进行交易。

5）拍卖公告的发布

在传统拍卖中，拍卖是一种公开竞买的活动，所有公民都有被告知举行拍卖会的平等权利。我国《中华人民共和国拍卖法》（以下简称《拍卖法》）中就明确规定：拍卖人应当于拍卖日七日前通过报纸或其他新闻群英会发布拍卖公告。

网络拍卖则是一个随机的过程，卖方将拍品的相关信息登录到拍品网站上后，就可以开始竞买了。拍卖网站的用户只有在拍品拍卖的时间内，登录拍卖网站，才会知道有些拍品正在进行拍卖。

6）拍品的展示

在传统拍卖中，根据我国《拍卖法》的相关规定，拍卖行应在拍卖前展示拍卖标的，并提供查看拍卖标的的条件及有关资料。

在网络拍卖中，展示的仅仅是拍品的相关资料和图片。并且，这些拍品信息和图片是由卖方自己提供的。

7）拍卖过程的实时监控

在传统拍卖会上，竞价过程完全透明，竞买人可以实时观察现场其他竞买人的出价情况，并根据自己的意愿及时出价。

在网络拍卖的竞价过程中，竞买人处于不同的电脑终端前，通过互联网完成竞价。竞买人也无法看到其他竞价人当时是否正在出价，所以，极有可能错过加价机会，而让他人抢先出价。

8）拍卖标的的拍卖时限

在传统拍卖中，每一场拍卖会经过长时间的前期准备后，正式举行的时间仅是短短几小时,一件拍品的成交与流标,仅在极短的时间里就被决定了。

在网络拍卖中,一件拍卖标的的拍卖时间从一天、三天到一周不等。不同的拍卖网站,所规定的拍卖时间不尽相同,但总体上均比传统拍卖中拍卖标的的拍卖时限长很多。延长拍品的竞价时间,竞买人出价时有更充分的时间进行判断和思考,同时,在较长的时间内还可以吸引更多的竞买人。

9) 拍卖现场气氛

在传统的拍卖会现场,聚集着参加拍卖会的所有竞买人,拍卖现场气氛浓烈,竞买人可以在现场感到紧张激烈、互不相让的竞价氛围,同时还可享受到现场叫价的乐趣。现场的激烈气氛会感染竞价人的情绪,使拍品的竞价过程更加激烈。

网络拍卖则是一个无声的拍卖过程,竞买人只要坐在电脑前面,输入自己愿意出的价格,按动鼠标,网上竞价就实现了,竞买人听不到其他对手喊价时激昂高亢的声音,也无法感受到所有竞买人同聚一堂的热烈气氛。

10) 支付方式

在传统拍卖中,竞买人成为拍品最终买受人后,可采用现金、支票、信用卡、邮汇、电汇等方式支付拍品定金、价金和其他费用。

在网络拍卖中,买受人除用以上方式支付拍卖成交的所有价款外,还可通过网上银行或拍卖网站自己的支付系统支付价款。

11) 拍品的点交过程

点交过程也即拍品的权属转移。在传统动产拍卖中,拍品在拍卖前保存在拍卖行,并在拍卖会现场或专门的场地进行展示。一旦拍卖成功,买受人在拍卖会结束后当即付款,拍品也当场移交给买受人,完成拍品的权属转移。在不动产拍卖中,委托人向买受人移交不动产的所有权和使用权,此外,买受人还要从拍卖行或执行法院领取不动产权利转移证明,才算真正取得不动产的所有权和使用权。

网络拍卖只是一个虚拟的交易过程,拍品在拍卖前一般由委托人保管,竞买人与委托人分处在不同的地理位置。竞买人通过网络参加拍卖网站上的拍品竞买后,由拍卖网站通知竞买人竞买成功,然后买受人再通过拍卖网站与委托人取得联系,而拍品则直接由委托人移交到竞买人手中。拍卖网站在拍卖交易过程中只是进行信息的传递。当然,部分拍卖网站有自己的配送系统,或通过专门的速递公司帮助委托人将拍品送达竞买人手中。

12) 拍卖信息的交流

传统拍卖的信息交流仅限于拍卖行的拍卖公告、拍品目录、拍品实物展示,以及竞买人从拍卖行获得的相关拍卖介绍资料。拍卖行与竞买人之间的信息是不对称的,并且竞买人与委托人之间没有更多的信息交流,而竞买人之间也缺乏信息沟通。

网络是一个全开放式的信息平台。拍卖信息交流贯穿网络拍卖全过程。通过互联网,拍卖网站的用户可以获得众多的信息资料。除了拍品展示信息交流外,卖方还可以从网站上的竞买情况中了解现在的竞买人更喜欢什么物品,以投其所好。竞买人可以从拍卖网站的聊天室、留言板上获得更多相关的拍品评价信息,为自己的竞买决策提供帮助。

**3. 网络拍卖平台的分类**

网络拍卖平台按照专业程度可分为:

(1) 专门的拍卖网站。

网站从事的主要活动就是专门进行各种物品的网上拍卖,以竞价方式为主要的交易方式,网站的主要收入来源于网上拍卖业务。

例如,美国的 eBay,中国的易拍网(http://www.yeepai.com)等网站都属于专门的拍卖网站。易拍网是以在线竞拍、积分折扣为主的网购交易平台,让参与者通过对商品进行竞拍、会员积分优惠、折扣低价优惠,从而以低于零售价格的成本获取产品。

(2) 门户网站上的拍卖服务或拍卖频道。

互联网上的大部分网站向网上用户提供的主要服务并不是网络拍卖。这些网站在自己的网页中加入拍卖服务或开通过拍卖频道,目的是通过网络拍卖吸引更多的网上注册用户,以此作为营销手段,增加其网上零售的交易额。另外有些门户网站本身就拥有众多的注册用户,这为其网络拍卖业务的发展提供了客户基础,而拍卖业务又为它带来了更多的用户点击率,并创造可观的收入。

例如,门户网站雅虎推出的拍卖频道就是这一类型的拍卖平台。

网络拍卖还可按照网站的经营者分为:

(1) 无拍卖主体资格的拍卖网站。

一般将这类网站称为"竞价网站"。它们是由网络技术公司经营的,只是一个虚拟的全天候服务的网上拍卖交易载体。不具备拍卖法中所要求的拍卖人资格,网上拍卖交易多以一般消费品和二手货为主,网络技术公司通常不承担拍卖交易中的法律责任,也不对拍卖商品的品质做担保。

(2) 有拍卖主体资格的拍卖网站。

这些拍卖网站由传统的拍卖公司经营。经营者具有拍卖法规定的拍卖主体资格,强调拍卖过程的合法性和对拍品品质的保证。这类拍卖网站目前数量极少。专业型的拍卖网站又可细分为两种:一种是仅将网站当作企业传统拍卖业务的宣传窗口;另一种则是在网上推行实时的拍卖,使用权网上拍卖与传统拍卖相结合。

**4. 拍卖网站的赢利模式**

拍卖网站的赢利模式主要有以下几点:

1) 拍卖成交后的佣金

拍卖交易佣金是拍卖网站最大的收入来源。拍卖网站为买方和竞买人的拍卖活动提供了交易载体。在拍卖交易成功之后,会按拍品成交额的一定比例向卖方或买卖双方收取佣金。

2) 保留价费用

在传统拍卖中,拍卖交易不成功时,拍卖企业会向委托人收取一定的服务费用,网络拍卖中称为保留价费用。就是拍卖网站根据卖方事先设置的拍品保留价高低,收取费用。

3) 登录拍品信息的费用

卖方如果想在某一拍卖网站上进行物品的拍卖活动,拍卖网站会向卖方收取拍品信息登录费用。

4）额外的服务费用

拍卖网站会通过拓展它的服务内容来收取其他的费用。如为拍品提供多角度的拍摄，为拍品提供文字描述等。

一些拍卖网站可能同时收取以上费用，如雅虎拍卖频道——雅虎奇摩，它的拍卖费用主要包括以下几个方面：

（1）基本费用，包括刊登商品的费用、交易手续费，刊登的商品结标后有得标者，卖家要支付手续费；

（2）加值功能费用，包括直购价设定费、拍卖底价设定费、付费相片；

（3）付费广告，让商品在显眼的位置展示；

（4）拍卖商店费用，为卖家提供有独特风格的拍卖商店。

### 2.3.3 店铺平台运作模式

这种方式是电子商务企业提供平台方便个人在上面开店铺，以会员制的方式收费，也可通过广告或提供其他服务收取费用。这种平台也可称为网上商城。

目前国内主要的C2C网上商城主要有淘宝网、拍拍网、易趣等。

入驻网上商城开设网店不仅依托网上商城的基本功能和服务，而且顾客主要也来自于该网上商城的访问者，因此，平台的选择非常重要，但用户在选择网上商城时往往存在一定的决策风险，尤其是初次在网上开店，由于经验不足以及对网上商城了解比较少等原因而带有很大的盲目性。

不同网上商城的功能、服务、操作方式和管理水平相差较大，理想的网上商城具有这样的基本特征：

（1）良好的品牌形象、简单快捷的申请手续、稳定的后台技术、快速周到的顾客服务、完善的支付体系、必要的配送服务，以及售后服务保证措施等。

（2）有尽可能高的访问量，具备完善的网店维护和管理、订单管理等基本功能，并且可以提供一些高级服务，如对网店的推广、网店访问流量分析等。

（3）收费模式和费用水平也是重要的影响因素之一。

不同的个人可能对网上销售有不同的特殊要求，选择适合本商店产品特性的网上商城需要花费不少精力，完成对网上商城的选择确认过程大概需要几小时甚至几天的时间，不过，这点前期调研的时间投入是值得的，可以最大可能地减小盲目性，增大成功的可能性。

**1．网上商店的交易方法**

通过网上商城进行网上交易应当保证购物的方便，首先应当了解消费者网络购物的一般步骤及网上商店的业务流程（见图2-17）。

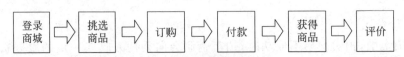

图 2-17 消费者网上购物流程

1）消费者网上购物的一般步骤

（1）进入网上商城首页，挑选所要的商品。利用网上商店首页所提供的分类、目录或搜索功能,浏览商品的说明、功能、价钱、付款方式、送货条件、退货条件、售后服务等信息,看看是否符合需求,决定是否订购。

(2) 订购。决定要购买后,就可以订购了,订购时可使用该网上商店的订购程序直接输入,既可通过在线形式直接下订单,也可将订购单打印出来,填写后再传真或邮寄到该公司完成订购。

(3) 付款。通常一家网上商店会有多种付款方式可供选择,选择一种自己认为最好的付款方式并支付货款,基本上就完成在线购物了,接下来只要等候商品送到手中。

(4) 获得商品。实体商品利用传统的配送渠道,如邮寄、快递、货运公司等来传送,数字化商品则可以通过 Internet 直接传送。

2) 网上商店的业务流程

一般情况下,网上商店的业务流程(见图 2-18)是严格按照顾客网上购物的步骤,再根据商店本身的特点进行量身订制,以求合理地利用资源。

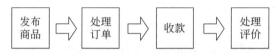

图 2-18　网上商店业务流程

目前网上商店的业务流程大同小异,一般有以下几个方面。

(1) 发布商品。

即卖家将商品信息录入到自己的网店中,供顾客挑选。

(2) 处理订单。

顾客完成商品选择后,下订单付款。这时已明确了送货方式、送货地址以及付款方式。卖家根据订单处理顾客的需求,及时把商品送到顾客手中。

(3) 收款。

将商品发出后,到对应的账户查询交易款项。

(4) 处理评价。

交易结束后,可查看顾客对本次交易的评价,对评价做出反馈。

**2. 网上商城的赢利模式**

网上商城的赢利模式(见图 2-19)主要包括店铺费用、交易服务费、商品登录费、特色服务费、广告费、搜索排名竞价及其支付环节收费。

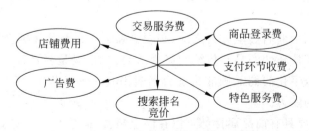

图 2-19　网上商城赢利模式

(1) 店铺费用。早期,C2C 网上商场对在其平台上开店的用户收取一定的费用。近年来,由于 C2C 平台竞争激烈,国内大多数 C2C 网上商场都实行免费开店。但是这并不表示在C2C平台上开店不用任何费用,有些平台对要获得开店资格的用户收取保证金,用户只有上交了保证金才可开店。

(2) 交易服务费。交易服务费是指商家每做成功一笔交易,平台收取一定比例的费用。国外的一些C2C交易平台收取交易服务费,但目前国内主要的C2C平台都不收取这一费用。

(3) 商品登录费。商品登录费是指商家发布商品需向平台支付费用。目前这一费用同交易服务费一样,国外的C2C平台收取这一费用,而国内的C2C平台暂时不收这一费用。

(4) 特色服务费。大部分的C2C平台提供一些特色服务,如商家可向平台支付费用获得一些店铺装修的服务、店铺管理的工具、数据分析的工具等。

(5) 广告费。平台网站上有价值的位置用于放置各类型广告,根据网站流量和网站人群精度标定广告位价格,然后再通过各种形式向商家出售。如果C2C网站具有充足的访问量和用户黏度,广告业务量会非常大。

(6) 搜索排名竞价。C2C平台商品的丰富性决定了购买者搜索行为的频繁性。搜索的大量应用就决定了商品信息在搜索结果中排名的重要性,由此便引出了根据搜索关键字竞价的业务。用户可以为某关键字提出自己认为合适的价格,最终由出价最高者竞得,在有效时间内该用户的商品可获得竞得的排位。

(7) 支付环节收费。支付公司就按成交额的一定比例收取手续费。

### 3. 建立个人网上商店

建立个人网上商店一般的流程(见图2-20)包括资源准备、选择平台装修店面、交易管理和网店推广。

**图2-20 网上商店一般的流程**

1) 资源准备

开店前的准备主要包括选择网上商城和选择欲售商品。

(1) 选择网上商城。

由于网上商店建设和经营具有一定的难度,需要经验的积累,因此在初次建立网上商店时,最好进行多方调研,选择适合自己产品特点和经营者个人爱好,又具有较高访问量的网上商城,同时,在资源许可的情况下,不妨在几个网上商城同时开设网上商店。

(2) 选择欲售商品。

在选择合适的网上商店启动方案之前,必须要确定什么商品在网上有竞争力。

在网络上贩卖实体化的商品与传统的售货活动相似,只是将产品的表达方式改为网络的多媒体形式。而数字化的商品则非常适合通过Internet来营销,因为Internet本身即具有传输多媒体信息的能力。

从理论上讲,只要具有商品属性都可以在网上销售,但是并非所有适合网上销售的商品都适合个人开店销售,因此决定要开一家网上商店后,"卖什么"就成为主要的问题。

一般来说,选择商品可以考虑以下几点:稀缺性、地区优势和自己的精通度。

另外,适合在个人卖家网上销售的商品一般有这样的特点:体积较小、时效性要求不高、适合网上顾客群、知识含量较高、能被普遍接受和有创意。

2) 装修店面

网上虚拟店铺和实体店铺一样,也要有一个漂亮的外观。网上店铺装修并不像网下那样费时费钱,只要卖家稍微学习一下,基本可以自己完成店铺的装修。但想让自己装修的店铺能吸引更多的买家光顾,就要下点功夫,同时还要注意一些店铺装修的要领。

店铺装修运用的主要软件工具有 Firework、FrontPage,或者 Photoshop 和 Dreamweaver。要装修店铺,最好要学会其中的几种。

普通的店铺只有几个页面,做起来比较简单,如果是页面很多的高级店铺,可以考虑外包给专业做店铺装修的网上公司制作,只是需要支付装修费用和维护费用。

店面装修有以下原则:反映店铺定位、与众不同、网页之间要有连贯性、内容清晰、便于浏览。

3) 交易管理

网店的交易管理主要包括交易洽谈、处理订单、配送商品、接收款项和处理评价。

4) 网店推广

网店推广一般要考虑以下三方面的内容:

(1) 确定网店推广的阶段目标。如在发布后一年内实现每天独立访问用户数量、与竞争者相比的相对排名、在主要搜索引擎的表现、网店被链接的数量、注册用户数量等。

(2) 在网店发布运营的不同阶段所采取的网店推广方法。如果可能,最好详细列出各个阶段的具体网店推广方法,如登录搜索引擎的名称、网络广告的主要形式和媒体选择、需要投入的费用等。

(3) 网店推广策略的控制和效果评价。如阶段推广目标的控制、推广效果评价指标等。对网店推广计划的控制和评价是为了及时发现网络营销过程中的问题,保证网络营销活动的顺利进行。

## EC 聚焦——网上创业

从孩提时代"过家家"开始,"买卖"就成了人类潜意识中最爱玩的游戏,从 eBay 的创始人皮埃尔·奥米迪亚为女友交换糖盒而设计的这一交易模式开始,网上交易带给普通人的创业机会以及由此所拓展的社会"二度空间",使 C2C 不仅成为一种职业,而且成为一种文化和一种存在状态。

尽管其起源与美国的"跳蚤市场文化"密不可分,但,淘便宜的东西谁不喜欢呢?一方面,人们可以通过二手市场来互通有无,使资源得到更充分的利用,另一方面,"网店"因为成本相对较低,与实体店相比,在性价比方面也存在不小的优势,因此利用开辟特价区、"一元竞拍"等方式来吸引买家,也成了 eBay 易趣网等网站的撒手锏之一。

今年刚大学毕业的向远对此有着自己的体会。去年跟着学哥学姐在学校的跳蚤市场蹲守好几天,好不容易才卖掉了几本自己已经用完的参考书和辅导资料,今年向远就把自己的跳蚤市场搬上了网,感觉网上方便多了,不用时时守着,而且销路很好,几十本书短短一周就卖完了。

此外,对于另一群身为"都市白领"的空中飞人来说,即便有了空余时间,也要照顾家人,很多人都觉得到商场超市购物成了一种负担,这也是不少人把眼光转向互联网选择"网购"的主要原因。

每 1 分半钟售出一件体育纪念品,每 1 分钟售出一款电脑游戏,每 47 秒售出一张 DVD,每 37 秒售出一个玩具,每 18 秒售出一件女装……每秒成交的商品价值已经超过了 1300 美元! 这是公布的数字,人们真的有这么多东西可卖吗?

从这一点上说,网上出售的商品可谓五花八门,是对想象力的巨大策动,一张海报、一只球星踢飞的足球,甚至是一块嚼过的口香糖,都可能成为赚钱的机会。

自己也能拍卖? 来自 eBay 易趣网的资料显示,有人曾在网上拍卖自己的光头,声称可以拍卖任何商品。

在 eBay 易趣网上卖出第一件电脑配件后,刚刚考取了上海大学广告艺术设计专业的洪祺良开始创立了自己的天王店,其后他获得过"首届中国大学生电子商务竞赛网上创业之星"的冠军,并且依旧保持着傲人的 100% 客户好评率和零投诉。他表示,"借助强大的网络,用户就能比线下卖家更方便地接触到终端买家,所以销售和经营比较有针对性。另外,网上购物有安全诚信工具,交易的安全性也有保障。比起现在商店经营中严重的'三角债'问题,在网上开店省心多了!"

## 2.4 B2B 电子商务模式

### 2.4.1 B2B 电子商务概述

**1. B2B 电子商务概念**

企业对企业的电子商务也称 B2B 电子商务,它指的是企业间通过互联网、外联网、内联网或者私有网络,以电子化方式进行交易,如图 2-21 所示。

这种交易可能是在企业及其供应链成员间进行,也可能是在企业和任何企业间进行。这里的企业可以指代任何组织,包括私人或者公共的、营利性的或者非营利性的。

**2. B2B 电子商务的优势**

B2B 电子商务通过互联网贸易,贸易双方从贸易磋商、签订合同到支付等,均通过互联网完成,整个交易完全虚拟化。B2B 交易的优势首先在于交易成本大大降低,具体表现在:

图 2-21 B2B 电子商务

(1) 距离越远,在网络上进行信息传递的成本相对于信件、电话、传真的成本而言就越低。此外,缩短时间及减少重复的数据录入也降低了信息成本。

(2) 买卖双方通过网络进行商务活动,无须中介者参与,减少了交易的有关环节。

(3) 卖方可通过互联网进行产品介绍、宣传,避免了在传统方式下做广告、发印刷品等大量费用。

(4) 电子商务实行"无纸贸易",可减少文件处理费用。

(5) 互联网使得买卖双方可即时沟通供需信息,使无库存生产和无库存销售成为可能,从而使库存成本显著降低。

B2B 交易减少了交易环节,减少了大量的订单处理,缩短了从发出订单到货物装运的时间,提高了交易效率,促使企业取得竞争优势(见图 2-22)。

图 2-22　B2B 的优势

### 2.4.2　B2B 电子商务的模式

B2B 电子商务有多种交易模式,本书将它分为两种模式:企业自建 B2B 模式(一对多模式)和多对多市场 B2B 模式。多对多模式又包括垂直 B2B 模式和综合 B2B 模式。

**1. 企业自建 B2B 模式**

企业自建 B2B 模式是企业基于自身的信息化建设程度,搭建以自身产品供应链为核心的行业化电子商务平台。企业通过自身的电子商务平台,串联起行业整条产业链,供应链上下游企业通过该平台实现信息、沟通、交易。

目前国内自建网站运作 B2B 模式的大型企业有海尔、联想等。

在以企业为中心的交易模式中,由一家企业进行所有的销售,这被称为卖方市场;由一家企业进行所有的购买,这被称为买方市场。

1) 卖方市场

卖方市场的结构如图 2-23 所示,主要由直销和正向拍卖两种方式组成。

图 2-23　卖方市场

(1) 直销。

卖方市场是企业通过基于 Web 的私有销售渠道向企业客户提供商品。小型企业一般使用互联网,并采取一定的加密手段。卖方可以是制造商或分销商(制造商必须是实体,而中间商可以是虚拟的），向批发商、零售商和大企业直接销售，即一个卖家对多个潜在的买家。

在线销售商可以提供智能化客户服务，从而节省费用。如通用电气公司每年接到几千万个关于其产品的求助电话，其中绝大部分来自个人用户，也有许多来自企业。通过使用互联网和自动应答软件代理，每个电话应答的成本大大降低。

同时企业可以通过在线目录进行直销。可以为所有客户提供一个目录，或者为每位客户定制目录。许多销售商为主要客户提供独立的页面和目录。直销模式的成功案例包括戴尔、英特尔（见图 2-24）、IBM 和思科。有越来越多的企业正在采用这种模式。如果企业在市场有良好的声誉和足够多的忠诚客户，那么直销模式就有可能取得成功。

图 2-24　Intel 网店首页

（2）正向拍卖。

一些企业将物品展示在拍卖网站上，以求物品迅速售出，这种拍卖也可称为正向拍卖。如通用公司在自己的网站上通过拍卖的方式出售资本资产。

正向拍卖方式可以为卖家带来以下好处：

① 带来收入。新的销售渠道可以支持并扩展在线销售，并为企业处理过剩、废弃和报废的物品提供了一个新的场所。

② 增加浏览量。拍卖给网站带来了"黏性"，参加拍卖的客户会在网站上花费更多的时间，带来更多的页面浏览量。

③ 争取和留住成员。所有竞标活动会带来新的注册成员。

正向拍卖有多种类型。企业可在自己的网站上进行拍卖，这种方式往往适用于一些资金及技术实力较强的大企业，如通用公司；企业也可通过中介（如一些 B2B 的拍卖网站）来进行拍卖，这种方式比较适用于中小企业，因为它对资源没有要求，且实现时间较短。

2）买方市场

B2B 独有的一项特色是买方市场（见图 2-25）及其在采购方面的应用。当买方进入卖方市场时，其采购部门必须将订单手工输入信息系统中。而且，在电子商店或电子商城中搜索和比较供应商及产品的速度慢且成本高。因而，一些大型买方企业开放自己的市场，我们称之为买方市场。在这种模式下，买方企业在自己的服务器上开设电子市场，邀请潜在的供应商对自己所需的产品进行投标。这种模式可以称为反向拍卖、招标或竞标模式。

在电子采购的使用中，通过将采购职能自动化和精简化，采购人员可以将注意力集中在

图 2-25　买方市场

更具战略性的采购上,以提高采购的效率、通过产品标准化和集中采购来降低购买价格及采购费用、改进信息流和管理、尽量减少从非合同供应商处采购、减少购买和运输过程中的错误、发现更好的供应商。

在大型采购中最常见的模式是反向拍卖。有众多企业采用反向拍卖的模式。如有的企业邀请供应商对网站上的零件进行投标。政府和大企业经常采用这种模式,因为它会节约可观的费用。

反向拍卖可以在企业的网站上进行。另外,和正向拍卖一样,反向拍卖也以通过第三方中介来进行。如通用电气公司的 TPN(Trusted Private Network,可信专用网)在线采购系统同时向其他买家开放自己的竞标网站,这样其他买家就可以借助这一竞标网站发布自己的询价请求。因此,TPN 网站可以被视为一家中介市场。像 A-Z 二手电脑和 FairMarkers 这样的拍卖网站都属于这一类中介网站。

**2. 多对多市场 B2B 模式**

与前面提到的以企业为中心的 B2B 交易模式不同,多对多市场模式包括许多卖家和许多买家。它们都是公开的电子商场,有许多称呼和多样化的功能,如电子商场、交易所、交易社区、B2B 门户网站等。

"交易所"一词经常被用来描述多对多的电子商场(见图 2-26),因此在本书中,我们使用"交易所"来描述多对多电子交易市场。

图 2-26　多对多市场

1) 多对多市场的流转程序

多对多市场的流转程序如图 2-27 所示。

2) 交易所的分类

交易所的分类有多种方式,本书根据面向对象的不同将交易所分为水平交易所和垂直交易所。

水平 B2B 电子商务交易所。水平交易所可以将买方和卖方集中到一个市场上来进行

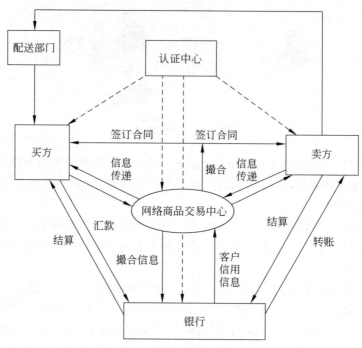

图 2-27　多对多市场的流转程序

信息交流、广告、拍卖竞标、交易、库存管理等。如 Alibaba、环球资源网等都属于水平 B2B 交易所。之所以用"水平"这一概念，主要是指这种网站的行业范围广，很多行业都可以在同一个网站上进行贸易活动。

垂直 B2B 电子商务交易所。垂直 B2B 电子商务交易所可以分为两个方向，即上游和下游。生产商或商业零售商可以与上游的供应商之间形成供货关系，比如 Dell 电脑公司与上游的芯片和主板制造商就是通过这种方式进行合作的。生产商与下游的经销商可以形成销货关系，比如 Cisco 与其分销商之间进行的交易。

不同行业的 B2B 电子交易所在功能上可能有一定的差别，但总的来说仍然属于信息发布平台类网站。例如，盖世汽车网（http://www.gasgoo.com/）是全球领先的汽车产业电子商务采购平台，有着专业的汽车行业背景和丰富的全球采购经验，为全球汽车行业的采购商与供应商提供了一个包括买卖信息、线下面对面洽谈、行业资讯等在内的多种服务。中国食品交易网是专业的食品电子交易信息平台，采用先进的支付手段为各类食品生产企业、半成品原料供应企业、原材料提供商、食品包装生产企业、食品机械设备供应企业、各地土特产供应商、食品生产技术提供商、食品营销策划机构以及全国各地的食品代理商和批发商企业提供了一个网上招商与采购的综合信息交易平台。

因此垂直 B2B 交易所除了在行业集中方面与综合 B2B 交易平台不同外，两者的经营模式基本相同。

3) 交易所的所有权

有三种基本的交易所所有权模式：

行业巨头。由一家制造商、分销商或经纪商建立并经营交易所。IBM 就是一个例子。IBM 建立了一个交易所用于出售专利，它将自己的 25 000 多项专利放在网上进行销售。

中立主办者。由第三方中介建立交易所,并承诺高效和公正地运营交易所。

行业联盟或合作社。行业中多家公司集合在一起,并规定没有一家企业可以控制交易所,这样大家都可以获益。Covisint 就是这样一家交易所。

4) 交易所成功的关键

根据著名的管理咨询公司——麦肯锡公司的观点,图 2-28 中的五个因素将是 B2B 交易所成功的关键。

早期流动性。流动性是指开展的业务量。企业越早形成必要的流动性,就越有机会生存下去。在交易所进行交易的买家越多,愿意参与的供应商就越多,这将导致交易成本下降,从而进一步提高流动性。

合适的所有者。交易所提高流动性的方法之一是与能带来流动性的公司建立伙伴关系。比如 Covisint 是由几家大型汽车生产商创建的。这些厂商都通过交易所进行采购,这就是许多垂直交易所都采取联盟形式的原因。在购买者

图 2-28 交易所成功的关键

和供应商都很分散的情况下,交易所最好的所有者可能是一家中介,它能够推动买卖双方进行交易,从而增加流动性。

正确的管理。良好的管理、公平高效的运营和规则都是成功的关键。管理能提供交易的规则、消除矛盾、支持决策制定。而且,好的管理能带来必要的流动性,并使所有者和参与者之间的矛盾最小化。

开放性。无论从组织观点还是技术观点来看,交易所都必须向所有人开放。管理委员会应该将标准公开,但这些标准事先要获得一致同意。

全方位服务。虽然价格很重要,但买卖双方对降低总成本也很感兴趣。因而,能帮助降低存货成本、减少物品损坏和独立购买等的交易所将吸引更多的参与者。许多交易所与银行、物流公司和 IT 公司合作,提供支持服务。

### 2.4.3 B2B 电子商务赢利模式

目前 B2B 赢利模式主要包括会员费、广告费、竞价排名、增值服务、线下服务、商务合作和按询盘付费等。

**1. 会员费**

企业通过第三方电子商务平台参与电子商务交易,必须注册为 B2B 网站的会员,每年要交纳一定会员费,才能享受网站提供的各种服务,目前会员费已成为我国 B2B 网站最主要的收入来源。

比如阿里巴巴网站收取中国供应商、诚信通两种会员费,中国供应商会员费分为每年 4 万元和 6 万元两种,诚信通的会员费每年 2300 元;中国化工网每个会员第一年的费用为 12 000 元,以后每年综合服务费用为 6000 元;五金商中国的金视通会员费为 1580 元/年,百万网的百万通为 600 元/年。

**2. 广告费**

网络广告是门户网站的主要赢利来源,同时也是 B2B 电子商务网站的主要收入来源。

如,阿里巴巴网站的广告根据其在首页位置及广告类型来收费,中国化工网有弹出广告、漂浮广告、BANNER广告和文字广告等多种表现形式供用户选择。

**3. 竞价排名**

企业为了促进产品的销售,都希望在B2B网站的信息搜索中将自己的排名靠前,而网站在确保信息准确的基础上,根据会员交费的不同对排名顺序做相应的调整。

如阿里巴巴的竞价排名是诚信通会员专享的搜索排名服务,当买家在阿里巴巴搜索供应信息时,竞价企业的信息将排在搜索结果的前三位,被买家第一时间找到。中国化工网的化工搜索是建立在全球最大的化工网站上的化工专业搜索平台,对全球近20万个化工及化工相关网站进行搜索,搜录的网页总数达5000万,同时采用搜索竞价排名方式,确定企业排名顺序。

**4. 增值服务**

B2B网站通常除了为企业提供贸易供求信息以外,还会提供一些独特的增值服务,包括企业认证、独立域名、提供行业数据分析报告、搜索引擎优化等。

像现货认证就是针对电子这个行业提供的一个特殊的增值服务,因为通常电子采购商比较重视库存这一块。另外针对电子型号提供的谷歌排名推广服务,就是搜索引擎优化的一种。

**5. 线下服务**

线下服务主要包括展会、期刊、研讨会等。通过展会,供应商和采购商面对面地交流,一般的中小企业还是比较青睐这个方式。期刊主要是关于行业资讯等信息,期刊里也可以植入广告。

如ECVV网站组织的各种展会和采购会就取得了不错的效果。

**6. 商务合作**

商务合作包括广告联盟,政府、行业协会合作,传统媒体的合作等。广告联盟通常是网络广告联盟,亚马逊通过这个方式已经取得了不错的成效,但在我国,联盟营销还处于萌芽阶段,大部分网站对于联盟营销还比较陌生。

国内做得比较成熟的几家广告联盟有:百度联盟、谷歌联盟和淘宝联盟等。

**7. 按询盘付费**

区别于传统的会员包年付费模式,按询盘付费模式是指从事国际贸易的企业不是按照时间来付费,而是按照海外推广带来的实际效果,也就是海外买家实际的有效询盘来付费。其中询盘是否有效,主动权在消费者手中,由消费者自行判断,来决定是否消费。尽管B2B市场发展势头良好,但B2B市场还是存在发育不成熟的一面。这种不成熟表现在B2B交易的许多先天性交易优势,比如在线价格协商和在线协作等还没有充分发挥出来。因此传统的按年收费模式,越来越受到以ECVV为代表的按询盘付费平台的冲击。

"按询盘付费"有四大特点:零首付、零风险;主动权、消费权;免费推、针对广;及时付、便利大。企业不用冒高投入的风险,零投入就可享受免费全球推广,成功获得有效询盘时,辨认询盘的真实性和有效性后,只需在线支付单条询盘价格,就可以获得与海外买家直接谈判成单的机会,主动权完全掌握在供应商手里。

## EC 聚焦——思科连接在线

思科是全球路由器、交换机和其他网络互联设备的领导厂商。思科的网站近年来不断发展,从最初的客户技术支持发展为世界最大的电子商务网站之一。今天,思科公司向企业客户和分销商提供了多种基于互联网的应用。

**1. 客户服务**

思科公司从最初的应用包括软件下载、故障跟踪和技术建议到将服务系统放到了网上,取得了很大的成功。思科网站命名为"思科连接在线"——CCO。思科的客户和分销商每月要登录思科网站获取支持、检查订单或下载软件。在线服务被广泛接受,近85%的客户服务请求和95%的软件更新是在线完成的。网站在全球以14种语言运行着。CCO被认为是一种成功的B2B电子商务模式。

**2. 在线订购**

思科公司的所有产品几乎都是根据订单生产的,所以没有什么存货。在CCO建立前,所有产品采用传真和传统信件方式,既费时又复杂,而且容易出错。现在,客户服务工程师可以坐在个人计算机前,在线配置产品,迅速知道配置中是否有错误,并将订单转给采购部门,然后再以电子化方式提交给思科公司。

通过使用在线定价和配置工具,几乎所有的订单都通过CCO处理,为思科和它的顾客节省了时间。

**3. 查询订单状态**

思科的网站每月要接收大约15万份订单查询请求,思科在网站上为顾客提供跟踪和常见问题解答工具,这样顾客就能自己寻找问题答案。另外,公司在国内外的承运商使用EDI及时将每次装运的情况用电子化方式输入思科的数据库中。思科可以记录每件产品的装运日期、装运方式以及当前的位置。

**4. 思科获得的好处**

最重要的好处包括:

降低订单处理费用。通过将网上订单处理流程化,思科每年节约数亿美元,这主要归功于员工接收和执行订单效率的提高。

改进技术支持和客户服务。通过将大部分的技术支持和客户服务放到网上进行,思科的技术支持效率每年都有数倍的增长。

降低软件发布成本。顾客直接从思科的网站上下载新的软件版本,为公司节约了将近2亿美元的复制、包装和发行成本,通过将产品和价格信息放到网上或基于Web的光盘上,思科在印刷、发行产品目录和促销材料上有了很大的节约。

## 关键概念

B2C电子商务　B2B电子商务　C2C电子商务　买方市场　卖方市场　电子支付　交易中心　网络拍卖

## 简答题

1. 什么是商务模式？具有什么特征？什么是电子商务模式？
2. B2C 电子商务主要有几种商务模式？
3. B2C 电子商务企业有几种类型？
4. 简述 B2C 电子商务的收益模式。
5. B2B 电子商务交易的优势是什么？
6. B2B 电子商务的两种交易模式各自是如何获取利润的？
7. C2C 电子商务的交易模式有几种？各自的利润来源是什么？
8. 网络拍卖和传统拍卖的区别在哪里？
9. 网络拍卖的主要方式有哪些？
10. 画出网上商店的交易流程，说明流程各环节的作用？

## 热点话题

1. 对于从事 B2C 商务活动的企业来说，了解网上购物者对哪一类商品比较感兴趣是非常重要的。请设计一个调查问卷，调查周围至少 20 名成年人上网者，统计他们上网购物的商品，针对统计结果写出分析报告。
2. 传统的商业中很多企业运作于企业和消费者或两个企业之间，起到中介和磋商的作用。代理、经纪人和销售代表都是中介的例子。随着电子商务革命的到来，这些中介会慢慢地消失，但是同时也会出现一种全新的中间人。如：拍卖站点、支付处理站点、店面服务网站等。试对这一情况产生的原因、目前的状况及今后的发展趋势进行调查分析。
3. 随着网络拍卖的发展，各种网络拍卖交易中的诈骗问题也随之而来，网络拍卖交易的安全可靠性让人担忧。请对网络拍卖的各个过程（如竞价过程、竞买人的竞买行为、拍品的点交过程、支付过程）中出现的诈骗行为进行调查，并对如何防止这些问题的出现提出一些相应的建议。
4. 比较三个 B2C 电子商务网站的首页，设计五个以上指标进行比较，写出分析报告。

## 实战演练

1. 一个从事 B2C 商务的企业能够销售产品或提供服务给世界上任何地方的任何人。但实际上并非如此，很多 B2C 企业的销售对象一直主要是和公司同在一个地理区域的人们。例如，消费者想买大件物品，如家具，他们不愿意在一个远隔家乡的网站订购它们，因为运费会很高。在你所在的区域调查销售特色产品的网站。完成以下任务：
（1）选择一个平常不会在线购买的大件商品。

(2) 通过搜索引擎，找到两个在你所在地区的，并销售你所需商品的商店链接。

(3) 把两个站点的信息（如包括站点的地址、企业的名称、销售的商品、商品的价格、物流配送的情况、支付的方式等）分别进行记录。

(4) 运用你掌握的有关 B2C 的基本知识对这两个站点的情况进行分析比较。

(5) 以报告的形式记录以上所有的步骤。

2. 中介是撮合交易的公司，网络中介利用在线的方式完成这个过程。请挑选两个你认为起到中介功能的网站，对这两个网站进行分析并回答以下问题：

(1) 这两个网站的目标是什么？

(2) 这两个站点是管理 B2B 还是 B2C 的交易？

(3) 这两个站点怎么获取收入？

(4) 这两个站点提供的何种服务是传统中介无法做到的？

同时设想一个你认为对电子商务的交易和相关活动起推动作用的中介服务，并在互联网上查找提供类似服务的公司站点。

3. 目前国内外都有一些比较成熟的拍卖网站。请挑选一个国内拍卖网站和一个国外拍卖网站，对这两个拍卖网站进行分析并回答以下问题：

(1) 这两个拍卖网站是什么性质的网站？

(2) 这两个拍卖网站使用的是哪种拍卖方式？

(3) 这两个拍卖网站拍卖标的的特点是什么？

(4) 这两个拍卖网站的赢利模式是什么？

(5) 对这两个拍卖网站的运营情况进行比较。

(6) 以报告的形式记录以上所有步骤。

# 第 3 章 电子货币与网上支付

**学习要点**
- 电子货币；
- 电子支票；
- 电子现金的实现手段；
- 电子现金的特点；
- 电子现金的安全防范；
- 网络银行；
- 网上支付；
- 第三方支付；
- 移动支付。

## 3.1 电子货币

### 3.1.1 电子货币的概念

电子货币是指用一定金额的现金或存款从发行者处兑换并获得代表相同金额的数据，通过使用某些电子化方法将该数据直接转移给支付对象，从而能够清偿债务。按支付方式可将电子货币分为储值卡型电子货币、银行卡型电子货币、电子支票和电子现金。网上常用的电子货币是后三种。

### 3.1.2 电子货币的发行和运行

电子货币发行和运行的流程分为三个步骤，即发行、流通和回收，如图 3-1 所示。

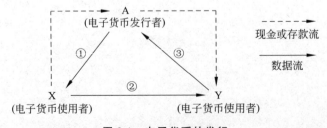

图 3-1 电子货币的发行

(1) 发行：电子货币的使用者 X 向电子货币的发行者 A（银行、信用卡公司等）提供一定金额的现金或存款并请求发行电子货币，A 接受了来自 X 的有关信息之后，将相当于一定金额电子货币的数据对 X 授信。

(2) 流通：电子货币的使用者 X 接受了来自 A 的电子货币，为了清偿对电子货币的另一使用者 Y 的债务，将电子货币的数据对 Y 授信。

(3) 回收：A 根据 Y 的支付请求，将电子货币兑换成现金支付给 Y，或者存入 Y 的存款账户。

在发行者与使用者之间有中介机构介入的体系是常见的体系。例如，图 3-1 中除 A、X、Y 三个当事者之外，A、X 之间介入了银行 a，A、Y 之间介入了银行 b，如图 3-2 所示。

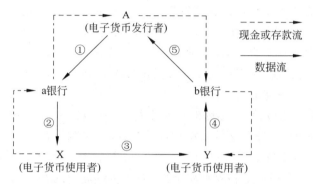

**图 3-2　有中介机构介入的电子货币体系**

该电子货币体系的运行分五个步骤，涉及五个当事者：

(1) A 根据 a 银行的请求，用现金或存款交换发行电子货币；

(2) X 对 a 提供现金或存款，请求得到电子货币，a 将电子货币向 X 授信；

(3) X 将由 a 接受的电子货币用于清偿债务，授信给 Y；

(4) Y 的开户银行 b 根据 Y 的请求，将电子货币兑换成现金支付给 Y（或存入 Y 的存款账户）；

(5) A 根据从 Y 处接受了电子货币的银行 b 的请求，将电子货币兑换成现金支付给 b（或存入 b 的存款账户）。

### 3.1.3　储值卡型电子货币

储值卡型电子货币就是功能得到进一步提高的储值卡。储值卡是指某一行业或公司发行的可代替现金用的 IC（Integrated Circuit，集成电路）卡或磁卡。例如，移动通信公司发行的电话充值卡神州行、联通等，固定电话使用的 IC 卡、磁卡、IP（Internet Protocol，网际协议）卡，超市、百货商店发行的购物卡，石油公司发行的加油卡，交通部门发行的交通卡等。

### 3.1.4　银行卡型电子货币

银行卡型电子货币是实现了电子化应用的信用卡。信用卡 1915 年起源于美国，至今已有一百多年的历史，目前在发达国家及地区，如美国、日本、英国、法国等地信用卡使用得非常广泛,已成为一种普遍使用的支付工具和信贷工具。它使人们的结算方式、消费模式和消费观念发生了根本性的改变。

信用卡的最大特点是同时具备信贷与支付两种功能。持卡人可以不用现金,凭信用卡购买商品和享受服务,由于其支付款项是发卡银行垫付的,银行便对持卡人发生了贷款关系,而信用卡又不同于一般的消费信贷。一般的消费信贷,只涉及银行与客户两者之间的关系,信用卡除银行与客户之外,还与受理信用卡的商户发生关系,这是一个三角关系。按卡的信用性质与功能区分可分为借记卡(属于广义信用卡)和贷记卡(属于狭义信用卡)。

借记卡的特征是"先存款,后支用",持卡人必须先在发卡机构存款,用款时以存款余额为限,不允许透支。贷记卡的特征是"先消费,后还款",持卡人无须先在发卡机构存款,就可享用一定信贷额度的使用权。目前我国发行的信用卡主要是两种功能结合又偏重于"借记"的信用卡。此外,各商业银行也在逐步发行、推广贷记卡。

银行卡支付通常涉及三方,即消费者(持卡人)、商户和银行。支付过程包括清算和结算,前者指支付指令的传递,后者指与支付相关的资金的转移。资金支付必须由发卡银行通过适当的网络进行授权来完成,流程如下:

(1) 持卡人用卡购物或消费,结账时交验银行卡,将银行卡插入 POS(Point Of Sale,销售点)终端,输入的数据(卡号和支付金额)通过通信线路传到银行,请求授权支付。

(2) 发卡行经过核实持卡人账户的合法性和可用余额(或受信额度)后,告诉特约商户同意交易,然后从持卡人账户上扣除相应金额,划入特约商户的开户银行账户。

(3) 商户向持卡人提供商品或劳务,并要求持卡人在签购单上签字。

(4) 发卡行定期将对账单给持卡人。

当上述基于银行卡的支付在互联网上进行时,环境发生了实质性变化,因为这里有一个基本的前提,就是传统的银行卡支付是在银行专用网络上传输的数据,是足够安全的,而且消费者与商家是面对面交易。在互联网上支付时,信息会在完全开放的网络上传输,对支付的安全性提出了更高的要求。核心问题是消费者、商户和银行之间的支付信息的安全传输和身份认证。这部分内容请参考第5章。

### 3.1.5 电子支票

**1. 什么是电子支票**

电子支票是将支票的全部内容电子化,然后借助互联网完成支票在客户之间、银行客户与客户之间以及银行之间的传递,实现银行客户间的资金结算。一个电子支票支付方案包括消费者及其银行、商户及其银行、不同银行之间支票的清算处理三个部分。电子支票中包含有与纸质支票完全相同的支付信息,如收款方名称、付款方账户、金额和日期。同时电子支票包含有数字证书和数字签名,它们连同加密解密技术一起,用来防止对银行和银行客户的欺诈,提高电子支票的安全性,以保证信息的真实性、保密性、完整性和不可否认性(请参考第5章)。

电子支票将整个处理过程自动化,帮助银行缓解银行处理支票的压力,节省了大量的人力和开支,极大地降低了处理成本;可以在任何时间、地点通过互联网进行传递,打破了地域的限制,最大限度地提高了支票的收集速度,从而为顾客提供了更方便快捷的服务且减少了其在途资金；通过应用数字证书、数字签名以及加密解密技术，提供了比使用印章和手写签名更加安全可靠的防欺诈手段。电子支票在这三个方面的巨大进步，无疑会使其成为支票发展史上的一次革命。

**2．电子支票应用过程**

电子支票的应用过程如图 3-3 所示。

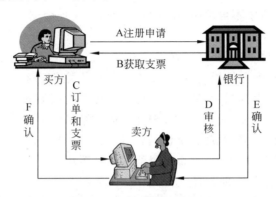

图 3-3　电子支票支付过程

1）购买电子支票

买方首先必须在提供电子支票服务的银行注册，开具电子支票(图 3-3 中的 A、B)。注册时需要输入银行账户信息以支持开设支票。电子支票应具有银行的数字签名。

2）电子支票付款

一旦注册，买方就可以和产品或服务出售者取得联系。买方用自己的私钥在电子支票上进行数字签名，用卖方的公钥加密电子支票，使用 E-mail 或其他传递手段向卖方进行支付；卖方收到用卖方公钥加密的电子支票，用买方的公钥确认买方的数字签名后，可以向银行进一步认证电子支票，之后即可发货给买方(图 3-3 中的 C、D、E、F)。

3）清算

卖方定期将电子支票存到银行，支票允许转账。不同银行之间的支票清算，由金融网络完成。

**3．电子支票的特点**

(1) 电子支票与传统支票工作方式相同，易于接受；

(2) 加密的电子支票易于流通，买卖双方的银行只要用公共密钥认证确认支票即可，数字签名也可以被自动验证；

(3) 降低了支票的处理成本，同时减少了在途资金，提高了银行客户的资金利用率；

(4) 给第三方金融机构带来收益，第三方金融服务者不仅可以从交易双方处抽取固定交易费用或按一定比例抽取费用，它还可以作为银行身份，提供存款账目，且电子支票存款账户很可能是无利率的。

### 3.1.6　电子现金

电子现金又称为数字现金，是一种表示现金的加密序列数，它可以用来表示现实中各种金额的币值。电子现金带来了纸币在安全和隐私性方面所没有的计算机化的便利,电子现金的丰富性开辟了一个全新的市场和应用,电子现金正在尝试取代纸币作为网上支付的主要手段之一。电子现金是最接近实体现金的电子货币,一旦得到普及,将对国家的货币体系产生很大影响。

**1. 现金支付的特点**

现金在人们日常生活中不可缺少,扮演着重要角色。现金支付具有以下几个特点。

1) 现金是最终的支付手段

现金之所以具备支付手段的功能,在于所有的经济主体相信现金的经济价值具有不变性和稳定性,相信通过对现金的授受,在付款人和收款人之间进行支付,可以使结算完全终结。目前,存款和现金作为支付手段之所以能在相当广的范围被普及应用,是由于社会对"存款无论何时均可兑换现金"的认识已经根深蒂固的结果。存款作为支付手段能被放心使用的原因在于所有的经济主体对现金价值的信任。因此,从现金在支付中具有不可缺少的"提供价值源泉"的意义上,可以说,现金是最终的支付手段。

2) 现金支付具有"分散处理"的性质

现金支付在付款与收款当事人之间,只需收受现金即可使支付完全终结,无须任何第三者的介入,也无须改写和记录保存在任何地点的账目。即完全不必集中于某人或某地才可以处理,也不必与某人或某机构联络。因此,从现金支付只在当事人之间即可完成的意义上,可以说,现金支付是完全分散处理的结算方式。

3) 现金支付具有"脱线处理"的性质

以现金授受进行支付时,若支付人已预先持有了现金,在结算过程中,则完全无须银行帮助。收款人若对接受的现金通过亲眼辨认和亲手触摸能够确认是"真实的现金",则支付即时完成。所以,从现金支付不必与银行联系,脱离银行也可完成的意义上,可以说,现金支付是完全脱线处理的结算方式。

4) 现金的稀缺性与信誉性

现金能成为最终的支付手段进行脱线的分散处理完成结算的原因何在?究其根本原因,仍然是以所有经济主体对于现金价值的信任为基础的。正是由于相信现金本身具有的价值,认为从付款人手中接受的现金可以用于下一次支付,即自己成为债务人时,债权人也能将该现金当作支付手段接受。债权人相信只要接受现金,此外,无须与任何人联络、无须任何确认手续,即可放心地完全收回债权。

**2. 电子现金实现的手段**

现金货币是在社会信任纸币和辅币等物理实体具有价值的基础上存在的,人们对实体现金信任的基础在于实体现金的稀缺性。那么,现金实现电子化即电子现金的出现,同样必须确保稀缺性的特点,才会得到社会的信任,才能具有普遍接受性。为此,在保证稀缺性的基础上,出现了各种实现电子现金的技术手段,其中,有代表性的主要有以下两种手段。

1) 数字信息块实现手段

实现电子现金的第一种手段,是将遵循一定规则排列的一定长度的数字串,即一种电子化的数字信息块,作为代表纸币或辅币所有信息的电子化手段。实际上,是非常简单的数字串。例如,可用 99005010 这个数字串表示 50 元人民币现钞、99010010 这个数字串表示 100 元人民币现钞。如果在某台计算机的硬盘中存储了 5 个 99005010 和 3 个 99010010,那么则表示该硬盘合计存储了 550 元的电子现金。在电子现金用于支付时,只须将相当于支付金额的若干个信息块综合之后,用电子化方法传递给债权人一方,即可完成支付。

通过上述手段,可以将用纸张、金属制造的实体现金转化为数字信息,是对现金货币的一种纯粹的电子化模拟试验。就目前情况而言,由荷兰的求索现金公司(Dig Cash bv/inc)技术开发的电子现金试验项目(以下称电子现金)是使用这种技术手段的典型代表,已接近于现钞的功能。

但是,数字化的电子信息块也正由于是以数字串排列为特征的数字化信息,所以具备可以完整复制的特点。例如,将数字串 99005010 复制之后,得到的数字串 99005010 与原件完全一致,即复制物与原物不可区别。因此,该手段具有难以确保电子现金稀缺性的缺点。针对该缺点,通过采用特殊的密码技术和其他安全措施,使得合法的发行主体之外的任何个人或组织不可能制造(或复制)出这种数字信息块,成为确保电子货币稀缺性的关键所在。

上述的荷兰电子现金项目,为了克服容易复制的缺点,采用了强度密码技术,而且每次支付时,均要与电子现金的发行银行之间核查是否发生过复制,从而保证了电子现金的稀缺性,不失为有效的安全措施。但是,正因为电子现金支付时必须与银行联系,使得它与完全可以分散处理和脱线处理的支付手段现金货币仍有一段距离,还不能说可以完全模拟实体现金货币。

2) Mondex 的实现手段

实现电子现金的第二种手段,是被称为"Mondex 型"的电子现金模式。对于在英国进行实用化试验的 Mondex 电子现金项目,外界多有评论,称其"实现了现金的电子化"。Mondex 的系统结构不像第一种手段要在微机的硬盘中根据需要的数量存储相当于一定现钞金额的电子信息块,而是在 IC 卡内保存了货币价值的汇总余额,并且该余额是以二进制数字形式存储的。

Mondex 使用 IC 卡作为货币价值的计数器,即可以将 Mondex 的 IC 卡看成记录货币余额的账簿。在从卡内支出价值,或是向卡内再存入价值时,通过改写卡内的余额记录进行处理。因此,就该点而言,可以说 Mondex 类似于存款货币,Mondex 的专用 IC 卡相当于存款账户。

不过,为了对卡内记录的货币余额进行转移,又采用了相应的技术手段,从而使 Mondex 具备了与现金货币极其相似的特性,取得了相当大的成功。具体而言,在两个合法的 Mondex 专用 IC 卡之间转移货币(支付)时,一方的余额减少,另一方的余额只增加相同金额,不可能有非正当的增额出现。由于实现了有效而可靠的余额管理体系,所以 Mondex 确保了货币余额的稀缺性。而且,使用 Mondex 的结算处理,只需在同类的 IC 卡之间进行,无须与银行等 Mondex 的发行主体取得任何联系,因此,实现了作为现金支付特征的分散处理和脱线处理。

以上简要说明了在技术上如何确保电子现金稀缺性的方法。即为了防止发行主体之外的非法主体通过复制的方法任意伪造电子现金,动摇社会对电子现金的信任,而采取的技术手段。

**3. 电子现金的支付过程**

电子现金的支付过程如下:

1) 购买电子现金

买方在电子现金发放银行开立电子现金账号并购买电子现金。要从网上的货币服务器（或银行）购买电子现金,首先要在该银行建立一个账户,将足够的资金存入该账户以支持今后的支付。目前,多数电子现金系统要求买方在一家网络银行上拥有一个账户。这种要求对于全球性和多种现金交易非常严格,买方应该能够在国内获得服务并进行国外支付,但需要建立网络银行组织,作为一个票据交换所。

2) 存储电子现金

使用专用软件从电子现金银行取出一定数量的电子现金存在特定的设备上。一旦账户被建立起来,买方就可以使用电子现金软件产生一个随机数,它是银行使用私钥进行了数字签名的随机数,再把货币发回给买方。

3) 用电子现金购买商品或服务

买方同意接收电子现金的卖方订货,用卖方的公钥加密电子现金后,传送给卖方。

4) 资金清算

接收电子现金的卖方与电子现金发放银行之间进行清算,电子现金银行将买方购买商品的钱支付给卖方。这时可能有两种支付方式:双方的和三方的。双方支付方式是涉及两方,即买卖双方。在交易中卖方用银行的公共密钥检验电子现金的数字签名,如果对于支付满意,卖方就把数字货币存入它的机器,随后再通过电子现金银行将相应面值的金额转入账户。所谓三方支付方式,是在交易中,电子现金被发给卖方,卖方迅速把它直接发给发行电子现金的银行,银行检验货币的有效性,并确认它没有被重复使用,将它转入卖方账户。在许多情况下,双方交易是不可行的,因为可能存在重复使用的问题。为了检验是否重复使用,银行将从卖方获得的电子现金与已经使用的电子现金数据库进行比较。像纸币一样,电子现金通过一个序列号进行标识。为了检验重复使用,电子现金将以某种全球统一标识的形式注册。但是,这种检验方式十分费时费力,尤其是对于小额支付。

5) 确认订单

卖方获得付款后,向买方发送订单确认信息。

三方电子现金支付过程如图3-4所示。

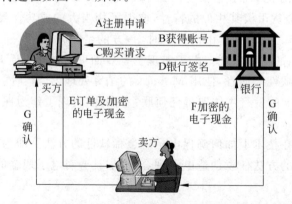

图 3-4　三方电子现金支付过程

### 4. 电子现金的特点

1）匿名性

电子现金与信用卡应用型和电子支票的最大区别在于,可以实现结算的匿名性。首先,对信用卡应用型电子货币而言,因为需要通过第三方授信和垫付行为的介入,所以每次结算的付款人和收款人必须是特定的,该结算数据至少要由第三方保管一段时间。其次,对存款利用型电子货币而言,所有的结算处理,均要通过管理存款的银行进行改写账目的事务处理来完成。因此,每一次独立结算的资金来源和去向必然被银行所掌握。

与此相反,对电子现金而言,仅仅在结算的当事人之间进行脱线的分散处理,因此资金的流向不必由第三方管理和把握。这与使用现金的情况类似,所有关于结算的信息均无须第三方管理和掌握,而且现实中是可以实现的。人们社会经济行为的最终结果几乎全部要归结到资金的流动,围绕个人日常活动的资金流、信息流,如果必须逐一被他人掌握,相信没有一个人会感到愉快。虽然不能断言结算绝对需要匿名性,但是,人们对具备匿名性的结算方法的偏好是大量存在的。因此,电子现金在这一点上占据优势。

2）不可跟踪性

不可跟踪性是现金的一个重要特性。不可跟踪性可以保证交易的保密性,也就维护了交易双方的隐私权。除了双方的个人记录之外,没有其他关于交易已经发生的记录。因为没有正式的业务记录,连银行也无法分析和识别资金流向,也正是因为这一点,如果电子现金丢失了,就会同纸币现金一样无法追回。

3）节省传输费用

普通现金的传输费用比较高,这是因为普通现金是实物,实物的多少与现金金额是成正比的,金额越大实物货币就越多,大额现金的保存和移动是比较困难和昂贵的。而电子现金流动没有国界,在同一个国家内流通的费用跟在国家间流通的费用是一样的。

4）风险小

普通现金有被抢劫的危险,必须存放在指定的安全地点,在存放和运输过程中要由保安人员看守。保管的普通现金越多,所承担的风险越大,在安全保卫方面的投资也就越大,而电子现金则不存在这些问题。

5）节省交易费用

为了货币的流通,普通银行需要设置许多分支机构、职员、自动付款机及各种交易系统,这就增加了银行进行资金处理的费用。而电子现金是利用已有的互联网和用户的计算机,所以消耗比较小,用于小额交易尤其合算。

6）支付灵活方便

电子现金的使用范围比信用卡更广,银行卡支付仅限于被授权的商户,而电子现金支付却不必有这层限制。

### 5. 电子现金的安全防范措施

电子现金在实际应用中,为了确保安全、防止伪造,使用了如下一些关键性技术。

由于电子现金本身是数字串形式的数字信息,如果他人破译了数字串排列的规律,即可随意制造出新的电子现金。因此,为了防止伪造,对使用中的电子现金,必须能够证明是由取得发行权的银行发行的原件。有如发行纸币时,每张纸币上均需盖有银行的印鉴一样。实际上,在保证电子现金具备匿名性的同时,可以通过加盖电子印鉴以防伪。其中,使用了称为"盲签名"的密码技术,该技术是通过复杂的数学处理实现的,具体说明如下。

假设消费者需要从银行支取金额是1元的电子现金。首先,用自己的微机启动电子现金软件,发出想要支取的指令。然后,微机内自动产生一个表示序列号的随机数字串,再与表示1元金额的数字串合并成一个新的数字串。为了不被他人所知,将该数字串装入电子信封(即加密处理)中,授信给银行。银行收到之后,不开启信封,透过信封对里面的数字串加盖电子印鉴,连信封一起传递回消费者处。消费者从信封中取出盖有银行电子印鉴的数字串,保存到硬盘中。这样就得到了1元金额的电子现金。

银行加盖印鉴时,银行一方不可能看到每个电子现金的序列号,这是采用"盲签名"密码技术的关键所在。假如银行看到了该序列号,当电子现金用于支付又返回银行时,银行就可以知道:该电子现金曾发行给何人,又传递到何人的手中。这样一来,则不能确保电子现金的匿名性。

为什么每个电子现金都需要有一个序列号呢?如果仅仅是为了匿名性,一开始就不用序列号也是可以的。实际上,是为了防止通过复制电子现金,从而非正当地、恶意地、重复两三次地使用。以下看看使用电子现金支付时的处理过程,进一步说明上述安全措施的作用。

消费者将电子现金授信支付给网上商店。接受电子现金的一方即商店再将电子现金授信给银行。银行授信后,首先,核对电子现金上加盖的印鉴,确认该电子现金的真实性,是否由具备发行权的银行发行;其次,通过核对电子现金上的序列号,确认该电子现金过去是否曾经使用过。因为银行一方会将用过一次的电子现金的序列号保存在数据库中。电子现金每次返回银行,均须查询数据库。如果数据库中已经保存了同样的序列号,则说明该电子现金是重复使用的;若数据库中无此序列号,则作为初次使用对待,并在数据库中保存该序列号。经过以上审查,如果确认了是未经重复使用的合法的电子现金,银行则将接受的电子现金的相应金额存入商店的账户,即增加账户余额。在电子现金用于个人之间的支付时,其审查过程完全相同,也必须核对其真伪以及是否重复使用过。

也就是说,为了防止重复使用,电子现金只能使用一次,而实体现金,同样的纸币或辅币可不断流通反复使用,二者的形态完全不同。就这一点而言,电子现金尚未能完全模拟实体现金支付。而且,保存电子现金序列号的数据库中的数据会不断膨胀,这也是电子现金目前存在的缺点。

### 6. 数字货币案例

相比于纸币,数字货币优势非常明显,第一可以节省发行、流通带来的成本,第二可以提高交易或投资的效率,第三可以提升经济交易活动的便利性和透明度。

数字货币和现金在相当长时间内都会是并行、逐步替代的关系,这就像电子商务与传统商务一样,虚拟店与实体并行运行。有人预测10年后现金很可能将不存在,但这仅仅是个预测。

目前际上出现的数字货币有数百种,以下是常用的几种。

(1)比特币(BiTCoin,BTC)。比特币的概念最初由中本聪在2009年提出,根据中本聪的思路设计发布的开源软件以及建构于其上的P2P网络,比特币是一种P2P形式的数字货币。

比特币的本质其实就是一堆复杂算法所生成的特解。特解是指方程组所能得到无限个(其实比特币是有限个)解中的一组。而每一个特解都能解开方程并且是唯一的。以人民币为例,比特币就是人民币上的序列号,当知道了某张钞票上的序列号,就拥有了这张钞票。

获取比特币的方法称为"挖矿","挖矿"其实就是通过庞大的计算,不断地去寻求这个方程组的特解,这个方程组被设计成了只有2100万个特解,所以比特币的上限就是2100万个。比特币货币总量后期增长的速度会非常缓慢。事实上,87.5%的比特币都将在头12年内被"挖"出来。所以从货币总量上看,比特币并不会达到固定量。

比特币交易时,交易双方需要类似电子邮件地址的"比特币地址"及私钥。比特币地址和私钥是成对出现的,就像银行卡号和密码。比特币地址用来记录在该地址上存有多少比特币。每个比特币地址在生成时,都会有一个相对应的该地址的私钥被生成出来。这个私钥可以证明对该地址上的比特币具有所有权。在使用比特币钱包时请保存好比特币地址和私钥。

比特币的交易数据被打包到一个"数据块"或"区块"中后,交易初步确认。当区块链接到前一个区块之后,交易会得到进一步的确认。在连续得到6个区块确认之后,这笔交易基本上就不可逆转地得到确认了。比特币对等网络将所有的交易历史都存储在"区块链"中。区块链在持续延长,而且新区块一旦加入到区块链中,就不会再被移走。区块链实际上是一群分散的用户端节点,并由所有参与者组成的分布式数据库,是对所有比特币交易历史的记录。

(2) 莱特币。与比特币的原理基本相同,莱特币旨在改进比特币,莱特币网络每2.5分钟(而不是10分钟)就可以处理一个块,因此可以提供更快的交易确认。莱特币网络预期产出8400万个莱特币,是比特币网络发行货币量的4倍之多。在普通计算机上进行莱特币挖掘更为容易。

(3) 无限币。无限币的基本原理比特币基本相同,无限定位是服务于日常生活的小额交易支付。无限币一次交易需3次确认,每次确认需30秒,交易确认速度非常快。无限币发布于2013年6月5日。基于ScryptPoW算法。30秒生成一个区块,最初的区块每块中有524 288枚无限币,之后每生成86 400个区块,区块内的币数量减半,共计约906亿枚。挖矿难度每小时调整一次。

# EC 聚焦——区块链

区块链(block chain)是指通过去中心化和去信任的方式集体维护一个可靠数据库的技术方案。该技术方案让参与系统中的任意多个节点,把一段时间系统内全部信息交流的数据,通过密码学算法计算和记录到一个数据块,这个数据块称为区块(block)中,并且生成该数据块的指纹,用于链接(chain)下一个数据块和校验,系统所有参与节点来共同认定记录是否为真。

如果把数据库想象成一个账本：数据库的维护可以认为是很简单的记账方式。区块链系统中的每一个人都有机会参与记账。系统会在一段时间内,可能选择十秒钟内,也可能十分钟,选出这段时间记账最快最好的人,由这个人来记账,他会把这段时间数据库的变化和账本的变化记在一个区块(block)中,我们可以把这个区块想象成一页纸,系统在确认记录正确后,会把过去账本的数据指纹链接(chain)到这张纸上,然后把这张纸发给整个系统里面其他所有人。然后周而复始,系统会寻找下一个记账又快又好的人,而系统中的其他所有人都会获得整个账本的副本。这也就意味着这个系统每一个人都有一模一样的账本,这种技术就称为区块链技术,也称为分布式账本技术。

　　既然有一模一样的账本,就意味着所有的数据都是公开透明的,每一个人都可以看到每一个账户上到底有什么数字变化。它非常有趣的特性就是,其中的数据无法篡改。因为系统会自动比较,会认为相同数量最多的账本是真的账本,少部分和别人数量不一样的账本是虚假的账本。在这种情况下,任何人篡改自己的账本是没有任何意义的,因为除非你能够篡改整个系统里面大部分节点。

（引自区块链·铅笔）

## 3.2　网上支付

### 3.2.1　什么是网上支付

　　所谓支付(payment),是指清偿商品交换和劳务活动以及金融资产交易所引起的债权债务关系,由银行所提供的金融服务业务。它起源于银行客户之间的经济交往活动,但由于银行"信用"中介的结果,演化为银行与客户和银行客户的开户银行之间的资金收、付关系。而银行之间的资金收、付交易又必须经过银行的银行,即政府授权的中央银行进行资金清算,才能最终完成支付的全过程。因此,支付全过程将在两个层次完成,下层是商业银行与客户之间的资金支付往来与结算;上层是中央银行与商业银行之间的资金支付与清算。两个层次支付活动的全过程,将经济交往活动各方与商业银行、中央银行维系在一起,构成复杂的系统整体,被称为支付系统(payment system)。在国民经济大系统之中,支付系统发挥着重要的宏观经济"枢纽"作用。

　　在两个层次的支付活动中,银行与客户之间的支付与结算,是银行为客户提供多种金融服务的窗口,其系统特点是账户多、业务量大,涉及客户、银行双方权益,是支付系统的基础,被称为支付服务系统;而中央银行与商业银行之间的支付与清算,则是政府授权的中央银行实施货币政策,监督、控制商业银行金融活动,控制国家货币发行,管理国库,管理外汇的重要手段,被称为支付资金清算系统。两个层次的支付系统紧密相关,相辅相成,是国家稳定货币、稳定经济的重要间接调控手段。

　　中国支付系统的直接参与者是国有商业银行和中国人民银行,所有直接参与银行的分支机构,既是支付交易的最初发起者银行,也是支付交易的最终接收者银行。参与者商业银行以其不同层次的管辖银行在其相应层次的人民银行开设清算账户,人民银行的上层支付资金清算系统在整个支付系统中占据核心地位,其清算、结算处理中心集中管理各商业银行的清算账户,进行支付资金的最终清算。

中国支付系统的间接参与者是商业银行的广大客户以及通过商业银行代理,并参与中国支付系统资金清算处理的其他各种金融机构。在支付系统中,不同的参与者对系统的要求各不相同。个人消费者由于要进行大量的消费支付,金额不大,但支付频繁,要求方便、有效、使用方式灵活;工商企业部门往往支付金额大,支付时间要求急迫,而且应该最大限度地降低流动资金的占用额和占用时间;金融部门如中央银行、证券、外汇交易等,支付笔数少、金额大,时效性要求急,必须防止风险和不必要的流动资金占用。

传统的银行支付系统都是在银行专用网上进行的,这是一个相对封闭的网络,具有很强的稳定性和安全性。进入互联网时代,各银行及其他机构纷纷将业务移到互联网上,这是因为互联网是一个开放的网络(请参考第1章),自由的网络,在这个网络上有着众多的客户和取之不尽的资源。网上支付指的是客户、商家、网络银行(或第三方支付)之间使用安全电子手段,利用电子现金、银行卡、电子支票等支付工具通过互联网传送到银行或相应的处理机构,从而完成支付的整个过程。参与网上支付活动的主要参与者有买卖双方及银行或第三方支付商。第三方支付商是互联网时代的产物,例如支付宝、快钱、首信易支付、银联电子支付服务有限公司等。

### 3.2.2 网络银行

**1. 什么是网络银行**

相对于有400多年历史的银行业,网络银行诞生至今不过短短几年的时间,但它的扩展速度却以几何级数增长,大有取代传统银行业务方式之势,新兴的网络银行无疑是对传统银行的挑战。

网络银行也称为网上银行、在线银行,是指利用Internet、Intranet及相关技术处理传统的银行业务及支持电子商务网上支付的新型银行。它实现了银行与客户之间安全、方便、友好、实时的连接,可向客户提供开户、销户、查询、对账、行内转账、跨行转账、信贷、网上证券、投资理财以及其他贸易或非贸易的全方位银行业务服务。可以说,网络银行是在Internet上的虚拟银行柜台。

**2. 网络银行的特点**

利用计算机和通信技术实现资金划拨的电子银行业务已经有几十年的历史了,传统的电子银行业务主要包括资金清算业务和用POS网络及ATM(Automated Teller Machine,自动柜员机)网络提供服务的银行卡业务。网络银行是随着Internet的普及和电子商务的发展在近些年逐步成熟起来的新一代电子银行,它依托于传统银行业务,并为其带来了根本性的变革,同时也拓展了传统的电子银行业务功能。与传统银行和传统电子银行相比,网络银行在运行机制和服务功能方面都具有不同的特点。

1) 无分支机构

传统银行是通过开设分支机构来发展金融业务和开拓国际市场的,客户往往只限于固定的地域,而网络银行则是利用Internet来开展银行业务,因此可以将金融业务和市场延伸到全球每个角落。打破了传统业务地域范围局限的网络银行,不仅可吸纳本地区和本国的客户,也可直接吸纳国外客户,为其提供服务。正如SFNB(Security First Network Bank,

第一安全网络银行)总裁 James Mahan 所言:"任何人,只要有一台电脑,都是我的潜在客户。"

2) 开放性与虚拟化

传统电子银行所提供的业务服务都是在银行的封闭系统中运作的,而网络银行的 Web 服务器代替了传统银行的建筑物,网址取代了地址,其分行是终端机和 Internet 这个虚拟化的电子空间。因此有人称网络银行为"虚拟银行",但它又是实实在在的银行,利用网络技术把自己与客户连接起来,在有关安全设施的保护下,随时通过不同的计算机终端为客户办理所需的一切金融业务。

3) 智能化

传统银行主要借助于物质资本,通过众多员工辛勤劳动为客户提供服务。而网络银行主要借助智能资本,靠少数脑力劳动者的劳动(如 SFNB 只有 15 名员工)提供比传统银行更多、更快、更好、更方便的业务,如提供多元且交互的信息,客户除了可转账、查询账户余额外,还可享受网上支付、贷款申请、国内外金融信息查询、投资理财咨询等服务,其功能和优势远远超出电话银行和传统的自助银行。网络银行是一种能在任何时间(anytime)、任何地方(anywhere),以任何方式(anyhow)为客户提供超越时空、智能化服务的银行,因此可称之为"三 A 银行"。

4) 创新化

网络银行是创新化银行。在个性化消费需求日趋凸现及技术日新月异的信息时代,网络银行提供的金融产品和拥有技术的生命周期越来越短,淘汰率越来越高。在这种情况下,只有不断采用新技术、推出新产品、实现持续创新才不至于被淘汰。以 SFNB 为例,它对基本支票账户不收取手续费,没有最低余额限制,这在美国银行界是首开先河,而且客户每个月可免费使用 20 次电子付款服务,免费使用自动柜员机或借记卡。与此同时,SFNB 还不断开拓新业务,1998 年,它与 AOL(American Online,美国在线)达成协议,允许客户通过 AOL 访问 SFNB,此举使 SFNB 的客户数迅速增长,其存款额很快突破 1 亿美元。

5) 运营成本低

与其他银行服务手段相比,网络银行的运营成本最低。据介绍,在美国开办一个传统的分行需要 150 万~200 万美元,每年的运营成本为 35 万~50 万美元。相比之下,建立一个网络银行所需的成本为 100 万美元。1998 年美国 USWeb 网络服务与咨询公司的一次调查发现,普通的全业务支行平均每笔交易成本约 1.07 美元,而网络银行仅为 0.01~0.04 美元。

6) 以已有的业务处理系统为基础

"网络银行服务"系统,不是一个单独的业务处理系统,它本身不能独立地处理某项银行业务,必须以已经存在的业务处理系统为基础,所有的业务处理最终都要由现有的业务处理系统来实现。

7) 将现有的业务系统有机地联系起来

国内银行现有的业务系统总的来说都是分散形式的,通过建立"网络银行服务"系统与传统业务处理系统之间的接口,使分散的不同的业务系统,通过"网络银行服务"系统这个桥梁有机地联系起来。

可以看出,"网络银行服务"系统的作用和意义已经远远超出了任何一个传统的业务系统。如果能够成功地建立"网络银行服务"系统,把客户终端、电话银行等手段结合起来,将在整个银行范围内形成一个统一的面向客户的综合服务体系。同时,对解决银行业务系统分散、业务做法不统一、系统平台不统一等问题提供了一个较好的途径。

8) 采用 Internet/Intranet 技术

采用 Internet/Intranet 技术,因为它具有网络分布计算和与系统平台无关的特点,这两个特点特别适合解决银行业务系统分散和系统平台种类多的问题。另外在采用这种技术后,对系统的开发和维护,都会带来巨大的好处。

目前网络银行的运行机制有两种模式:一种是完全依赖于 Internet 发展起来的全新的电子银行,其特点是银行的所有业务都是通过互联网进行的,如美国的 SFNB;另一种是传统银行在 Internet 上建立的网站,如美国花旗银行,我国的招商银行、中国银行等,利用 Internet 提供传统的银行业务服务,通过其发展家庭银行、企业银行等服务。

**3. 网络银行的业务**

银行基本业务主要包括家庭银行(储蓄业务)、企业银行(对公业务)、信用卡业务、国际业务、各种支付、信贷及特色服务等传统的银行业务功能。

1) 家庭银行

家庭银行为用户提供方便的个人理财渠道。包括网上开户、账户余额查询、利息查询、交易历史查询、个人账户挂失、电子转账、票据汇兑等。

美国的美洲银行(http://www.bankamerica.com)的网上业务主要集中在家庭银行方面。通过其 Home Banking 网页,用户可以在一天中的任何时间里进行银行业务:储蓄、外汇及货币交易,当前账户余额查询,资金划拨,下载所需的理财软件等。还可以使用 paybill 来支付如每月 5.95 美元的小笔开支。Home Banking 的理财软件可帮助用户规划各种金融事务,甚至跟踪和分析花费情况。

2) 企业银行

企业银行(firm banking)为企业或团体提供综合账户业务,如查阅本企业或下属企业账户余额和历史业务情况;划转企业内部各单位之间的资金;核对调节账户,进行账户管理等服务;电子支付职工工资;了解支票利益情况,支票挂失;将账户信息输出到空白表格软件或打印诸如每日资产负债表报告、详细业务记录表、银行明细表之类的各种金融报告或报表;通过互联网实现支付和转账等。目前中国银行推出的"企业在线理财"就属于这类业务。

3) 信用卡业务

信用卡业务包括网上信用卡的申办、信用卡账户查询、收付清算等功能。与传统的信用卡系统相比,网上信用卡更便捷。如用户可通过 Internet 在线办理信用卡申请手续;持卡人可通过网络查询用卡明细;银行可定期通过电子邮件向用户发送账单,进行信用卡业务授权、清算,传送黑名单、紧急止付名单等。

4) 各种支付

各种支付提供数字现金、电子支票、智能卡、代付或代收费等网上支付方式,以及各种企业间转账或个人转账,如同一客户不同账号间,包括活期转定期、活期转信用卡、信用卡转定期、银行账户与证券资金账户之间的资金互转等。

5) 特色服务

特色服务主要是指通过 Internet 向客户提供各种金融服务,如网上证券、期货、外汇交易、电子现金、电子钱包以及各种金融管理软件的下载等。目前国外银行从存贷差中获取的利润已不足50%,其余的都来自于各种在线服务回报。从整个银行业的发展趋势来看,提供在线服务将成为未来银行利润的主要来源。在香港地区有4000多家企业用户的汇丰银行目前以每月最低2000元港币的租金向这些企业提供银行在线服务,仅此一项每月的收入就近千万元。

6) 商务服务

商务服务主要提供资本市场、投资理财和网上购物等子功能。对资本市场来说,除人员直接参与的现金交易之外的任何交易均可通过网络银行进行。投资理财服务可通过客户主动进入银行的网站进行金融、账户等的信息查询以及处理自己的财务账目;也可由网络银行系统对用户实施全程跟踪服务,即根据用户的储蓄、信贷情况进行理财分析,适时地向用户提供符合其经济状况的理财建议或计划。在网上购物方面,网络银行可以网上商店的形式向供求双方提供交易平台,商户在此可建立自己的订购系统,向网上客户展示商品并接受订单,商户在收到来自银行的客户已付费的通知后即可向客户发货;客户可进入银行的网上商店,选购自己所需的商品,并通过银行直接进行网上支付,这种供求双方均通过网络银行这一中介机构建立联系和实现收支的方式,降低了交易的风险度。

7) 信息发布

目前网络银行所发布的信息主要有国际市场外汇行情、对公利率、储蓄利率、汇率、证券行情等金融信息,以及行史、业务范围、服务项目、经营理念等银行信息,使客户能随时通过Web网站了解这些信息。

**4. 网络银行的竞争优势**

网络银行与传统的商业银行相比,有许多竞争方面的优势,突出体现在两个方面,即对成本的替代效应和对服务品种的互补效应。网络银行不需要具体的营业场所,因而其成本替代效应主要表现在对商业银行设立分支机构和营业网点的成本替代上。另外,由于网络银行运作的基本策略是将传统的前台服务与虚拟的网上前台服务有效地结合起来,将传统形成的后台数据处理与网上虚拟的后台数据处理有效地结合起来,这样台前台后的业务和数据处理一体化的服务,弥补了传统银行金融服务的不足,起到互补的作用,从而大大增强了商业银行的业务竞争能力。

(1) 成本竞争优势,即网络银行可以降低银行的经营和服务成本,从而降低客户的交易成本。据美国一家金融机构统计:办理一笔银行业务,通过分行方式的费用是1.25美元,使用ATM是80美分,使用电话银行是40美分,使用自动拨号方式是10美分,而使用互联网只需要1美分。可见,与传统银行相比,网络银行具有明显的成本型竞争优势。

(2) 差异型竞争优势,即网络银行可以突破地域和时间的限制,向客户提供个性化的金融服务产品。传统商业银行的营销目标只能细分到某一类客户群,很难提供一对一的客户服务,即使能提供,成本也比较高,而网络银行能在低成本下实现一对一服务,从而形成差异性服务。

(3) 知识优势或无边界竞争优势,在现代信息技术条件下,特别是在网络经济环境下,银行竞争的优先选择因素将是知识因素。经济全球化和信息化使银行之间的竞争从有形资本转为无形资本;从土地、资金和人才竞争,转为人力资本、资金、思想观念和知识的竞争。而网络银行利用它的信息技术和信息资源可以为商业银行提供竞争所需要的知识要素和竞争手段。

总之，网络银行利用成本竞争优势、差异型竞争优势及知识优势，向客户提供了低成本、高质量的金融服务，改善了商业银行的形象，也扩大了主要客户的来源，提高了商业银行的综合经济效益。

**5．网上支付流程**

网上购物的过程与现实生活中的购物流程极其类似。网上购物流程示意图如图 3-5 所示。

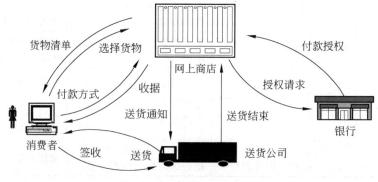

图 3-5　网上购物流程示意图

（1）持卡人使用浏览器查看商户在 Internet 主页上发布的商品信息。
（2）持卡人决定购买一些商品。
（3）持卡人从该商户站点上找到一个订货单，包括商品名称、单价、总额、税款、邮购地址等。
（4）持卡人选择付款方式，即指定要用来付款的信用卡进行网上支付。
（5）持卡人将订货单和付款指令发给商户。
（6）商户将持卡人的账号信息发到商户开户银行验证。
（7）商户接收订货合同。
（8）商户接受订单将商品发给持卡人。
（9）商户要求持卡人开户行将货款通过银行清算网络付给它。

## 3.2.3　网上支付工具的比较

银行卡支付、电子现金和电子支票，表 3-1 列出了它们的区别。

表 3-1　网上支付工具的比较

| 支付类型<br>特点 | 银行卡支付系统 | 电子现金 | 电子支票 |
| --- | --- | --- | --- |
| 事先/事后付款 | 事后付款 | 事先付款 | 事后付款 |
| 使用对象 | 银行卡持有人 | 任何人 | 在银行有账户者 |
| 交易风险 | 由发卡银行承担，当银行卡号被盗，可取消银行卡 | 由消费者自行承担电子现金丢失、被盗用、出错的风险 | 付款方可以指付有问题的付款指令或有问题的支票 |

续表

| 支付类型<br>特点 | 银行卡支付系统 | 电子现金 | 电子支票 |
|---|---|---|---|
| 交易凭据转换 | 直接由商户向银行查询持卡人账号 | 自由转换,不需要留下交易参与者的信息 | 电子支票或付款指令需要经过"背书"方能转让 |
| 在线检查 | 允许在线或离线检查 | 在线检查电子现金是否重复使用 | 以在线检查方式运作 |
| 目前普及程度 | 是在线付款中最普及的形式 | 电子现金的未来缺乏国际性的金融网络支持 | 目前缺乏国际性的标准,法律制度有待建立 |
| 交易额度 | 与银行卡额度相同 | 电子现金的额度通常是固定的 | 和传统支票相同,即不大于支票账户的现有余额 |
| 是否支持小额支付 | 每笔交易成本相对较高,不适合进行小额支付 | 可进行不同面额的电子现金交易与找零,适合进行小额支付 | 有些系统允许商户累计付款指令到一定金额再进行支付,这些系统适合进行小额支付 |
| 与银行的关系 | 交易信息中的银行卡号为持卡人在发卡银行的账号 | 电子现金从银行提取后,就与银行账号没有关系了 | 由银行账号进行付款 |

招商银行的商家网上支付结构涉及以下几个参与方：客户、商家、China Pay 支付网关、上海银行卡网络服务中心、银行卡网络和招商银行,其总体结构如图 3-6 所示。

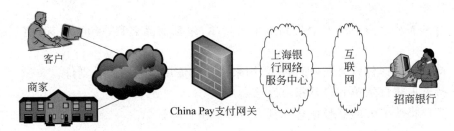

图 3-6　招商银行支付系统总体结构

## EC 聚焦——招商银行的参与方

招商银行的商家网上支付结构涉及以下几个参与方：客户、商家、China Pay 支付网关、上海银行卡网络服务中心、银行卡网络和招商银行,其总体结构如图 3-6 所示。

China Pay 是由上海市银行卡网络服务中心、上海实业(集团)有限公司和上海华腾软件系统有限公司共同参与、筹划的网上支付专业服务公司,它提供的支付网关成为客户、银行卡网络和招商银行共同完成网上支付的接口。

上海银行卡网络服务中心是传统银行专网与 China Pay 支付网关相连的唯一的对外接口,提供了我国国内 11 家商业银行进行网上支付的业务支持,它以上海地区各银行现有的网络为基础,构筑了一个连接市内各银行的计算机网络系统。

## 3.3 第三方支付

### 3.3.1 什么是第三方支付

第三方支付平台是指平台提供商通过采用通信、计算机和信息安全技术,在商家和银行之间建立起连接,从而实现从消费者到金融机构、商家的货币支付、现金流转、资金清算、查询统计等服务。为商家开展 B2B、B2C 交易等电子商务服务和其他增值服务提供完善的支持。第三方支付平台的经营模式大致分为两种:一种是第三方支付平台在具备与银行相连完成支付功能的同时,充当信用中介,为客户提供账号,进行交易资金代管,由其完成客户与商家的支付后,定期统一与银行结算;另一种是第三方支付平台与银行密切合作,实现多家银行数十种银行卡的直通服务,只是充当客户和商家的第三方的银行支付网关。

由于拥有款项收付的便利性、功能的可拓展性、信用中介的信誉保证等优势,第三方网上支付较好地解决了长期困扰电子商务的诚信和资金流等问题,在电子商务支付中发挥着重要的作用。

2017 年 1 月,中国人民银行发布了一项支付领域的新规定《中国人民银行办公厅关于实施支付机构客户备付金集中存管有关事项的通知》,明确了第三方支付机构在交易过程中,产生的客户备付金,今后将统一交存至指定账户,由央行监管,支付机构不得挪用、占用客户备付金。

### 3.3.2 第三方支付的特点

第三方网上支付平台是基于与各家银行密切合作的前提下,为商户提供整合型网上支付服务。第三方网上支付平台具有如下特点。

**1. 支持多种信用卡**

第三方网上支付平台可以支持国内各大银行发行的银行卡和国际信用卡组织发行的信用卡。作为商户只需与其一次性接入打包好的支付接口,即可使用该支付平台支持的所有银行卡种进行网上收付款,并且可以随着平台升级而自动、免费升级,而不必单独和多家银行接洽、合作,很大程度上降低了企业运营成本。图 3-7 为支付宝支持的信用卡。

图 3-7 支付宝支持的信用卡

## 2. 结算周期灵活

第三方支付平台手续费标准统一，且结算周期可根据商户需求设定，服务更加人性化。如网银在线提供的按天结算货款服务，实现了资金在支付平台的"零停留"，确保了商户资金的流畅运转。而银行的手续费、结算周期各家不一，商户要与多家银行分别结算，加大了财务管理方面的难度。

## 3. 后期服务良好

专业的第三方网上支付平台，可以确保商户在后期服务、支付过程中出现的问题能够得到及时解决。但对于以存贷为主营业务的银行来说，网银只是其增值服务，对比投入与产出，中小企业似乎并不会受到银行的普遍重视。

## 4. 具有较高的公信度

第三方网上支付平台作为中立的一方，具有较高的公信度。一旦发生交易纠纷，会对商家和消费者采取双向保护政策，在交易双方之间进行公平、公正的协调处理，确保双方合法利益得到最大限度的维护。

### 3.3.3 第三方支付产品

中国国内的第三方支付产品主要有支付宝、微信支付、百度钱包、PayPal、中汇支付、拉卡拉、财付通、融宝、盛付通、腾付通、通联支付、易宝支付、中汇宝、快钱、网银在线、汇付天下和汇聚支付等。

#### 1. 支付宝

支付宝网站(http://www.alipay.com/)由阿里巴巴公司创办，是支付宝公司针对网上交易而特别推出的安全付款服务，其运作的实质是以支付宝为信用中介，在买家确认收到商品前，由支付宝替买卖双方暂时保管货款的一种增值服务。支付宝的使用步骤如下。

第一步，买家汇款至淘宝网：双方创建支付宝交易后，买家汇款至淘宝网。

第二步，卖家发货给买家：淘宝网在确认收到足额款项后，通知卖家发货。

第三步，淘宝网付款给卖家：买方收货后通知淘宝网，淘宝网将扣除交易费后的所收款支付给卖方。

支付宝提供个人服务（见图 3-8）及商家服务（见图 3-9）。

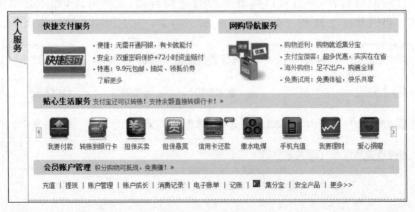

图 3-8　个人服务

图 3-9　商家服务

支付宝实名认证同时核实会员身份信息和银行账户信息。通过支付宝实名认证后,相当于拥有了一张互联网身份证,可以在淘宝网等众多电子商务网站开店、出售商品。增加支付宝账户拥有者的信用度。如果是公司,需要提供营业执照;如果是个人,则需要提供身份证。阿里巴巴公司接到这些信息后,会在政府部门检查验证信息的真伪。只有真实的信息才可以通过验证。

通过验证后,公司将给他发一个实名认证标志,这就将网络上虚拟的个人或企业变得真实了,每个人所进行的操作和他本人挂钩,起到了监督作用。实名认证的过程如图 3-10 所示。

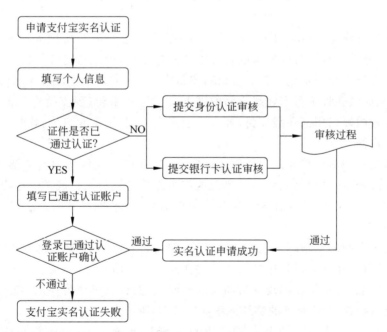

图 3-10　支付宝实名认证过程

使用支付宝交易的流程为:

第一步,买家在卖家店铺内选择满意的产品;

第二步,买家付款到支付宝;

第三步,支付宝收到买家的货款后,通知卖家发货;

第四步,卖家收到支付宝的通知后,发货给买家;

第五步,买家收到货物后,查验审核,满意后,通知支付宝付款;

第六步,支付宝接到买家的付款通知后,将款项划拨给卖家。

支付宝的整个交易流程如图 3-11 所示。

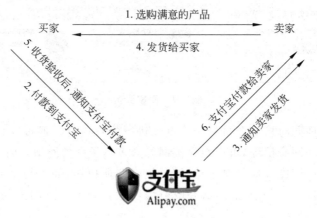

图 3-11 支付宝交易流程

支付宝在支付过程中起到了中间方的作用,当收到买家的货款时,才通知卖家发货;当收到买家的确认通知后,才划款给卖家,对买卖双方都起到了监督保证作用。

### 2. 易支付

首信易支付(http://www.beijing.com.cn)是北京市政府与中国人民银行、工业和信息化部、商务部等中央部委共同发起的首都电子商务工程,确定易支付科技(北京)有限公司为网上交易与支付中介的示范平台。首信易支付自 1999 年 3 月开始运行,是中国首家实现跨银行、跨地域提供多种银行卡在线交易的网上支付服务平台,现支持全国范围 23 家银行及全球范围 4 种国际信用卡在线支付,拥有千余家大中型、企事业单位、政府机关、社会团体组成的庞大客户群。

二次结算模式相对于普通的支付服务而定义,是首信易支付所独有的结算模式。在二次结算的服务过程中,首信易支付不是单纯地作为连接各银行支付网关的通道,而是作为中立的第三方机构,保留商户和消费者的有效交易信息,为维护双方的合法权益提供有力的保障。

由于采用了在网站与银行之间的二次结算,使得首信易支付能够成为支付过程中的公正第三方,交易双方在交易过程中的信息传递在支付平台留有存证,交易双方都可方便地查询订单及相关信息,特别是在出现交易纠纷的时候,有关信息可作为仲裁的有力证据。

首信易支付提供 B2C 业务的签约流程如图 3-12 所示。

在安全方面,首信易支付在银行端使用的是 SSL(Secure Sockets Layer,安全套接层) 128 位加密算法和 SET(Secure Electronic Transaction,安全电子交易)协议,这样就保障了 B2C 电子商务的安全实施。另外支付平台本身使用 PKI(Public Key Infrastructure,公钥基础设施)作为安全架构,通过 MD5 数字签名技术对订单信息进行加密和校验,从而确保在互联网上数据传输的机密性、真实性、完整性和不可抵赖性。

首信易支付业务平台包含 B2C、C2C 等多种在线支付服务,支持银行卡及电子充值计费系统在社区、互联网、银行柜台、信息亭、手机、电话等多种终端进行支付,并可广泛应用于

## 第 3 章　电子货币与网上支付

| | 国内银行卡支付协议 | 国际信用卡支付协议 |
|---|---|---|
| 第一步 | 阅读《商户接入条件》 | |
| 第二步 | 咨询有关业务<br>可选择进行部分接口功能测试 | |
| 第三步 | 协议签字盖章（一式四份）<br>填写初始单并盖公章（一式两份）<br>提供有当年年检标识的营业执照（组织机构代码证）、税务登记证、法定代表人或单位负责人身份证复印件<br>邮寄以上各项给首信易支付 | |
| 第四步 | 首信易支付将签字盖章后的协议、初始单、服务费发票等返回给商家 | |
| | 付款 | 付款 |
| 第五步 | 正式开通服务 | |

图 3-12　易支付 B2C 签约流程

电子商务、电子政务领域的交易、支付、计费、清算、会员管理等应用系统。首信易支付 B2C 支付流程如图 3-13 所示。

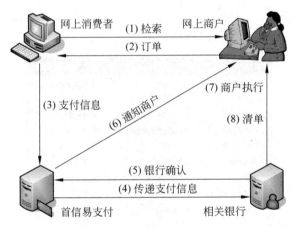

图 3-13　首信易支付 B2C 支付流程

（1）网上消费者浏览检索商户网页；

（2）网上消费者在商户网站下订单；

（3）网上消费者选择支付方式"首信易支付"，直接链接到首信易支付的安全支付服务器（pay.beijing.com.cn）上，在支付页面上选择自己适用的支付方式，单击后进入银行（银联）支付页面进行支付操作；

（4）首信易支付将网上消费者的支付信息，按照各银行（银联）支付网关的技术要求，传递到各相关银行（银联）；

（5）由相关银行（银联）检查网上消费者的支付能力，实行冻结、扣账或划账，并将结果信息传至首信易支付和网上消费者本身；

（6）首信易支付将支付结果通知商户；

（7）支付成功的，由商户向网上消费者发货或提供服务，并通知商城；

(8) 各个银行(银联)通过首信易支付向不同的、交易成功的商户实施清算。

### 3. 快钱

快钱(http://www.99bill.com/)专注于为各类行业和企业提供安全、便捷的综合电子支付服务。其推出的基础支付产品包括人民币支付、外卡支付、神州行卡支付、联通充值卡支付等众多支付产品,支持互联网、手机、电话和POS等多种终端;行业解决方案覆盖包括航空、保险、教育和零售等近20个行业。

截至2011年8月31日,快钱已拥有1.07亿注册用户和逾112万商业合作伙伴,其中既包括中国国际电子商务中心、中国电信、中国联通、东方航空、中国航信、国美电器、新东方教育等传统大型企事业单位,也覆盖到索尼、苹果、联想、百度、新浪、搜狐、网易等知名高科技企业。

快钱全面的解决方案覆盖航空、教育、保险、物流、数字娱乐、网上购物、零售等多个行业,协助企业提升财务管理效率、拓展营销渠道。快钱根据不同行业需求开发的支付清结算管理系统,可以高效即时地管理企业资金流和信息流,方便企业进行跨银行的快速资金归集和发放,也可为中小企业融资、保理业务等方面提供支持。

快钱产品和服务的高度安全性及严格的风险控制体系深受业内专家和众多企业的好评。数据均使用128位SSL算法加密,从交易数据的处理、传输、存储等多个环节确保交易的安全性、准确性和保密性。同时实施7×24小时的实时安全和风险监控体系,对各类异常事件进行检测和处理。快钱主要产品如图3-14所示。

| 快钱产品 | 企业接入与服务 | 安全保障 |
|---|---|---|
| 收款类 | 付款类 | 生活服务产品 |
| 人民币支付 | 付款到银行 | 信用卡还款 |
| 充值卡支付 | 付款到快钱账户 | 手机充值 |
| 网银支付 | 批量付款到银行 | 游戏充值 |
| 信用卡分期支付 | 批量付款到快钱账户 | 跨行转账 |
| 委托代收 | 账户类 | 彩票中心 |
| POS收款 | 快钱账户 | 奢品折扣 |
| 信用卡无卡支付 | 集团账户 | 账单管家 |
| 分账支付 | 增值类 | 最新产品 |
| 现金归集 | 优惠券平台 | 快+移动支付 |
| 电话语音支付 | 自动出票 | |
| 国际收汇 | | |

图3-14 快钱产品

企业接入快钱流程如图3-15所示。

图3-15 企业接入快钱流程

## EC 聚焦——拉卡拉

北京拉卡拉网络技术有限公司是联想控股成员企业,是中国支付清算协会的第一批会员理事单位,首批获得央行颁发《支付业务许可证》的第三方支付机构。

国内95%以上的品牌便利店、商场及卖场(如沃尔玛、中国石油、中国石化、7-11、物美、快客、好德、海王星辰、华润万家、国美等)均配有拉卡拉便利支付终端。拉卡拉已在国内230多个城市建设了5万多个便利支付点,月交易笔数达到1000多万笔,月交易金额超过200亿元。

拉卡拉提供了日益丰富的服务内容,基于在中国首创的拉卡拉电子账单处理平台及银联智能POS终端,拉卡拉为用户提供还款、转账、汇款、缴费、充值等便民金融服务及电子支付服务,为商户提供个性化收单服务。拉卡拉的出现,大大缓解了银行的排队压力,用户只要找到身边最近的拉卡拉便利支付点,即可办理多种便利支付和便民生活服务。

## 3.4 移动支付

### 3.4.1 移动支付的概念

移动支付,也称为手机支付,就是允许用户使用其移动终端(通常是手机)对所消费的商品或服务进行账务支付的一种服务方式。

移动支付方式目前有两种:

第一种是费用通过手机账单收取,用户在支付其手机账单的同时支付这一费用,但这种代收费的方式使得电信运营商有超范围经营金融业务之嫌,因此其范围仅限于下载手机铃声等有限业务;

第二种是费用从用户的银行账户(即借记账户)或信用卡账户中扣除,在该方式中,手机只是一个简单的信息通道,将用户的银行账号或信用卡号与其手机号绑定起来,中国移动的手机钱包和手机银行卡支付属于这一方式的移动支付。

手机钱包是中国移动的一项业务,此项业务是综合了支付类业务的各种功能的一项全新服务,它是以银行卡账户为资金支持,手机为交易工具的业务,就是将用户在银行的账户和用户的全球通手机号码绑定,通过手机短信息、IVR(Interactive Voice Response,互动式语音应答)、WAP(Wireless Application Protocol,无线应用协议)等多种方式,用户可以对绑定账户进行操作,实现购物消费、代缴费、转账、账户余额查询,并可以通过短信等方式得到交易结果通知和账户变化通知。"手机钱包"是将手机与信用卡两大高科技产品融合起来,演变成一种最新的支付工具,为用户提供安全、便捷、时尚的支付手段。目前支持的业务包括移动话费自缴、充值、话费代充、话费代缴、手机彩票、手机捐款、话费余额查询、银行卡余额查询等。图3-16为中国移动手机支付网站。

手机银行卡支付是中国移动通信有限责任公司与中国银联股份有限公司,联合各大商

图 3-16  中国移动手机支付网站

业银行推出的移动支付服务。它以手机为工具,以银行卡为依托,尽享个人理财方便。客户以短信、语音、K-JAVA、WAP、USSD(unstructured supplementary service data,非结构化补充数据业务)等形式发出操作指令,通过手机银行卡支付服务提供商转到与手机银行卡支付服务提供商签约的该银行卡发卡银行,或中国移动等签约服务伙伴,根据客户所发的指令进行操作,为客户提供消费支付、自助转账、自助缴费、账户查询等服务。

## 3.4.2 移动支付实例

**1. 中国电信——"金陵翼机通"**

"金陵翼机通"是中国电信与南京市市民卡有限公司联合推出的移动支付业务,整合电信天翼卡通信功能和金陵通卡电子支付功能,可在地铁、公交、出租车等公共交通和超市购物等日常生活服务、消费领域使用。

"金陵翼机通"上线后,实现了"市民卡"所有应用领域充值、消费功能,包括在公交、地铁、出租等交通领域以及肯德基、苏果超市、苏糖烟酒、先声药业、中石化、中石油、恒泰保险等所有市民卡消费、充值网点进行消费、充值业务。中国电信南京分公司相关负责人表示:"用户到电信营业厅可免费将天翼手机卡升级为具有刷卡功能的手机卡,轻松享受刷手机坐公交、地铁的便利。而拥有刷卡功能的手机可以实现和普通金陵通一样的功能,在各公交、地铁充值点,电信营业厅均可充值。"

中国电信南京分公司在金陵翼机通的基础上将"金陵翼机通"运用领域拓展到企业和校园,在原有天翼手机卡、天翼通信账户和金陵通市民卡账户上又增加了企业账户,实现了天翼卡、企业一卡通、金陵通三卡合一。

通过"翼机通"考勤系统,企业可以方便地掌握企业员工的出勤动态,实现出入口控制的人性化、智能化,节省了人工成本,解决了员工进出及外来人员混入的问题。

大中型企业通过部署金陵企业翼机通考勤、门禁应用就可以实现员工卡、手机卡刷卡进出办公场所;大型园区、中小学、职业学校还可以通过部署消费 POS 机,实现超市、食堂内部消费;高档智能楼宇、连锁企业总部通过部署翼机通、访客管理系统、停车场管理系统等丰富多样的融合应用,提升企业商务往来效率。此外,基于手机刷卡的各类物联网应用也将越来越多地覆盖智慧城市建设的各个领域。

### 2. 微信支付

微信支付是集成在微信客户端的支付功能,用户可以通过手机完成快速的支付流程。用户只需在微信中关联一张银行卡,并完成身份认证,即可将装有微信 APP 的智能手机变成一个全能钱包,之后即可购买合作商户的商品及服务,用户在支付时只需在自己的智能手机上输入密码,无须任何刷卡步骤即可完成支付,整个过程简便流畅。微信支付绑定银行卡时,需要验证持卡人本人的实名信息,即{姓名,身份证号}的信息。一个微信号只能绑定一个实名信息,绑定后实名信息不能更改,解卡不删除实名绑定关系。一个微信号最多可绑定 10 张银行卡(含信用卡)。

## 关键概念

电子货币　银行卡　电子支票　电子现金　网络银行　第三方支付

## 简答题

1. 什么是电子货币?
2. 电子货币是如何发行的?
3. 找出五种储卡型电子货币,并列出其功能。
4. 借记卡和贷记卡各有什么功能? 你自己的卡属于哪一种?
5. 什么是电子现金?
6. 电子现金有什么特点?
7. 简述电子现金的支付流程。
8. 画图说明电子现金的安全支付过程。
9. 什么是网上支付?
10. 什么是网络银行?
11. 网络银行有哪些特点及竞争优势?
12. 什么是第三方支付?
13. 第三方支付的特点是什么?
14. 什么是移动支付? 应用在哪些方面?

## 热点话题

1. 选取一家 B2C 或 C2C 网站购买一件商品,用招商银行或其他银行卡进行购物支付,将网站名、商品名、购物支付步骤记录下来。
2. 将你身边的银行卡(工行、招行、建行、农行等)开通网上支付功能,将第一步骤的屏幕截下来放在 DOC 文档中,并配以文字说明,完成这个报告并谈谈自己的想法。

## 实战演练

1. 吉米开了一家小公司,并创建了一个电子商务网站向订阅者销售专题简报,从"时尚"到"旅游"等各种专题。你的工作任务就是为公司设计支付方式。比较各支付方式的优缺点,写一个约 2000 字的报告,报告中应向公司建议采用哪一种或哪几种支付,并说明原因。

2. 选择 3~5 个第三方支付网站,确定 3 个以上的指标,列表比较,写出分析报告。

3. 找 3~5 个移动支付的网站(例如 1 号店),确定 3 个以上的指标,比较移动支付的应用,并写出分析报告。

# 第 4 章　物流信息管理

**学习要点**
- 物流基本概念；
- 物流要素的概念及特点；
- 物流管理及其目标；
- 物流对电子商务的影响；
- 电子商务中的物流配送与配送中心；
- 物流信息概念；
- 物流信息技术；
- 物流信息系统。

## 4.1　物流概述

### 4.1.1　物流的构成要素

所谓物流,是指物品从供应地向接收地的实体流动过程,根据实际需要,将运输、储存、装卸搬运、包装、流通加工、信息等基本要素实施有机结合。

这些基本要素有效地组合、连接在一起,相互平衡,形成密切相关的一个系统,能合理、有效地实现物流系统的总目的。

**1. 运输**

运输的任务是将物资进行空间和场所的转移。运输过程不改变产品的实物形态,也不增加其数量,但物流部门通过运输解决物资在生产地点之间的空间距离问题,创造商品的空间效用,实现其使用价值。因此运输是物流的一个极其重要的环节。

运输一般分为输送和配送。一般认为,所有物品的移动都是运输,输送是指利用交通工具一次向单一目的地长距离地运送大量货物的移动;而配送是指利用交通工具一次向多个目的地短距离地运送少量货物的移动。

**2. 存储**

存储是物流的主要活动要素之一。在物流中,运输承担了改变商品空间状态的重任,物流的另一重任——改变商品时间状态则是由存储来承担的。

在商品流通过程中,产品从生产领域生产出来以后,进入消费领域之前,往往要在流通领域停留一段时间,这就形成了商品存储。同样,在生产过程中,原材料、燃料、工具、设备等生产资料和半成品,在直接进入生产过程之前或在两个工序之间,也都有一段停留时间,这就形成了生产储备。

### 3. 包装

为保证产品完好地运送到消费者手中,商品大多数都需要不同方式、不同程度的包装。

包装分为为保持商品的品质而进行的工业包装和为使商品能顺利抵达消费者手中、提高商品价值、传递信息等以销售为目的的商品包装。包装既是生产的终点,又是企业物流的起点,它的作用是按单位分开产品,便于运输,并保护在途货物。

常用的包装材料有纸、塑料、木材、金属、玻璃等。从各个国家包装材料的生产总值比较来看,使用最广泛的是纸及各种纸制品,其次是木材,塑料材料的使用量正在以很快的速度增长。

### 4. 装卸搬运

装卸搬运是随输送和存储而产生的必要的物流活动,它是对运输、保管、包装、流通加工等物流活动进行衔接的中间环节,包括装车、卸车、分拣、入库、出库以及连接以上各项动作的短程搬运。在物流活动的全过程中,装卸活动是频繁发生的,因而是产品损坏的主要原因之一。如果能正确规划搬运系统,可以减少成本、减少劳动力、增加安全性、提高生产率、减少浪费、提高容积的使用率以及提高服务水平。

有三种基本的搬运系统:人工搬运系统、机械搬运系统和自动搬运系统。现有的配送中心的实际结构决定了使用何种搬运系统。

### 5. 流通加工

流通加工是物流中具有一定特殊意义的物流形式,它不是每一个物流系统必需的功能。

生产是通过改变物的形式和性质创造产品的价值和使用价值,而流通则是保持物资的原有形式和性质,完成商品所有权的转移和空间形式的位移。物流的包装、存储、运输、装卸等功能,并不去改变物流的对象。但是为了提高物流速度和物资的利用率,在商品进入流通领域后,还需按用户的要求进行一定的加工活动。即在物品从生产者向消费者流动的过程中,为了促进销售,维护产品质量,实现物流的高效率所采取的使物品发生物理和化学变化的功能,这就是流通加工。

### 6. 信息

通过收集与物流活动相关的信息,使物流活动能有效、顺利地进行。信息包括与商品数量、质量、作业管理相关的物流信息,以及与订货、发货和货款支付相关的商流信息。

信息系统中信息的质量极其重要。关于信息的质量有两个主要的要求:获得必需的信息和拥有精确的信息。

## 4.1.2 物流管理及其目标

### 1. 物流管理的内涵

所谓物流管理,是指在社会再生产的过程中,根据物质资料实体流动的规律,运用管理的基本原理和科学方法,对物流活动进行系统的计划、组织、指挥、协调、控制和监督,使各项物流活动实现最佳的协调与配合,以降低物流成本,提高物流效率和经济效益。

物流管理的内容包括：
(1) 对物流活动诸要素的管理，包括运输、存储等环节的管理；
(2) 对物流系统诸要素的管理，即对其中人、财、物、设备、方法和信息六大要素的管理；
(3) 对物流活动中具体职能的管理，主要包括物流计划、质量、技术、经济等职能和管理等。

**2. 物流管理的目标**

物流管理在本质上还是要实现下列的功能目标：快速响应、减少故障、最低库存、整合配送运输、改善物流质量、全生命周期支持等。

1) 快速响应

快速响应关系到企业是否能及时满足顾客服务需求的能力。使用信息技术可以提高配送中心在最短时间内完成物流作业并尽快交付所需存货的能力。快速响应能力把作业重点从根据预测对存货储备的预期，转移到以从装运到装运的方式对顾客需求做出反应方面上来。

2) 减少故障

故障是指破坏系统表现的任何意想不到的事件，它可以在任何一个物流作业领域产生，如顾客收到订货的时间被延迟、配送中发生意想不到的损坏、货物到达顾客所在地时发现受损，或者把货物交付到不正确的地点。所有这一切都将使物流作业时间遭到破坏，对此，必须予以解决。物流系统的所有作业领域都会发生故障，减少故障的可能性需要内部作业和外部作业共同配合。传统的解决故障的办法是建立安全库存或使用高成本的溢价运输。现在，可以使用信息技术减少故障，从而减少安全库存成本和溢价运输的费用和相关风险，以实现积极的物流控制。

3) 最低库存

最低库存的目标与库存的周转速度有关。存货的高周转率，意味着分布在存货上的资金得到了有效的利用。因此，保持最低库存的目标是要把存货配置减少到与顾客服务目标相一致的最低水平上，以实现最低的物流总成本。伴随着经理们谋求减少存货的设想，类似"零库存"之类的概念已变得越来越流行。在重新设计系统时，作业上的一些缺陷一直要到存货被减少到其最低可能的水平时才会显露出来。

4) 整合配送运输

最重要的物流成本之一是运输。配送运输成本与商品的种类、装运的规模以及距离直接相关。配送具有溢价服务特征，企业物流系统所依赖的高速度、小批量装运的运输，是典型的高成本运输。要减少运输成本，就需要实现整合运输。一般说来，整个装运规模越大，运输的距离越长，则每单位运输成本就越低。这就需要有创新的规划，把小批量的装运聚集成集中的、具有较大批量的整合运输。

5) 改善物流质量

物流目标是要寻求持续的质量改善。全面质量管理是物流管理工作的主要动力之一。如果一个商品有缺陷，或者，如果服务承诺没有得到履行，那么，物流并没有增加任何价值。物流的各种费用，一旦支出，也就无法收回。事实上，当质量不合格时，需要就没有实现，然后还需要重新做一遍。物流本身必须履行所需要的质量标准。企业中管理中的"零缺陷"服务要求物流作业必须在日夜24小时的任何时间、跨越广阔的地域来履行。但是在物流质量管理上存在这样的事实,即:绝大多数的物流工作是在监督者的视线外完成的。由于不正确装运或运输中的损坏导致重做顾客订货所花的费用,远比第一次就正确地履行所花费的费用多。因此,物流是发展和维持全面质量管理不断改善的主要组成部分。

6) 全生命周期支持

在某些情况下,必须回收那些已流向客户的超值存货。产品收回是由于不断地提高具有强制性的质量标准、产品有效期的到期和因危害而产生的责任等而引起的客户对产品的不满意所造成的结果。逆向物流需求也产生于某些法律规定。比如有些法律规定,对某些饮料容器和包装材料禁止任意处理或鼓励回收,以致回收的数量不断增加,最终导致逆向物流的增加。

有些产品,如复印设备,最初的利润产生于出售供给品和提供售后服务,服务支持物流的重要性直接随产品和买主的变化而变化。对于营销耐用消费品和工业设备的厂商来说,对生命周期支持所承担的义务构成了全方位、多要求的作业需求,这也是最大的物流作业成本之一。因此,厂商必须仔细地设计一个物流系统的生命周期支持能力。全生命周期支持,用现代的话来说,其含义就是"从摇篮至摇篮"的物流支持。

### 3. 现代物流管理的主要特征

1) 现代物流管理以实现顾客满意为第一目标

在当今消费者导向的时代,对市场环境急剧变化做出快速反应,有效地提供顾客满意的产品和服务,是现代企业的根本追求。到目前为止,企业竞争力的强度往往在于在产品上追求与其他企业品牌的差别化。

然而,以产品的服务进行差异化所带来的利益期的时间越来越短,即在产品所形成的差异化上已经出现了界限。在市场演变激烈的时代,消费者越来越重视时间。一旦决定购买,便希望商品早日到手,或者像售后服务,总是希望提出需求后能尽早实现,诸如此类的顾客要求已经越来越多,时间也就成了顾客需求的关键因素。能否快速满足顾客的时间要求,应成为影响企业竞争力的一个重要方面。因而时间的差异化作为企业的差异化便成为企业所追求的一个有效手段。

现代物流是基于企业经营战略上从顾客服务目标的设定开始,进而追求顾客服务的差别化战略。因此,现代物流通过提供顾客所希望的服务,在积极追求自身交易扩大的同时,强调实现与竞争企业顾客服务的差别化,亦即在决策物流的重要资源时间、物流品质、备货、信息等物流服务质量时,不能从供给角度来考虑,而是在了解竞争对手的战略基础上,努力提高顾客满意度。

2) 现代物流管理以企业整体最优为目的

当今商品市场上产品的生产周期日益缩短、顾客要求快速且高效经济的输送、商品流通地域的扩大等发展趋势对企业物流提出了更高的要求。因此,现代物流追求的费用观、效益观是针对调达、生产、销售、物流等企业全体最优而言。

在企业组织中,以低价格购入为主的调达理论,以生产增加、生产合理化为主的生产理论,以追求低成本为主的物流理论,以增加销售额和市场份额扩大为主的销售理论之间仍然存在着分歧和差异,跨越这种分歧和差异,力求追求整体最优的正是现代物流理论。

3) 现代物流是一种以信息为中心实现实需对应型的商品供应体系

现代物流认为物流活动不是单个生产、销售部门或企业的事,而是包括供应商、批发商和零售商等关联企业在内的整个统一体的共同活动,因而现代物流通过这种供应链强化了企业间的联系。

**4. 物流系统化**

系统化是现代物流管理的重要模式。物流系统就是指在企业活动中的各种物流功能,随着采购、生产、销售活动而发生,使物的流通效率提高的系统。这种系统大致可分为作业系统和信息系统。作业系统就是在运输、存储、装卸、包装等作业中,引入各种技术,以求自动化和效率化,同时,使各功能之间能完满地连接起来的系统。

信息系统也称为物流信息系统,在企业活动中与其他的功能——采购、生产、销售系统有机地联系起来,从而使从订货到发货的信息活动更完满化,提高物流作业系统的效率。

物流系统化的内容主要有以下几项:

1) 大量化

随着消费的多样化、产品的多品种化,多数顾客往往要求频繁地订货预约,迅速交货。在接受订货的企业中,因为要尽可能地使发货的批量变大,采取最低限额订购制,以期降低成本。大型超市、百货店,从制造厂或批发商那里进货,把向各店铺个别交货的商品,由中间区域设置的配送中心集约起来,再大批量地送往各店铺,并按照顾客的订货量,采用减价供货制。

2) 共同化

主要在同一地区或同一业种的企业中,谋求物流共同化的情况比较多,尤其在大城市,由于交通量过大,运输效率大大降低,积极参加共同配送的企业越来越多,各种销售业面向百货店、大型超市的共同配送的例子举不胜举。不少小规模的企业,也共同出资建立"共同配送中心",全面地使装卸、存储、运输、信息等物流功能协作化。

3) 短路化

以往很多企业的商品交易过程是按照制造厂→一次批发→二次批发→零售商→消费者的渠道进行的,商品经由的各个阶段都有仓库。现在,销售物流可以不经由中间阶段,而直接把商品从制造厂送至二次批发或零售商,使物流路线缩短,加快了商品的移动速度,压缩了库存量。

4) 自动化

企业在过去的运输、装卸、配送、存储、包装等功能中,引进了各种机械化、自动化的技术。在运输等方面,由于运用托盘、集装箱而发展起来的单位载荷制,提高了货物分拣机械化水平的技术;在存储方面,由于高层货架仓库发展为自动化仓库,大大提高了保管的效率。

5) 信息化

物流系统中的信息系统是指企业从订货到发货的信息处理结构。在企业活动中,信息是控制生产和销售系统相结合的物流作业系统的组成部分,因此,物流信息和系统化、效率化是物流系统化必不可少的条件。

近年来,由于计算机性能的提高,以及数据通信技术的进步和通信回路的开放,信息处理的速度大大提高了,远距离贸易双方的信息交换变得更加容易,有力地推进了物流信息的系统化,实现了从订货到发货的信息处理。

### 4.1.3 物流对电子商务的影响

电子商务物流,就是信息化、现代化、社会化的物流。物流企业采用网络化的计算机技术和现代化的硬件设备、软件系统及先进的管理手段,针对社会需求,严格地、守信地按用户的订货要求,进行一系列分类、编码、整理、分工、配货等理货工作,定时、定点、定量地交给没有范围限度的各类用户,满足其对商品的要求。从这里可以看出,物流在电子商务时代起着非常重要的作用。

**1. 物流是电子商务的重要组成部分**

电子商务=网上信息传递+网上交易+网上结算+物流配送。一个完整的商务活动,必然要涉及信息流、商流、资金流和物流这四个流动过程。在电子商务中,前三个流动过程均可通过计算机和网络通信设备实现,可形象地称为"鼠标";而作为最为特殊的物流,只有诸如电子出版物、信息咨询等少数商品和服务可以直接通过网络传输方式进行,其他则不可能在网上实现,需借助一系列机械化、自动化工具传输,因而物流可形象地称为"车轮"。也就是说,电子商务=鼠标+车轮。所以在一定意义上,物流是信息流和资金流的基础与载体。

**2. 物流是电子商务所具优势正常发挥的保证**

电子商务的开展能够有效地缩短供货时间和生产周期,简化订货程序,降低库存水平,同时使得客户关系管理更加富有成效。电子商务中的商品生产和交换的全过程,即从原材料的采购、各工艺流程的生产到成品的交付,都需要各类物流活动的支持。物流还是商流的后续和服务者。在电子商务交易过程中,消费者通过网上购物,完成了商品所有权的转移,即商流过程。但电子商务的活动并未就此结束,只有商品或服务真正转移到消费者手中,即只有通过物流过程,商务活动才得以终结,因此物流系统的效率高低是电子商务成功与否的关键,而物流效率的高低在很大程度上取决于物流现代化的水平,没有现代化的物流运作模式支持,没有一个高效的、合理的、畅通的物流系统,电子商务所具有的优势就难以得到有效的发挥,没有一个与电子商务相适应的物流体系,电子商务就难以得到有效的发展。

**3. 物流是电子商务的支点**

没有现代物流作为支撑,电子商务的巨大威力不能得到很好的发挥。合理化、现代化的物流,通过降低费用从而降低成本,优化库存结构,减少资金占压,缩短生产周期,保障现代化生产的高效进行。电子商务领域的先锋——亚马逊网上书店比世界上最大的零售商沃尔玛开通网上业务早三年,然而,沃尔玛拥有遍布全球的由通信卫星联系的物流配送系统,这就使沃尔玛在送货时间上比亚马逊快了许多。

**4. 物流是电子商务中实现"以顾客为中心"理念的最终保证**

电子商务的出现,最大限度上方便了最终消费者。他们不必再跑到拥挤的商业街,一家又一家地挑选自己所需的商品,而只要坐在家里,在因特网上搜索、查看、挑选,就可以完成他们的购物过程。但试想,他们所购的商品迟迟不能送到,或商家所送并非自己所购,那消费者还会选择网上购物吗?

物流是电子商务中实现以"以顾客为中心"理念的最终保证,缺少了现代化的物流系统,电子商务给消费者带来的购物便捷等于零。

### 4.1.4 电子商务下物流体系的模式

从产权角度,电子商务公司采取的物流模式一般有企业自营物流、物流企业联盟及第三方物流等配送模式。此外,第四方物流作为一种新兴模式,正在被研究和实践着。

**1. 企业自营物流模式**

电子商务企业借助自身的物质条件,自行开展经营的物流,称为自营物流。

电子商务公司自身组织商品配送,可以说是自己掌握了交易的最后环节,有利于控制交易时间。但是电子商务的信息业务与物流业务是截然不同的两种业务,企业必须对跨行经营产生的风险进行严格的评估,其中成本控制和程序管理是最大的麻烦。对于任何一个公司,拥有一支自己的配送队伍都将会是一笔庞大的开支。出于对成本的考虑,配送队伍的规模必须与公司的业务量相适应。另外如何保持适当的库存规模、如何制定恰当的配送路线、如何选择合适的物流工具、如何确定合理的送达时间都是需要严格管理的。不是所有的电子商务公司都有必要、有能力自己组织商品配送的,只有具有以下特征的从事电子商务的企业适合依靠自身力量解决配送问题:

(1) 业务集中在企业所在城市,送货方式比较单一。由于业务范围不广,企业独立组织配送所耗费的人力不是很大,所涉及的配送设备也仅仅限于汽车以及人力车而已,如果交由其他企业处理,反而浪费时间、增加配送成本。

(2) 拥有覆盖面很广的代理、分销和连锁店,而企业业务又集中在其覆盖范围内。这样的企业一般是从传统产业转型或者依然拥有传统产业经营业务的企业。

(3) 一些规模比较大、资金比较雄厚、管理能力强的企业,比较适合自营物流。

(4) 物流对企业具有非常重要的战略地位。如货物配送量巨大,企业有必要投入资金建立自己的配送系统以强化对供应和分销渠道的控制。例如,亚马逊网站已经开始斥巨资建立遍布美国重要城市的配送中心,准备将主动权牢牢地掌握在自己手中。

**2. 物流联盟模式**

物流联盟是两个或两个以上的经济组织为实现特定的物流目标而采取的长期联合与合作。企业之间不完全采取导致自身利益最大化的行为,也不完全采取导致共同利益最大化的行为。一般来说,组成物流联盟的企业之间具有很强的依赖性,物流联盟的各个组成企业明确自身在整个物流联盟中的优势及担当的角色,内部的对抗和冲突减少,分工明晰,使供应商把注意力集中在提供客户指定的服务上,最终提高了企业的竞争能力和竞争效率,从而满足企业跨地区、全方位物流服务的要求。

**3. 第三方物流模式**

从 20 世纪 80 年代开始,随着企业对自身核心竞争能力的重视,以及信息技术的发展和应用,改变了传统的管理方式和交易方式,一种新的市场化分工组织——第三方物流企业迅速发展起来。企业将一些原本由企业自己来实施的物流活动,交给外部的专业第三方物流企业来承担,通过快速沟通的信息技术与第三方物流企业实现高效合作,企业可以专注于自己的核心业务,加速提高自己的核心竞争能力,第三方物流企业也可以通过在内部进行物流设计和物流运作等功能的进一步分工,提高专业化水平,实现物流成本的降低和更高效率的物流运作。

1) 第三方物流的概念

所谓第三方物流,是由供方与需方以外的物流企业提供物流服务的业务模式。具体来说,是指由物流实际需求方(第一方)和物流的实际供给方(第二方)之外第三方部分或全部利用第三方的资源,通过合约向第一方提供的物流服务。第三方物流又称为合同物流、契约物流。

提供第三方物流服务的企业,其前身一般是运输业、仓储业等从事物流活动及相关的行业。它不拥有商品,不参与商品的买卖活动,而是在委托方物流需求的推动下,为其提供以合同为约束,以结盟为基础的,系列化、个性化、信息化的物流代理服务,其中包括物流活动的组织、协调和管理(如报表管理、货物集运、选择承运人、货代、海关代理、信息管理、仓储、现金收付及咨询)、物流系统设计、物流全程的信息搜集、管理等。

2) 第三方物流与传统的物流委托的异同

第三方物流与传统的对外委托的不同之处在于,传统的对外委托形态只是将企业物流活动的一部分,主要是物流作业活动,如货物运输、货物保管交由外部的物流企业去完成,而库存管理、物流系统设计等物流管理活动以及一部分企业内物流活动仍然保留在企业。物流企业是站在自己物流业务经营的角度,接受货主企业的业务委托,以费用加利润的方式定价,收取服务费。提供系统服务的物流企业也是以使用本企业的物流设施,推销本企业的经营业务为前提,而并非是以货主企业物流合理化为目的来设计物流系统。

第三方物流企业则是站在货主的立场上,以货主企业的物流合理化为设计物流系统运营的目标。而且,第三方物流企业不一定要有物流运营能力,也就是说,可以没有物流设施和运输工具,不直接从事运输、保管等企业活动,只是负责物流系统设计并对物流系统运营承担责任。具体的作业活动可以再采取对外委托的方式由专业的运输、仓库企业等去完成。从美国情况来看,即使第三方物流企业有物流设施,也是将使用本企业设施的比例控制在两成左右,以保证向货主企业提供最适宜的物流服务。第三方物流企业的经营效益直接同货主企业的物流效率、物流服务水平以及物流效果紧密联系在一起。

3) 第三方物流的经济价值

第三方物流之所以在世界范围内受到广大企业的青睐,根本原因就在于其独特的作用与经济价值。第三方物流能够帮助客户获得诸如利润、价格、供应速度、服务、信息的准确性和真实性及新技术的采用等潜在优势。

(1) 第三方物流的成本价值。

企业将物流业务外包给第三方物流公司,由专业物流管理人员和技术人员,充分利用专业化物流设备、设施和先进的信息系统,发挥专业化物流运作的管理经验,以求取得整体最优效果,企业可以不再保有仓库、车辆等物流设施,对物流信息系统的投资也可转嫁给第三方物流企业来承担,从而可减少投资和运营物流的成本;还可以减少直接从事物流的人员,从而减少工资支出;提高单证处理效率,减少单证处理费用;由于库存管理控制的加强可降低存货水平,削减存货成本;通过第三方物流企业广泛的节点网络实施共同配送,可大大提高运输效率,减少运输费用等。

(2) 第三方物流的服务价值。

物流服务水平实际上已成为企业实力的一种体现。利用第三方物流企业信息网络和节点网络,能够加快对客户订货的反应能力,加快订单处理速度,缩短从订货到交货的时间,进行门对门运输,实现货物的快速交付,提高客户满意度;通过其先进的信息技术可加强对在途货物的监控,及时发现、处理配送过程中的意外事故,保证订货及时、安全送达目的地,从而提高企业的客户服务水平。

(3) 第三方物流的社会价值。

第三方物流可将社会上众多的闲散物流资源有效整合、利用起来。通过第三方物流企业专业的管理控制能力和强大的信息系统,对企业原有的仓库、车队等物流资源进行统一管理、运营,组织共同存储、共同配送,将企业物流系统社会化,实现信息、资源的共享,则可从另一个高度上极大地促进社会物流资源的整合和综合利用。

第三方物流有助于缓解城市交通压力。通过第三方物流的专业技能,加强运输控制,通过制定合理的运输路线,采用合理的运输方式,组织共同配送,可减少城市车辆运行数量,减少车辆空驶、迂回运输等现象,解决由于货车运输的无序化造成的城市交通混乱、堵塞问题,缓解城市交通压力。

## EC 聚焦——美国联合包裹运送服务公司 UPS

UPS(联合包裹服务公司)是一家大型的国际快递公司,它除了自身拥有几百架运输飞机之外,还租用了几百架货物运输飞机,每天运输量达 1000 多万件。UPS 在全世界建立了 10 多个航空运输的中转中心,在 200 多个国家和地区建立了几万个快递中心。UPS 公司的员工达到几十万,年营业额可达到几百亿美元,在世界快递行业中享有较高的声誉。

UPS 公司是从事信函、文件及包裹快递业务的公司,即它是从事某些物品运输的公司。在中国,它已建立了许多快递中心。2001 年 4 月起,它可以直航中国大陆,这样一来,2001 年,UPS 中国的业务增长速度是其预期的 2 倍,UPS 中国的营业额达到 2 亿美元。此外,为了适应中国业务量快速增长的要求,UPS 又采取了多种措施,包括增加直航中国的运力和航班;将原有操作中心移至浦东国际机场快件中心,快件操作中心占地 $4600m^2$,设置了自动传送装置等先进设施。2001 年 8 月 21 日,UPS 宣布在北京、上海、广州同时启用其独创的高科技速递工具 DIAD(速递资料收集器)。该系统可将收件方签收字据以数字化方式传输至 UPS 主机,而客户则可以通过上网或传真获得包裹收到的数字化证据。这一系统可以大大缩短票据循环周期,简化客户供应链的管理。

UPS 公司在世界各地发展迅速,效益显著上升。它之所以能够取得如此可观的成果与它的特点有关。那就是,它的快递能够真正做到将遍布在世界各地的快递物品迅速、安全地送达目的地。迅速是快递公司的主要特点。UPS 公司能够实现国际快件 3 日到达,国内快件 1h 取件和 24h 下个航班到达的承诺,满足了较高的服务质量要求。安全是快递公司的另一个特点。UPS 公司能够实现每天 1 万多人的网上文件跟踪查询,每天 2 万人的电话文件跟踪查询。

UPS 之所以能够达到以上服务标准,究其原因:一是公司内具有严格的管理制度和规范的业务处理流程;二是公司充分运用了高科技手段,在互联网上建立了快递文件跟踪系统,同时又建立了快递文件数据汇总的数据中心,实现了快递档案的管理;三是建立了 EDI 等系统。

UPS 公司除了具有信函文件、包裹的物流快递业务之外,还为客户提供报关服务,减轻了客户报关负担及缩短了报关时间;也为客户代理特殊物品的包装服务,解决了客户在物品包装上的困难及节省了包装材料费用。以上服务的提供说明 UPS 公司的物流服务内容越来越广泛,UPS 的国际第三方物流的形象越来越完美。

## 4.2 物流配送与配送中心

### 4.2.1 电子商务下的物流配送

**1. 配送的概念及特点**

按照国家质量技术监督局发布的中华人民共和国国家标准"物流术语",其中关于配送的解释是这样的:在经济合理区域内,根据用户的要求,对物品进行拣选、加工、包装、分割、组配等作业,并按时送达指定地点的物流活动。

从物流来讲,配送几乎包括了所有的物流功能要素,是物流的一个缩影或在某个小范围中物流全部活动的体现。一般的配送集装卸、包装、保管、运输于一身,通过这一系列活动完成将货物送达的目的。特殊的配送则还要以加工活动为支撑,所以包括的方面更广,但是,配送的主体活动与一般物流却有不同,一般物流是运输及存储,而配送则是分拣配货和运输。分拣配货是配送的独特要求,是配送中有特点的活动;以送货为目的的运输则是最后实现配送的主要手段。

配送需要强烈依靠信息网络技术来实现,它包括以下特点:

1) 配送不仅仅是送货

配送业务中,除了送货,在活动内容中还有"拣选""分货""包装""组配""配货"等工作。这些工作难度很大,必须具有发达的商品经济和现代的经营水平方能做好。一般意义的送货和配送存在着巨大的差别。

2) 配送是送货、分货、配货等活动的有机结合

配送是许多业务活动的有机结合体,同时还与订货系统紧密联系。要实现这一点,就必须依靠现代情报信息,建立和完善整个作业大系统,使其成为一种现代化的作业系统。这是以往的送货形式无法实现的。

3) 配送的全过程有现代化技术和装备作保证

由于现代技术和装备的采用,使配送在规模、水平、效率、质量等方面远远超过以往的送货形式。在活动中,由于大量采用各种传输设备及识码、拣选等现代化装备,所以使得整个配送作业像工业生产中广泛应用的流水线一样,实现了流通工作的一部分工厂化。因此,可以说配送也是科学技术发展的产物。

4) 配送是一种专业化的分工方式

以往的送货形式只是作为推销的一种手段,目的仅仅在于多销售一些商品,而配送则是一种专业化的分工方式,是大生产、专业化分工在流通领域的体现。因此,如果说一般的送货是一种服务方式的话,配送则可以说是一种体制形式。

**2．配送的分类**

配送可按多种方式进行分类：

1）按配送主体不同分类

（1）商店配送。

这种配送形式的主体是商业的零售网点。这些网点主要承担商品的零售，一般规模不大，但经营品种却比较齐全。除日常经营的零售业务外，这种配送方式还可根据用户的要求，针对商店经营的品种配齐，或代用户对外订购一部分本商店不经营的商品，与商店经营的品种一起配齐运送给用户。

（2）配送中心配送。

这种配送的组织者是专职配送中心，规模比较大。其中有的配送中心由于需要存储各种商品，存储量也比较大；也有的配送中心专职组织配送，主要靠附近的仓库来补充货源，因此存储量较小。

（3）仓库配送。

这种配送形式是以一般仓库为据点来进行配送的。它可以是把仓库完全当成配送中心，也可以在保持仓库原功能的前提下，以仓库原功能为主，再增加一部分配送职能。由于不是专门按配送中心的要求设计和建立的，所以仓库配送规模较小，配送的专业化较差，但仓库配送可以利用原仓库的储备设施及能力、收发货场地、交通运输线路等，所以是开展中等规模的配送可选择的配送形式。

（4）生产企业配送。

这种配送的组织者是生产企业，尤其是进行多品种生产的生产企业。可以直接由本企业进行配送而无须将产品发运到配送中心进行配送。生产企业配送由于避免了多次物流中转，所以有一定优势。但生产企业，尤其是现代生产企业，往往是进行大批量、低成本生产，品种较单一，因而不能像配送中心那样依靠产品凑整运输取得优势。

2）按配送商品种类及数量不同分类

（1）少品种、大批量配送。

对于工业企业需要量较大的商品，由于单独一个品种或几个品种就可以达到较大输送量，所以可以实行整车运输。

在这种情况下，可以由专业性很强的配送中心实行配送，往往不需要再与其他商品进行搭配。由于配送中心的内部设置、组织、计划等工作也较为简单，因此配送成本较低。

（2）多品种、小批量配送。

在现代企业生产中，除了需要少数几种主要物资外，大部分属于次要的物资，品种数较多。但是由于每一品种的需要量不大，如果采取直接运送或大批量的配送方式，由于一次进货批量大，必然出现用户库存增大等问题。类似的情况在向零售品店补充一般生活消费品的配送中也存在。这种情况适合采用多品种、小批量的配送方式。多品种、小批量配送是根据用户的要求，将所需的各种物品配备齐全，凑整装车后由配送据点送达用户。这种配送作业水平要求高，配送中心设备要求复杂，配货送货计划难度大，因此需要有高水平的组织工作保证和配合。多品种、小批量配送往往伴随多用户、多批次的特点，配送频度往往较高。配送的特殊作用主要反映在多品种、小批量的配送中。

(3) 配套成套配送。

这种配送方式是指根据企业的生产需要,尤其是装配型企业的生产需要,把生产每一台部件所需要的全部零部件配齐,按照生产节奏定时送达生产企业,生产企业随即可将此成套零部件送入生产线以装配产品。

在这种配送方式中,配送企业承担了生产企业的部分供应工作,使生产企业可以专注于生产,与多品种、小批量的配送效果相同。

3) 按配送时间及数量不同分类

(1) 定时配送。

定时配送是指按规定时间间隔进行配送,比如数天或数小时等。每次配送的品种及数量可以根据计划执行,也可以在配送之前以商定的联络方式确定配送的品种及数量。

(2) 定量配送。

定量配送是指按照规定的批量,在一个指定的时间范围内进行配送。

这种配送方式数量固定,备货工作较为简单,可以根据托盘、集装箱及车辆的装载能力规定配送的数量,能够有效利用托盘、集装箱等集中方式,也可做到整车配送,配送效率较高。

(3) 定时定量配送。

定时定量配送是指按照所规定的配送时间和配送数量进行配送,这种方式兼有定时、定量两种方式的优点,但是其特殊性强,计划难度大,因此适合采用的对象不多。

(4) 定时、定线路配送。

定时、定线路配送是指在规定的运行路线上,制定到达时间表,按运行时间表进行配送。用户则可以按规定的路线及规定的时间接货以及提出配送要求,采用这种方式有利于计划安排车辆及驾驶人员。在配送用户较多的地区,也可以免去过分复杂的配送要求所造成的配送组织工作及车辆安排的困难。对于用户来讲,既可以在一定路线、一定时间进行选择,又可以有计划地安排接货力量。

(5) 即时配送。

即时配送是指完全按照用户突然提出的时间、数量方面的配送要求,随即进行配送的方式,这是一种有很高灵活性的应急的方式。采用这种方式的品种可以用即时配送代替保险储备,实现零库存。

4) 按加工程度不同分类

(1) 加工配送。

加工配送是指与流通加工相结合的配送,即在配送据点中设置流通环节,或将流通加工中心与配送中心建立在一起。

(2) 集疏配送。

集疏配送是指只改变产品数量组成形态而不改变产品本身的物理、化学形态的,与干线运输相配合的一种配送方式。比如,大批量进货后小批量、多批次发货,零星集货后以一定批量送货等。

**3. 电子商务对配送的影响**

电子商务是在 Internet 开放的网络环境下,基于浏览器/服务器的应用方式,实现消费者的网上购物、企业之间的网上交易和在线电子支付的一种新型的交易方式。电子商务与传统商务的本质区别,就是电子商务以数字化网络为基础进行商品、货币和服务交易,目的在于减少信息社会的商业中间环节、缩短周期、降低成本、提高经营效率、提高服务质量,使企业有效地参与竞争。

物流配送定位在为电子商务的客户提供服务,根据电子商务的特点,对整个物流配送体系实行统一的信息管理和调度,按照用户订货要求,在物流基地进行理货工作,并将配好的货物送交收货人的一种物流方式。这一先进的、优化的流通方式对流通企业提高服务质量、降低物流成本、优化社会库存配送,从而提高企业的经济效益及社会效益具有重要意义。配送制作为现代物流的一种有效的组织方式,代表了现代市场营销的主方向,因而得以迅速发展。

以网络计算为基础的电子商务催化着传统物流配送的革命。

回顾配送制的发展历程,可以说经历了三次革命。初期阶段就是送物上门。为了改善经营效率,国内许多商家较广泛采用了把货送到买主手中,这是商务的第一次革命。第二次物流革命是伴随着电子商务的出现而产生的,这是一次脱胎换骨的变化,不仅影响到物流配送本身,也影响到上下游的各体系,包括供应商、消费者。第三次物流革命就是物流配送的信息化及网络技术的广泛应用所带来的种种影响,这些影响是有益的,将使物流配送更有效率。我们称这些影响为物流配送的第三次革命。

以下仅对以网络计算为基础的电子商务对传统物流配送的冲击和影响做一下分析。

(1) 网络给传统的物流配送观念带来了深刻的革命。

传统的物流配送企业需要置备大面积的仓库,而电子商务系统网络化的虚拟企业将散置在各地的分属不同所有者的仓库通过网络系统连接起来,使之成为"虚拟仓库",进行统一管理和调配使用,服务半径和货物集散空间都放大了。这样的企业在组织资源的速度、规模、效率和资源的合理配置方面都是传统的物流配送所不可比拟的,相应的物流观念也必须是全新的。

(2) 网络对物流配送的实时控制代替了传统的物流配送管理程序。

一个先进系统的使用,会给一个企业带来全新的管理方法。传统的物流配送过程是由多个业务流程组成的,受人为因素影响和时间影响很大。网络的应用可以实现整个过程的实时监控和实时决策。新型的物流配送的业务流程都由网络系统连接。当系统的任何一个神经末端收到一个需求信息的时候,该系统都可以在极短的时间内做出反应,并可以拟订详细的配送计划,通知各环节开始工作。这一切工作都是由计算机根据人们事先设计好的程序自动完成的。

(3) 物流配送的持续时间在网络环境下会大大缩短,对物流配送速度提出了更高的要求。

在传统的物流配送管理中,由于信息交流的限制,完成一个配送过程的时间比较长,但这个时间随着网络系统的介入会变得越来越短,任何一个有关配送的信息和资源都会通过网络管理在几秒钟内传到有关环节。

(4) 网络系统的介入,简化了物流配送过程。

传统物流配送整个环节极为烦琐,在网络化的新型物流配送中心里可以大大缩短这一过程:

① 在网络支持下的成组技术可以在网络环境下更加淋漓尽致地被使用,物流配送周期

会缩短，其组织方式也会发生变化。

② 计算机系统管理可以使整个物流配送管理过程变得简单和容易。

③ 网络上的营业推广可以使用户购物和交易过程变得更有效率、费用更低。

④ 可以提高物流配送企业的竞争力。

随着物流配送业的普及和发展，行业竞争的范围和残酷性大大增加，信息的掌握、信息的有效传播和其易得性，使得用传统的方法获得超额利润的时间和数量会越来越少。由于网络的出现，信息不对称所带来的赢利机会越来越少，任何投机取巧的机会都会在信息共享的阳光下化为乌有，只有具有真正的创新和实力才能获得超额利润。

⑤ 网络的介入，使人们的潜能得到充分的发挥，自我实现的需求成为多数员工的工作动力。

在传统的物流配送企业中，大量的人从事简单的重复劳动，人是机器、数字和报表的奴隶，劳动的辛苦是普遍存在的。在网络化管理的新型物流配送企业，这些机械的工作都交给计算机和网络，而留给人们的是能够给人以激励、挑战的工作。人类自我实现的需求得到了充分的满足。

综上所述，推行信息化配送制，发展信息化、自动化、现代化的新型物流配送业是我国发展和完善电子商务服务的一项重要内容，势在必行。

**4. 电子商务下物流配送的特点**

电子商务时代的来临，给全球物流配送带来了新的发展，使物流具备了一系列新特点。

1) 信息化

电子商务时代，物流配送信息化是电子商务的必然要求。物流配送信息化表现为物流配送信息的商品化、物流配送信息收集的数据库化和代码化、物流配送信息处理的电子化和计算机化、物流配送信息传递的标准化和实时化、物流配送信息存储的数字化等。物流配送信息化是物流配送现代化管理的基础，没有物流配送的信息化，任何先进的技术设备都不可能应用于物流配送领域，信息技术及计算机技术在物流配送中的应用将会彻底改变世界物流配送的面貌。

2) 自动化

物流配送自动化的设施非常多，如条码/语音/射频自动识别系统、自动分拣系统、自动存取系统、自动导向车、货物自动跟踪系统等。这些设施在发达国家已普遍用于物流配送作业流程中，而在我国由于物流配送业起步晚，发展水平低，自动化技术的普及还需要相当长的时间。

3) 网络化

物流配送领域网络化的基础也是信息化，这里指的网络化有两层含义：一是物流配送系统的计算机通信网络，包括物流配送中心与供应商或制造商的联系要通过计算机网络，另外与下游顾客之间的联系也要通过计算机网络通信，比如物流配送中心向供应商提出订单这个过程，就可以使用计算机通信方式，借助于增值网上的电子订货系统（Electronic Ordering System，EOS）和电子数据交换技术（EDI）来自动实现，物流配送中心通过计算机网络收集下游客户的订货过程也可以自动完成；二是组织的网络化，即所谓的组织内部网（Intranet）。比如，中国台湾地区的电脑业在20世纪90年代创造出了"全球运筹式产销模式"，这种模式是按照客户订单组织生产的，生产采取分散形式，即将全世界的电脑资源都利用起来,采取外包的形式将一台电脑的所有零部件、元器件、芯片外包给世界各地的制造商去生产,然后通过全球的物流配送网络将这些零部件、元器件和芯片发往同一个物流配送中心进行组装,由该物流配送中心将组装的电脑迅速回发给订户。这一过程需要有高效的物流配送网络支持,当然物流配送网络的基础是信息、计算机网络。

物流配送的网络化是物流配送信息化的必然,是电子商务下物流配送活动的主要特征之一。当今世界 Internet 等全球网络资源的可用性,以及网络技术的普及为物流配送的网络化提供了良好的外部环境,物流配送网络化不可阻挡。

4)智能化

这是物流配送自动化、信息化的一种高层次应用,物流配送作业过程中大量的运筹和决策,如库存水平的确定、运输(搬运)路径的选择、自动导向车的运行轨迹和作业控制、自动分拣机的运行、物流配送中心经营管理的决策支持等问题都需要借助大量的知识才能解决。在物流配送自动化的进程中,物流配送智能化是不可回避的技术难题。好在专家系统、机器人等相关技术在国际上已经有比较成熟的研究成果。为了提高物流配送现代化的水平,物流配送的智能化已成为电子商务下物流配送发展的一个新趋势。

5)柔性化

柔性化本来是为实现"以顾客为中心"理念而在生产领域提出的,但需要真正做到柔性化,即真正地能根据消费者需求的变化来灵活调节生产工艺,没有配套的柔性化的物流配送系统是不可能达到目的的。20 世纪 90 年代,国际生产领域纷纷推出弹性制造系统(Flexible Manufacture System,FMS)、计算机集成制造系统(Computer Integrated Manufacturing System,CIMS)、企业资源计划(Enterprise Resource Planning,ERP)以及供应链管理的概念和技术,这些概念和技术的实质是要将生产、流通进行集成,根据需求端的要求组织生产,安排物流配送活动。因此,柔性化的物流配送正是适应生产、流通与消费的需求而发展起来的一种新型物流配送模式。这就要求物流配送中心要根据消费需求"多品种、小批量、多批次、短周期"的特色,灵活地组织和实施物流配送作业。

### 4.2.2 电子商务下的配送中心

**1. 配送中心定义及类型**

物流配送是流通部门连接生产和消费,使时间和场所产生效益的设施,提高物流配送的运作效率是降低流通成本的关键所在。物流配送又是一项复杂的科学系统工程,涉及生产、批发、电子商务、配送和消费者的整体结构,运作类型也形形色色。考查传统物流配送中的运作类型,对我们设计新型物流配送中心的模式具有重要的借鉴作用。

物流配送中心按运营主体的不同,大致可分为四种类型:

1)以制造商为主体的配送中心

这种配送中心里的商品 100% 是由自己生产制造,用以降低流通费用、提高售后服务质量和及时地将预先配齐的成组元器件运送到规定的加工和装配工位。从商品制造到生产出来后条码和包装的配合等多方面都较易控制,所以按照现代化、自动化的配送中心设计比较容易,但不具备社会化的要求。

2) 以批发商为主体的配送中心

商品从制造者到消费者手中之间的传统流通有一个环节叫批发。一般是按部门或商品类别的不同,把每个制造厂的商品集中起来,然后以单一品种或搭配向消费地的零售商进行配送。这种配送中心的商品来自各个制造商,它所进行的一项重要的活动是对商品进行汇总和再销售,而它的全部进货和出货都是社会配送的,社会化程度高。

3) 以零售业为主体的配送中心

零售商发展到一定规模后,就可以考虑建立自己的配送中心,为专业商品零售店、超级市场、百货商店、建材商场、粮油食品商店、宾馆饭店等服务。社会化程度介于前两者之间。

4) 以仓储运输业者为主体的配送中心

这种配送中心最强的是运输配送能力,地理位置优越,如港湾、铁路和公路枢纽,可迅速将到达的货物配送给用户。它向制造商或供应商提供仓储储位,而配送中心的货物仍属于制造商或供应商所有,配送中心只是提供仓储管理和运输配送服务。这种配送中心的现代化程度往往较高。

## 2. 电子商务下的新型配送中心的特征

根据国内外物流配送业发展情况,在电子商务时代,信息化、现代化、社会化的新型物流配送中心可归纳为以下几个特征:

1) 物流配送反应速度快

在电子商务中,新型物流配送服务提供者对上游、下游的物流配送需求的反应速度越来越快,前置时间越来越短,配送时间越来越短,物流配送速度越来越快,商品周转次数越来越多。

2) 物流配送功能集成化

新型物流配送着重于将物流与供应链的其他环节进行集成,包括物流渠道与商流渠道的集成、物流渠道之间的集成、物流功能的集成、物流环节与制造环节的集成等。

3) 物流配送服务系列化

在电子商务中,新型物流配送强调物流配送服务功能的恰当定位与完善化、系列化,除了传统的存储、运输、包装、流通加工等服务外,还在外延上扩展至市场调查与预测、采购及订单处理,向下延伸至物流配送咨询、物流配送方案的选择与规划、库存控制策略建议、货款回收与结算、教育培训等增值服务;在内涵上提高了以上服务对决策的支持作用。

4) 物流配送作业规范化

电子商务中的新型物流配送强调功能作业流程、作业、运作的标准化和程序化,使复杂的作业变成简单的易于推广与考核的运作过程。

5) 物流配送目标系统化

新型物流配送从系统角度统筹规划一个公司整体的各种物流配送活动,处理好物流配送活动与商流活动及公司目标之间、物流配送活动与物流配送活动之间的关系,不求单个活动的最优化,但求整体活动的最优化。

6) 物流配送手段现代化

电子商务中的新型物流配送使用先进的技术、设备与管理为销售提供服务,生产、流通、销售规模越大,范围越广,物流配送技术、设备及管理越现代化。

7) 物流配送组织网络化

为了保证对产品促销提供快速、全方位的物流支持,新型物流配送要有完善、健全的物流配送网络体系,网络上点与点之间的物流配送活动保持系统性和一致性,可以保证整个物流配送网络有最优的库存总水平及库存分布,运输与配送快捷、机动,既能铺开又能收拢。分散的物流配送单体只有形成网络才能满足现代生产与流通的需要。

8) 物流配送经营市场化

新型物流配送的具体经营采用市场机制,无论是企业自己组织物流配送,还是委托社会化物流配送企业承担物流配送任务,都以"服务-成本"的最佳配合为目标。

9) 物流配送流程自动化

物流配送流程自动化是指运送规格标准、仓储货、货箱排列装卸、报运等按照自动化标准作业,商品按照最佳配送路线等。

10) 物流配送管理法制化

宏观上,要有健全的法规、制度和规则;微观上,新型物流配送企业要依法办事,按章行事。

**3. 电子商务下的新型配送中心应具备的条件**

1) 高水平的企业管理

新型物流配送中心作为一种全新的流通模式和运作结构,其管理水平要求其达到科学化和现代化。只有通过合理的科学管理制度、现代化的管理方法和手段,才能确保物流配送中心基本功能和作用的发挥,从而保障相关企业和用户整体效益的实现。管理科学的发展为流通管理的现代化、科学化提供了条件,促进流通产业的有序发展和企业内部管理的机遇,开拓市场。同时,还要加强对市场的监管和调控力度,使之有序化和规范化。总之,一切以市场为导向,以管理为保障,以服务为中心,加快科技进步是新型物流配送中心的根本出路。

2) 新型物流配送中心对人员的要求

新型物流配送中心能否充分发挥其各项功能和作用,完成其应承担的任务,人才配置是关键。为此,新型物流配送中心的人才配置要求必须配备数量合理、具有一定专业知识和较强组织能力、结构合理的决策人员、管理人员、技术人员和操作人员,以确保新型物流配送中心的高效运转。

知识对经济增长的作用只有当知识为劳动者掌握之后才能显现出来,人才开发和利用是促进知识经济发展的根本。知识经济方面要求人才的专业化程度不断加深,另一方面又要求人才能够全面发展,以适应多变的外部环境,这就给人才的培养和开发带来了机遇和挑战。新型物流配送中心的发展需要大量的各种专业人才,从事经营、管理、科研、仓储、配送、流通加工、通信设备和计算机系统维护、贸易等业务。因此必须加大人才培养的投入,培养和引进大批掌握先进科技知识的人才,并给其以施展才华的机会;还应对现有职工进行有计划的定期培训,形成系统的学习科技知识的制度;在企业里引入竞争机制,形成能上能下的局面。要提高员工的科技创新意识,培养企业对知识的吸纳能力,促进物流产业的人力资源得到开发和利用,造就大批符合知识经济时代要求的物流配送人才,利用各种先进的科学技术和科学方法,促进物流配送产业向知识密集型方向发展。

3) 新型物流配送中心对装备配置的要求

新型物流配送中心面对着成千上万的供应厂商和消费者以及瞬息万变的市场,承担着为众多用户的商品配送及及时满足其不同需要的任务,这就要求必须配备现代化装备和应用管理系统,具备必要的物质条件,尤其是要重视计算机网络的运用。通过计算机网络可以广泛收集信息,及时进行分析比较,通过科学的决策模型,迅速做出正确的决策,这是解决系统化、复杂化和紧迫性问题最有效的工具和手段。同时采用现代化的配送设施和配送网络,将会逐渐形成社会化大流通的格局。

专业化的生产和严密组织起来的大流通,对物流手段的现代化提出了更高要求,如对自动分拣输送系统、立体仓库、水平垂直、分层、分段旋转货架、无人搬运车(Automated Guided Vehicle, AGV)自动导向系统、商品条码分类系统、悬挂式输送机等有着广泛而迫切的需求。自动分拣输送系统能将不同方向、不同地点、不同渠道运输的不同物资,按照类型品种、尺寸重量及特殊要求分拣后集中在指定的仓库或旋转货架上,其输送速度高(最高达150m/s),分拣能力强(最高达 30 000 件/小时),规模大(机长高达几十米甚至数百米),卸货及分拣的通道多(最高达 200 个以上),适用的货物范围广,是面向 21 世纪配送网络的大型物流机器系统。自动分拣输送系统与立体仓库、旋转货架设备能适应市场需求,可以提供更完美的服务,在为多用户、多品种、少批量、高频度、准确、迅速、灵活等服务方面具有独特的优势。具体来说,新型物流配送中心需要配置以下设备装置:

(1) 硬件系统。
① 仓储设备料架、栈板、电动堆高机、拣发台车、装卸省力设备、流通加工设备;
② 配运设备:厢式大小货车、手推车;
③ 咨询设备:网络连线设备、计算机系统设备、电子标签拣货设备、通信设备;
④ 仓储设施:仓库库房及辅助设施。

(2) 软件系统。
① 仓管系统:优秀的仓管管理和操作人员、仓储流程规划、储存安全管理、存货管理;
② 配运系统:优秀的配运人员、配送路径规划、配送安全管理、服务态度;
③ 信息系统:进货管理系统、储位管理系统、补货管理系统、出发检取系统、车辆排程系统、流通加工管理系统、签单核单系统、物流计费系统、管理信息系统、主管信息系统、信息系统规划等。

# EC 聚焦——光明乳业的现代物流配送

跻身世界乳业十强是上海光明乳业有限公司的远景目标,而成为物流企业和食品行业内冷藏物流的"航空母舰"则是其物流事业的最终目标。

光明乳业的物流事业部发现,公司的 ERP 系统主要作用在处理销售订单部分,无法完整控制企业对销售订单的履约。

第一个问题集中在订单数据的录入环节:业务员每天从客户那里得到大量的纸质订单,回到公司由输单员输入 ERP 订单系统,不仅占用了大量的输单员人力资源,也使得业务员必须早早回到公司,影响第二天订购量预测的准确度。涉及订单录入的部门有常温产品事业部、瓶袋奶事业部等。由于业务流程机构部门较多,而且所有的单据录入都要同时占用 ERP 系统有限的资源,从而使 ERP 系统运行的速度由于人工录入和其他低效率的直接操作而变得不堪重负。系统的峰值处理速度和效率也随之大幅降低。

为此光明乳业委托上海意贝斯特信息技术有限公司开发的移动商务集成系统正式上线,工作流程也随之调整:业务员改到中午 12 时上班,把在每个点采集到的数据录入到 PDA(Personal Digital Assistant,掌上电脑)中,到晚上 8 时以前回到公司把 PDA 里的订单数据直接导入公司 ERP 系统,前后只需半个小时就可处理完。如果不回公司的话,也可以通过 PDA 内置的 MODEM 卡借助电话或手机拨号上网,将搜集到的订单数据传回公司。

另外乳制品的特点是保鲜度要求高,特别是新鲜牛奶,保质期短、温度控制严格、即产即配、配送时间要求高(有限制)、配送线路和配送点多、配送总量大等,因此,对配送系统的实时性和处理能力有很高的要求。如新鲜牛奶当日生产当日配送,产品的实际产量会有一定的动态变化。因此,配送系统必须解决如何根据实际产量、配送点(客户)的优先级别和线路来合理调整订单的实际配送量问题、单车成本核算问题、各种指标的达成率问题、员工考核问题等。光明乳业利用博科的第三方物流管理信息系统(Warehouse Management System,WMS)很好地解决了这一问题。该系统将收到的客户信息进行自动分析,然后制定出最合理的配送方案,完成自动配货后,系统打印配货单,交仓库配货发货。由公司的送货车将货物送到各送奶站、超市等。

光明乳业的决策者正是利用电子商务技术,建立了一个良好的信息处理和传输系统,从而大大降低了企业的运作成本。同时运作良好的现代化的配送中心不仅实现了内部的信息网络化,而且增加了配送货物的跟踪信息,从而大大提高了企业的服务水平,也降低了成本。成本的降低大大提高了企业的市场竞争力,所以说整个电子商务下的物流系统的运转为光明乳业的进一步腾飞打下了坚实的基础。

## 4.3 物流信息管理

### 4.3.1 物流信息

**1. 物流信息的概念**

物流主要是信息沟通的过程,物流的效率依赖于信息沟通的效率。同时物流信息对整个物流系统起着相互衔接的作用。

物流信息所包含的内容可以从广义和狭义来考虑。

(1) 从狭义上看,物流信息是指与物流活动(如运输、仓储等)相关的信息。在物流活动过程中,货物的仓储、搬运、装卸、流通加工、运输,都需要详尽和准确的信息,物流信息对各种管理和各项活动起到了保障作用,从而用以全面管理、传递和交换物流信息。

(2) 从广义上看,物流信息不仅与物流活动有关,而且包含其他与流通活动有关的信息,如商品计划预测信息、动态分析信息、商品交换信息等。包括买卖双方交易的过程等以及从零售商、批发商或生产商到物流部门的配送信息。广义的物流信息包含流通活动相关的信息,它相当于整个供应链,是物流领域的神经网络,遍布物流系统的各个层次、各个方面。物流信息贯穿于供应、生产、销售、回收和物流的运输、仓储、搬运装卸、包装、流通加工等各个环节。

**2. 物流信息的分类**

1) 按来源分

(1) 物流系统内信息:伴随物流活动而产生的信息。如交通运输信息、仓储信息、装卸搬运信息、流通加工信息、配送信息。

(2) 物流系统外信息:物流活动外产生的,提供给物流活动使用的信息。如商流信息、资金流信息、生产信息、消费信息等。

2) 按功能分

(1) 计划信息:尚未实现但已当作目标确认的信息。如物流量计划、仓库吞吐量计划、车皮计划、与物流活动有关的国民经济计划等。

(2) 控制及作业信息:物流活动过程中发生的信息。如库存种类、库存量、在运量、运输工具状况、物价、运费、投资在建情况。

(3) 统计信息:物流活动结束后,对整个物流活动的一种总结性、归纳性的信息。如月度发生的物流量、物流种类、运输方式、运输工具使用量、仓储量以及与物流有关的工农业产品产量。

(4) 支持信息:对物流计划、业务、操作有影响的文化、科技、产品、法律、教育等方面的信息。如物流技术革新、物流人才需求等。

3) 按管理层次分

(1) 操作管理信息:产生于操作管理层,反映和控制企业的日常生产和经营工作。如每天的产品质量指标、用户订货合同、供应厂商原材料信息。

(2) 知识管理信息:知识管理部门相关人员对于企业自己的知识进行收集、分类、存储和查询,并进行知识分析得到的信息。如专家决策知识、物流企业相关业务知识、工人的技术和经验形成的信息。

(3) 战术管理信息:部门负责人制定局部和中期决策所涉及的信息。如月销售计划完成情况、单位产品的制造成本、库存费用。

(4) 战略管理信息:企业高层管理决策者制定企业年经营目标、企业战略决策所需要的信息。如企业全年业绩综合报表、消费者收入动向和市场动态、国家有关政策法规等。

### 4.3.2 物流信息技术

**1. 条码技术**

1) 条码基本概念

条码(bar code)是由一组规则的、不同宽度的条和空组成的标记。"条"指对光线反射率较低的部分,"空"指对光线反射率较高的部分,这些条和空组成的数据表达一定的信息,并能够用特定的设备识别,转换成与计算机兼容的二进制或十进制信息。在应用中,符号是被一种红外线或可见光源照射:黑色的条吸收光,空则将光反射回扫描器中。扫描器将光波转译成模仿条码中的条与空的电子脉冲,一个解码器用数学程序将电子脉冲译成一种二进制码并将译码后的资料信息传到个人计算机、控制器或计算机主机中。通过数据库中已建立的条码与商品信息的对应关系,当条码数据传到计算机上时,由计算机上的应用程序对条码数据进行转换操作和处理。

2)条码编码规则

(1)唯一性。

是指商品项目与其标识代码一一对应,即一个商品项目只有一个代码,一个代码只标识同一商品项目。商品项目代码一旦确定,永不改变。

(2)无含义。

无含义是指代码数字本身及其位置不表示商品的任何特定信息。商品编码仅仅是一种识别商品的手段,而不是商品分类的手段。无含义使商品编码具有简单、灵活、可靠、充分利用容量、生命力强等优点,这种编码方法尤其适合于较大的商品系统。

(3)永久性。

商品代码一经分配,就不再更改,并且是终身的。即使商品停止生产、停止供应了,在一段时间内(有些国家规定为三年)也不得将该代码给其他商品项目,而只能搁置。

**2. 无线射频技术**

1) RF 技术概述

无线射频技术是利用无线电波对记录媒体进行读写的一种识别技术。典型的 RF(Radio Frequency,电磁频率)系统由电子标签、读写器以及数据交换、管理系统组成。

电子标签也称射频卡,是具有发射、接收无线信号并带有 EEPROM 的小芯片。它具有智能读写及加密通信的能力,条码技术中标准码制的号码或者混合编码都可以存储在标签中。

读写器由无线收发模块、天线、控制模块及接口电路等组成。其基本功能是提供与标签进行数据传输的途径,标签上的信息按照一定的结构编制并按照特定的顺序向外发送,读写器将信息接收和译解后,通过特定的算法决定是否需要发射机重发或停止发信号。这样,即使在很短的时间、很小的空间阅读多个标签,也可以有效地防止错误产生。

2) RF 系统的分类

(1)电子门禁系统:典型应用场合是商场、超市和图书馆。读写器置于门口,商品或书籍上带有电子标签,当未被授权的人从这些地方非法取走物品时,该系统会发出警告。

(2)手持式 RF 采集器:是使用带有 RF 读写器的手持式数据采集器来采集 RF 标签上的数据。PDF 可以在读取数据的同时,通过无线电波数据传输方式,适时地向主计算机系统传输数据,也可以暂时将数据存储在阅读器中,再成批地向计算机系统传输数据。

(3)固定式 RF 读写器:分散布置在给定的区域,并且直接与物流管理信息系统相连,电子标签一般安装在移动的物体和人的上面。当物体、人流经读写器时,读写器会自动扫描标签上的信息并把数据信息输入管理信息系统进行存储、分析、处理,以达到控制物流的目的。

(4)定位系统:用于自动加工系统中的定位及对车辆、轮船等进行运行定位支持。读写器放置在移动的车辆、轮船上或自动化流水线中移动的物料、半成品、成品上方,电子标签嵌入在操作环境的地表下面。电子标签里存储有位置识别信息,读写器一般通过无线的方式或者有线的方式连接到主控制管理系统中。

### 3. GPS 技术

GPS 是 Global Positioning System 的简称，它结合了卫星及无线技术的导航系统，具备全天候、全球覆盖、高精度的特征，能够实时、全天候为全球范围内的陆地、海上、空中的各类目标提供持续实时的三维定位、三维速度及精确的时间信息。

GPS 系统是美国第二代卫星导航系统。它是在子午仪卫星导航系统的基础上发展起来的，采纳了子午仪系统的成功经验。全球定位系统由空间部分、地面监控部分和客户接收机三大部分组成。

地面监控部分包括四个监控站和一个主控站。监控站装有 GPS 客户接收机、原子钟、当地气象数据的传感器和进行数据初步处理的计算机。监控站的主要任务是取得卫星观测数据并将这些数据传送至主控站。主控站对地面监控部实行全面控制。

它的功能主要表现在以下几个方面：

(1) 跟踪车辆、船舶。为了随时掌握车辆和船舶的动态，可以通过地面计算机终端，实时显示出车辆、船舶的实际位置。

(2) 信息传递和查询。利用 GPS，一方面管理中心可以向车辆、船舶提供相关的气象、交通、指挥等信息；另一方面，也可以将运行中的车辆、船舶的信息传递给管理中心，实现信息的双向交流。

(3) 利用 GPS 及时报警，及时掌握运输装备的异常情况，接收求助信息和报警信息，迅速传递到管理中心，从而实施紧急求援。

(4) 支持管理。GPS 提供的信息可以实施运输指挥、实施监控、规划和选择路线，向用户发出到货预报等，有效地支持大跨度物流系统管理。

### 4. GIS 技术

GIS(Geographical Information System，地理信息系统)是多学科交叉的产物，它以地理空间数据为基础，采用地理模型分析方法，适时地提供多种空间、动态的地理信息，是一种为地理研究和地理决策服务的计算机技术系统。其基本功能是将表格型数据（无论它来自数据库、电子表格文件或直接在程序中输入）转换为地理图形显示，然后对显示结果浏览、操作和分析。其显示范围可以从洲际地图到非常详细的街区地图，显示对象包括人口、销售情况、运输线路以及其他内容。

GIS 在现代物流领域的应用主要有：

(1) 车辆路线模型。用于解决一个起始点、多个终点的货物运输中如何降低物流作业费用，并保证服务质量问题，包括决定使用多少辆车、每辆车的路线等。

(2) 网络物流模型。用于解决寻求最有效的分配货物路径问题，也就是物流网点布局问题，如将货物从 $N$ 个仓库运往 $M$ 个商店，每个商店都有固定的需求量，因此需要确定由哪个仓库提货给哪个商店且所耗费的运输代价最小。

(3) 分配集合模型。可以根据各个要素的相似点把同一层上的所有或部分要素分为几个组，用于解决确定服务范围和销售市场范围等问题。如某一公司要设计 $X$ 个分销点，要求这些分销点要覆盖某一地区，而且要使每个分销点的客户数目大致相等。

(4) 设施定位模型。用于确定一个或多个设施的位置。在物流系统中，仓库和运输线共同组成了物流网络，仓库位于网络的节点上，节点决定着线路，如何根据供求的实际需要并结合经济效益等原则，在既定区域内设立多少个仓库、每个仓库的位置、每个仓库的规模以及仓库之间的物流关系等问题，运用这些模型均能很容易地得到解决。

### 4.3.3 物流信息系统

物流信息系统是一个以人为主导，利用计算机硬件、软件、网络通信设备以及其他办公设备，进行物流信息的收集、传输、加工、存储、更新和维护，以提高物流企业效益和效率为目的，支持物流企业高层奖惩、中层控制、基层运作的集成化的人机系统。

下面介绍一些主要的物流信息系统。

**1. 电子订货系统（EOS 系统）**

EOS 是指企业间利用通信网络\和终端设备以线联结方式进行订货作业和订货信息交换的系统。

1）电子订货系统的构成

电子订货系统包括订货系统、通信网络系统和接单计算机系统。

就门店而言，只要配备了订货终端机和货价卡（或订货簿），再配上电话和数据机，就可以说是一套完整的电子订货配置。就供应商来说，凡能接收门店通过数据机上传的订货信息，并可利用终端机设备系统直接作订单处理，打印出出货单和检货单，就可以说已具备电子订货系统的功能。

2）电子订货系统的分类

就整个社会而言，标准的电子订货系统决不是"一对一"的格局，即并非单个的零售店与单个的供应商组成的系统，而是"多对多"的整体运作，即许多零售店和许多供货商组成的大系统的整体运作方式。根据电子订货系统的整体运作程序来划分，大致可以分为以下三种类型：

（1）企业内的 EOS 系统。

如连锁企业经营中各个连锁分店与总部之间建立的 EOS 系统。即连锁门店有电子订货配置，连锁总部有接单计算机系统，并用即时、批次或电子信箱等方式传输订货信息。这是"多对一"与"一对多"相结合的初级形式的电子订货系统。

（2）零售商与批发商之间的 EOS 系统。

如供应商对连锁门店的网络型 EOS 系统，其具体形式有两种：一种是直接的"多对多"，即众多的不同连锁体系下属的门店对供应商，由供应商直接接单发货至门店；另一种是以各连锁体系内部的配送中心为中介的间接的"多对多"，即连锁门店直接向供应商订货，并告知配送中心有关订货信息，供货商按商品类别向配送中心发货，并由配送中心按门店组配向门店送货，这可以说是中级形式的电子订货系统。

（3）零售商、批发商、生产商之间的 EOS 系统。

众多零售系统共同利用的标准网络型，其特征是利用标准化的传票和社会配套的信息管理系统完成订货作业。其具体形式有两种：一是地区性社会配套的信息管理系统网络，即成立由众多的中小型零售商、批发商构成的区域性社会配套的信息管理系统营运公司和地区性的咨询处理公司，为本地区的零售业服务，支持本地区 EOS 的运行；二是专业性社会配套信息管理系统网络，即按商品的性质划分专业，从而形成各个不同专业的信息网络。这是高级形式的电子订货系统，必须以统一的商品代码、统一的企业代码、统一的传票和订货的规范标准的建立为前提条件。

3) 电子订货系统在企业物流管理中的作用

(1) 对于传统的订货方式,如上门订货、邮寄订货等,EOS 系统可以缩短从接到订单到发出订货的时间,缩短订货商品的交货期,减少商品订单的出错率,节省人工费用。

(2) 有利于减少企业的库存水平,提高企业库存管理效率,同时也能防止商品特别是畅销商品缺货现象的出现。

(3) 对于生产厂家和批发商来说,通过分析零售商的商品订货信息,能准确判断畅销商品和滞销商品,有利于企业调整商品生产和销售计划。

(4) 有利于提高企业物流信息系统的效率,使各个业务信息子系统之间的数据交换更加便利和迅速,丰富企业的经营信息。

**2. 物流运输企业的信息管理系统**

客户需要的多样化和个性化,要求物流运输企业提供商提供高水准、差别化的物流服务。物流运输企业与供应链的参与各方整合在一起,作为第三方物流的运输企业,经营效率的高低直接影响到整个供应链的经营效果,许多物流运输企业特别是大型物流运输企业从战略高度出发建立自己的战略信息系统,应用货物跟踪系统、运输车辆运行管理系统等物流信息管理系统,提高企业的经营效率。

1) 货物跟踪系统

货物跟踪系统是指物流运输企业利用物流条形码和 EDI 技术及时获取有关货物运输状态的信息(如货物品种、数量、货物在途情况、交货时间、发货地和到达地、货物的货主、送货责任车辆和人员等)。具体地说,就是物流运输企业的工作人员在向货主取货时、在物流中心重新集装运输时、在向客户配磅交货时,利用扫描仪自动读取货物包装或者货物发票上的物流条形码等货物信息,通过公共通信线路、专用通信线路或卫星通信线路把货物的信息传送到总部的中心计算机进行汇总整理,这样所有被运送的货物的信息都集中在中心计算机里。

货物跟踪系统提高了物流运输企业的服务水平,其具体作用表现在以下四个方面:

(1) 当客户需要对货物的状态进行查询时,只要输入货物的发票号码,马上就可以知道有关货物状态的信息。查询作业简便迅速,信息及时准确。

(2) 通过货物信息可以确认是否货物将在规定的时间内送到客户手中,能及时发现没有在规定的时间内把货物交付给客户的情况,便于马上查明原因并及时改正,从而提高运送货物的准确性和及时性,提高客户服务水平。

(3) 作为获得竞争优势的手段,提高物流运输效率,提供差别化物流服务。

(4) 通过货物跟踪系统所得到的有关货物运输状态的信息丰富了供应链的信息分享源,有关货物运送状态信息的分享有利于客户预先做好接货以及后续工作的准备。

建立货物跟踪系统需要较大的投资,如购买设备、标准化工作、系统运行费用等。因此只有有实力的大型物流运输企业才能够应用货物跟踪系统。但是随着信息产品和通信费用的低价格化以及互联网的普及,许多中小企业也开始应用货物跟踪系统。

2) 车辆运行管理系统

在物流运输行业,由于作为提供物流运输服务手段的运输工具(如卡车、火车、船舶、飞机等)在从事物流运输业务过程中处于移动分散状态,在作业管理方面会遇到其他行业所没有的困难。但是随着移动通信技术的发展和普及,出现了多种车辆运行管理系统。下面将介绍两种车辆运行管理系统:一种是适用于城市范围内的应用 MCA 无线技术的车辆运行管理系统,另一种是适用于全国、全球范围的应用通信卫星和 GPS 技术的车辆运行管理系统。

(1) 应用 MCA 无线技术的车辆运行管理系统。

MCA(Micro Channel Architecture)无线系统由无线信号发射接收控制部门、运输企业的计划调度中心和运输车辆组成。通过无线信号发射接收控制部门、运输企业的计划调度中心与运输车辆能进行双向通话,无线信号管理部门通过科学地划分无线频率来实现无线频率的有效利用。由于 MCA 系统无线发射功率的限制,它只适用于小范围的通信联络。

物流运输企业在利用 MCA 无线系统的基础上,结合客户数据库和自动配车系统进行车辆运行管理。具体来说,在接到客户运送货物的请求后,将货物品种、数量、装运时间、地点、客户的联系电话等信息输入计算机,同时根据运行车辆移动通信装置发回的有关车辆位置和状态的信息,通过 MCA 系统由计算机确定自动地向最靠近客户的车辆发出装货指令,由车辆上装备的接收装置接收装货指令并打印出来,利用 MCA 技术的车辆运行管理系统不仅能提高物流运输企业效率,而且能提高客户服务的满意度。

(2) 应用通信卫星、GPS 技术和 GIS 技术的车辆运行管理系统。

在全国范围甚至跨国范围进行车辆运行管理就需要采用通信卫星、全球定位系统(GPS)和地理信息系统(GIS)。在采用通信卫星、GPS 技术和 GIS 技术的车辆运行管理系统中,物流运输企业的计划调度中心和运行车辆通过通信卫星进行双向联络。具体地说,物流运输企业计划调度中心发出的装货运送指令,通过公共通信线路或专用通信线路传送到卫星控制中心,由卫星控制中心把信号传送给通信卫星,再经通信卫星把信号传送给运行车辆,而运行车辆通过 GIS 系统确定车辆准确所在位置,找出到达目的地的最佳路线,同时,通过车载的通信卫星接收天线、GPS 天线、通信联络控制装置和输出装置把车辆所在位置和状况等信息通过通信卫星传回企业计划调度中心。这样物流运输企业通过应用通信卫星、GPS 技术和 GIS 技术不仅可以对车辆运行状况进行控制,而且可以实现全企业车辆的最佳配置,提高物流运送业务效率和客户服务满足程度。

但是,采用通信卫星、GPS 技术和 GIS 技术的车辆运行系统初期投资大,并且利用通信卫星进行通信联络的费用高。在发达国家,目前只有大型物流运输企业采用这些技术。

**3. 社会物流基础设施关联信息系统**

社会物流基础设施包括道路、铁路、机场、海关等硬件设施和提供这些硬件设施使用情况的信息系统,以及提高这些硬件设施使用效率的管理系统等软件。提供高效率的服务不仅取决于物流企业自身的经营条件,而且取决于外部物流基础设施的状况和社会物流信息的交流。从这个角度来看,需要利用现代信息技术建立社会物流基础设施关联信息系统,以此来实现充分利用现有的社会物流基础设施,提高物流运输企业的经营效率的目的。下面从道路交通和通关信息处理两个方面说明建立社会物流基础设施关联信息系统的重要性。

1) 道路交通关联智能信息系统

多频度、小数量运送和及时运送的物流需求使得货物运送的频度大大增加,配送的时间规定也越来越严格。在这种环境下,目前一些发达国家的大型道路交通运输企业,利用通信卫星、GPS 和数字式电子交通地图建立最佳车辆调配系统。该车辆调配系统根据车辆所在位置、装载情况和运输货物的要求自动选择最佳的货物运送路线,并把最佳货物运送路线标示在数字式电子交通地图上。该系统对提高车辆的装载效率、对车辆驾驶员的动态管理、对提高客户物流服务水平起着重要作用。然而该系统成立的一个前提条件是最佳运送路线的道路交通是畅通的,如果在最佳运送路线上出现交通阻塞,则通过最佳车辆调配系统得到的最佳运送路线就不能称为最佳运送路线了。因此,需要建立一个具有反映道路使用状况、向道路使用者提供道路信息、扩大现有道路通过容量等功能的道路交通信息系统。

目前,许多发达国家正在着手开发应用现代先进信息技术的下一代智能交通信息系统。该智能信息系统中关于道路交通部分的功能如下:

提供道路阻塞、交通事故、交通规则限制等交通关联信息和前方道路使用信息;通过对交通信号的控制和向驾驶员建议运行线路来实现道路交通流量的最优化;高速公路自动收费系统;提供道路、交通环境等方面的危险警告信息和提供运行过程中支援辅助信息。

2) 通关信息管理系统

国际贸易的开展带来了国际物流活动。在国际物流活动中,通关活动是一个重要组成部分。提高通关速度能提高国际物流活动的效率。由于通关过程涉及品种分类、商品价格、关税税率等许多信息的交流,现时通关活动与货主、运输公司、物流服务企业、银行保险企业、商品商检部门、保税仓库等部门有密切的联系,因此建立一个综合的通关信息管理系统很有必要。

综合通关信息管理系统是通过在线连接把运输企业(如海运企业、空运企业)、物流服务企业、货物装卸企业、保税仓库、通关代理企业、银行保险、关税收缴部门等连接在一起构成的网络。

通过综合通关信息管理系统,货主在系统网络终端能完成关税申报手续,同时也能询问和检查关税申报进度和货物保管情况,并交纳关税和支付运输装卸费用等。税务部门利用综合通关信息管理系统,受理报关,自动计算申报商品价格、适用税率、外汇汇率,确定纳税税款,通知纳税时间,现时进行报关审查。建立综合通关信息管理系统可以缩短通关时间,提高通关效率。

3) 港口海运信息管理系统

下面通过介绍德国汉堡港的海运信息管理系统对港口海运信息管理系统做一个简单介绍。

德国汉堡港海运信息管理系统建立于1983年,目前主要进行海运行业使用的各种业务信息的传送并进行与海运有关的200多种格式的电子单证的处理加工。该系统由八个子系统组成,分别是货运代理商使用的单证系统、理货业者使用的单证系统、海关通信系统、船舶信息系统、危险品信息系统、集装箱管理系统、船运集装箱多式联运系统、国际通信服务系统。

我国航运界在应用以电子数据交换为核心的海运信息管理系统方面起步较早的企业是中国远洋运输集团公司。1989年中远集团开始在中美海运航线上进行货运舱单EDI通信的试点工作,1992年试点扩展到中国至西北航线,并于1993年开始向主要航线推广使用EDI的国际标准UN/EDIFACT。

交通部1995年组织实施九五重点科技攻关项目"国际集装箱运输EDI系统及示范工程",其目标是在"四点一线"(上海、天津、青岛、宁波四个口岸和中远集团)建成具有互联性和分局管理功能的以 EDI 为核心的海运信息管理系统,实现国际集装箱单证的电子数据交换,以后逐步延伸扩展,最终形成覆盖我国主要外贸口岸与集装箱多式联运网络相配套的电子信息传输和运行系统。

## EC 聚焦——北京华联综合超市条码应用

北京华联综合超市有限公司是国内贸易局"全国华联商厦集团"所属企业。"华联商厦集团"(简称"集团")是目前中国民族商业规模最大的零售企业连锁集团。"集团"下属百货公司、连锁超市和大型综合超市等业态。

北京华联综合超市在商品零售、出入库管理、库存盘点等环节应用条码信息管理系统,其条码的使用如下。

**1. 商品流通的管理**

随着华联的快速发展和遍布各地的连锁超市的开业,但各店之间的数据联络、整体运作的规划对每个单店的销售和库存信息提出了极高的挑战。

超市中的商品流通包括收货、入库、点仓、出库、查价、销售、盘点等,具体操作如下。

(1) 收货。收货部员工利用无线数据采集终端,通过无线网与主机连接的无线数据采集终端上已有此次要收的货品名称、数量、货号等资料,通过扫描货物自带的条码,确认货号,再输入此货物的数量,无线手提终端上便可马上显示此货物是否符合订单的要求。如果符合,便把货物送到入库步骤。

(2) 入库和出库。入库和出库其实是仓库部门重复以上的步骤,增加这一步只是为了方便管理,落实各部门的责任,也可防止有些货物收货后需直接进入商场而不入库所产生的混乱。

(3) 点仓。点仓是仓库部门最重要,也是最必要的一道工序。仓库管理人员手持无线数据终端(通过无线网与主机连接的无线手提终端上已经有各货品的货号、摆放位置、具体数量等资料)扫描货品的条码,确认货号,确认数量。所有的数据都会通过无线网实时性地传送到主机。

(4) 查价。查价是超市的一项烦琐的任务。因为货品经常会有特价或调整的时候,也容易发生混乱,所以售货员携带无线数据终端及便携式条码打印机,按照无线数据终端上的主机数据检查货品的变动情况,对应变而还没变的货品,马上通过无线数据终端连接便携式条码打印机打印更改后的条码标签,贴于货架或货品上。

(5) 销售。销售一向是超市的命脉,主要是通过 POS 系统对产品条码的识别,而体现等价交换,为提高效率及加快顾客结账速度,华联超市在各连锁超市选用固定式扫描器代替原来的手持式条码扫描器,加快了各通道的结算速度。

(6) 盘点。盘点是超市收集数据的重要手段,也是超市必不可少的工作。以前的盘点,必须暂停营业来进行手工清点,盘点周期长,效率低,期间对生意的影响及对公司形象的影响之大无可估量。作为世界性大型超市的代表,其盘点方式已进行必要的完善,其主要分抽盘和整盘两部分:抽盘是指每天的抽样盘点。每天分几次,计算机主机将随意指令售货员到几号货架、清点什么货品。售货员只需手拿无线数据终端,按照通过无线网传输过来的主机指令,到几号货架,扫描指定商品的条码,确认商品后对其进行清点,然后把资料通过无线手提终端传输至主机,主机再进行数据分析。整盘顾名思义就是整店盘点,是一种定期的盘点。超市分成若干区域,分别由不同的售货员负责,也是通过无线数据终端得到主机上的指令,按指定的路线、指定的顺序清点货品,然后,不断把清点资料传输回主机,盘点期间根本不影响超市的正常运作。因为平时做的抽盘和定期的整盘加上所有的工作都是实时地和主机进行数据交换,所以,主机上资料的准确性十分高,整个超市的运作也一目了然。

**2. 供应商的管理**

华联超市使用条码对供应商进行管理,主要是要求供应商的供应货物必须有条码,以便进行货物的追踪服务。供应商必须把条码的内容含义清晰地反映给超市,超市将逐渐通过货品的条码进行订货。

## 关键概念

物流　物流管理　狭义物流信息　广义物流信息　EOS 系统　货物跟踪系统　自营物流　物流联盟　第三方物流

## 简答题

1. 物流有哪些构成要素?各要素关注的重点是什么?
2. 电子商务环境下物流配送的特点有哪些?
3. 电子商务下物流体系的模式有哪些?
4. 简述电子商务对物流配送的影响。
5. 物流管理的内容包括哪两方面?物流管理的目标是什么?
6. 物流信息是如何分类的?它有哪些特征?
7. 条码技术的原理是什么?它的特征是什么?
8. RF 系统的类型有哪些?
9. GPS 技术和 GIS 技术在物流领域分别有哪些应用?

## 热门话题

1. 目前全球采购、全球销售与本土化生产的趋势越来越明显,物流业的专业化既是社会分工的必然结果,也是市场经济的必然要求。第三方物流机构能为企业节约物流的成本、提高物流效率,是企业的理想选择。试就我国第三方物流的产生原因、目前状况及发展趋势进行调查分析。

2. 无线识别技术(Radio Frequency Identification,RFID)是近年来物流信息化中的技术热点,特别是国外强势企业的推进,使得该技术的应用前景备受关注。但就我国而言,应用案例还非常少。请就我国推广 RDID 缓慢的原因进行分析,并对它的应用前景进行展望。

3. 这几年中国的北斗卫星定位系统发展很快,并取得了丰硕的成果。请调研 3 家应用北斗卫星定位系统的物流公司,列表比较主要功能,谈谈未来的希望。

## 实战演练

1. "将非核心业务外包"一直以来都是国内外许多企业的战略选择,这其中包括将物流业务外包。假设你是某一公司的负责人,公司没有自己的物流系统,你需要选择一个物流合作伙伴,请完成以下任务:

(1) 通过各种方式,找到两家物流公司。

(2) 把这两家物流企业的信息(如获得企业信息的方式、企业的名称、承运货品的种类、业务覆盖的范围、信用、时间、收费的情况、支付的方式、服务等)分别进行记录。

(3) 运用你掌握的有关物流及物流管理的基本知识对这两个物流企业的情况进行分析比较。

(4) 以报告的形式记录以上所有的步骤。

2. 选择一家国际知名的制造公司,完成以下任务:

(1) 记录这家公司的信息(如公司的名称、公司所属的国家、业务范围等)。

(2) 公司的管理模式发生了哪些变化?引起这些变化的原因是什么?

(3) 公司在供应链管理上有何特色?

(4) 以报告的形式记录以上所有的步骤。

3. 这几年,我国的社会物流基础设施信息系统的建设有了飞速的发展,请对你所在地区的社会物流基础设施信息系统进行调查,完成以下任务:

(1) 选择两个社会物流基础设施信息系统。

(2) 把这两个信息系统的信息(名称、主要功能、对本地区的作用)分别进行记录。

(3) 以报告的形式记录以上步骤。

# 第 5 章　电子商务交易安全

**学习要点**

- 电子商务安全体系；
- 电子商务安全控制要素；
- 电子商务安全管理；
- 数据加密技术；
- 数据签名技术；
- 数字证书；
- 电子商务安全交易协议。

## 5.1　电子商务安全概述

### 5.1.1　电子商务的安全问题

在传统交易过程中，买卖双方是面对面的，因此很容易保证交易过程的安全性和建立起信任关系。但在电子商务过程中，买卖双方是通过网络来联系的，甚至彼此可能远隔千山万水，也可能近在咫尺，因而建立交易双方的安全和信任关系相当困难。电子商务交易双方（卖方和买方）都面临不同的安全问题。

**1. 卖方面临的问题**

对卖方而言，面临的安全威胁主要有以下几个方面：

（1）中央系统安全性被破坏。入侵者假冒成合法用户来改变用户数据（如商品送达地址）、解除用户订单或生成虚假订单、盗用客户资料。

（2）竞争对手检索商品递送状况。恶意竞争者以他人的名义来订购商品，从而了解有关商品的递送状况和货物的库存情况。

（3）被他人假冒而损害公司的信誉。不诚实的人建立与卖方服务器名字相同的另一个服务器来假冒卖方。

（4）买方提交订单后不付款。

（5）获取他人的机密数据。比如，某人想要了解另一人在卖方处的信誉时，他以另一人的名字向卖方订购昂贵的商品，然后观察卖方的行动。假如卖方认可该订单，则说明被观察者的信誉高；否则，则说明被观察者的信誉不高。

### 2. 买方面临的问题

对买方而言,面临的安全问题主要有以下几个方面:

(1) 付款后不能收到商品。在要求客户付款后,卖方中的内部人员不将订单和钱转发给执行部门,因而使客户不能收到商品。

(2) 机密性丧失。客户有可能将秘密的个人数据或自己的身份数据(如账号、口令等)发送给冒充卖方的机构,这些信息也可能会在传递过程中被窃取。

(3) 拒绝服务。攻击者可能向卖方的服务器发送大量的虚假订单来穷竭它的资源,从而使合法用户不能得到正常的服务。

### 3. 信息传输问题

信息传输问题是指在进行网上交易时,因传输的信息失真或者信息被非法地窃取、篡改和丢失,而导致网上交易的不必要损失。从技术上看,网上交易的信息传输问题主要来自以下几个方面:

(1) 冒名偷窃。如"黑客"为了获取重要的商业秘密、资源和信息,常常采用源 IP 地址欺骗攻击。

(2) 篡改数据。攻击者未经授权进入网络交易系统,使用非法手段,删除、修改、重发某些重要信息,破坏数据的完整性,损害他人的经济利益,或干扰对方的正确决策,造成网上交易的信息传输问题。

(3) 信息丢失。交易信息的丢失,可能有三种情况:一是因为线路问题造成信息丢失;二是因为安全措施不当而丢失信息;三是在不同的操作平台上转换操作不当而丢失信息。

(4) 信息传递过程中的破坏。信息在网络上传递时,要经过多个环节和渠道。由于计算机技术发展迅速,原有的病毒防范技术、加密技术、防火墙技术等始终存在着被新技术攻击的可能性。计算机病毒的侵袭、"黑客"非法侵入、线路窃听等很容易使重要数据在传递过程中泄露,威胁电子商务交易的安全。此外,各种外界的物理性干扰,如通信线路质量较差、地理位置复杂、自然灾害等,都可能影响到数据的真实性和完整性。

(5) 虚假信息。从买卖双方自身的角度观察,网上交易中的信息传输问题还可能来源于用户以合法身份进入系统后,买卖双方都可能在网上发布虚假的供求信息,或以过期的信息冒充现在的信息,以骗取对方的钱款或货物。现在还没有很好地解决信息鉴别的办法。

### 4. 信用问题

信用问题主要来自以下三个方面:

(1) 来自买方的信用问题。对于个人买方来说,可能在网络上使用信用卡进行支付时恶意透支,或使用伪造的信用卡骗取卖方的货物;对于集团购买者来说,存在拖延货款的可能,卖方需要为此承担风险。

(2) 来自卖方的信用风险。卖方不能按质、按量、按时寄送买方购买的货物,或者不能完全履行与集团购买者签订的合同,造成买方的风险。

(3) 买卖双方都存在抵赖的情况。

传统交易时,交易双方可以直接面对面地进行交易,信用风险比较容易控制。由于网上交易时,物流与资金流在空间上和时间上是分离的,因此如果没有信用保证,网上交易是很难进行的。再加上网上交易一般是跨越时空的,交易双方很难面对面地交流,信用的风险就很难控制。这就要求网上交易双方必须有良好的信用,而且有一套有效的信用机制降低信用风险。

### 5.1.2 电子商务安全体系

由于电子商务是在开放的网上进行的贸易,支付信息、订货信息、谈判信息、机密的商务往来文件等大量商务信息在计算机系统中存放、传输和处理,所以,其安全问题引起了广泛的重视。计算机诈骗、计算机病毒等造成的商务信息被窃、篡改和破坏,以及机器失效、程序错误、误操作、传输错误等造成的信息失误或失效,都严重地危害着电子商务系统的安全。因此,保证商务信息的安全是进行电子商务的前提。

电子商务系统是一个计算机系统,其安全性是一个系统的概念,不仅与计算机系统结构有关,还与电子商务应用的环境、人员素质和社会因素有关。它包括电子商务系统的硬件安全、软件安全、运行安全和电子商务安全立法。

**1. 电子商务系统硬件安全**

硬件安全是指保护计算机系统硬件(包括外部设备)的安全,保证其自身的可靠性和为系统提供基本安全机制。

**2. 电子商务系统软件安全**

软件安全是指保护软件和数据不被篡改、破坏和非法复制。系统软件安全的目标是使计算机系统逻辑上安全,主要是使系统中信息的存取、处理和传输满足系统安全策略的要求。

**3. 电子商务系统运行安全**

运行安全是指保护系统能连续和正常地运行。

**4. 电子商务安全立法**

电子商务安全立法是对电子商务犯罪的约束,它是利用国家机器,通过安全立法,体现与犯罪斗争的国家意志。

综上所述,电子商务安全是一个复杂的系统问题。电子商务安全立法与电子商务应用的环境、人员素质、社会有关,基本上不属于技术上的系统设计问题,而硬件安全是目前硬件技术水平能够解决的问题。鉴于现代计算机系统软件的庞大和复杂性,软件安全成为电子商务系统安全的关键问题。有关电子商务涉及的硬件、软件及网络安全可以参考有关的资料,本章仅讨论在电子商务交易过程中文件及信息传输的特殊安全问题。

与传统交易不同的是,网上交易的信息传输问题更为严重。传统交易中的信息传递和保存主要通过有形的单证进行,信息接触面比较窄,容易受到保护和控制。即使在信息传递过程中出现丢失、篡改等情况时,也可以通过留下的痕迹查找出现偏差的原因。而在在网上传递的信息,是在开放的网络上进行的,与信息的接触面比较多,而且信息被篡改时可以不留下痕迹,因此在网上交易时面临的信息传输问题比传统交易更为严重。

网上信息传输主要涉及信息传输的保密性、交易文件的完整性、信息的不可否认性及身份的真实性。

## 5.1.3 电子商务的安全控制要求

**1. 信息传输的保密性**

信息的保密性是指信息在传输过程或存储中不被他人窃取。因此,信息需要加密以及在必要的节点上设置防火墙。例如,信用卡号在网上传输时,如果非持卡人从网上拦截并知道了该号码,他也可以用这个号码在网上购物。因此,必须对要保密的信息进行加密,然后再放到网上传输。

**2. 交易文件的完整性**

信息的完整性是从信息传输和存储两个方面来看的。在存储时,要防止非法篡改和破坏网站上的信息。在传输过程中,接收端收到的信息与发送的信息完全一样,说明在传输过程中信息没有遭到破坏。尽管信息在传输过程中被加了密,能保证第三方看不到真正的信息,但并不能保证信息不被修改。例如,如果发送的信用卡号码是 9856,接收端收到的却是 9894,这样,信息的完整性就遭到了破坏。

**3. 信息的不可否认性**

信息的不可否认性是指信息的发送方不能否认已发送的信息,接收方不能否认已收到的信息。由于商情的千变万化,交易达成后是不能否认的,否则,必然会损害一方的利益。例如,买方向卖方订购石油,订货时世界市场的价格较低,收到订单时价格上涨了,如果卖方否认收到的订单的时间,甚至否认收到订单,那么买方就会受到损失。再例如,买方在网上买了书,不能说没有买,谎称发出的订单不是自己的。

**4. 交易者身份的真实性**

交易者身份的真实性是指在虚拟市场中确定交易者的实际身份。网上交易的双方很可能素昧平生,相隔千里。要使交易成功首先要能确认对方的身份,对商家要考虑客户端不能是骗子,而客户也会担心网上的商店不是一个玩弄欺诈的黑店。因此能方便而可靠地确认对方身份是交易的前提。对于为顾客或用户开展服务的银行、信用卡公司和销售商店,为了做到安全、保密、可靠地开展服务活动,都要进行身份认证的工作。对有关的销售商店来说,它们对顾客所用的信用卡的号码是不知道的,商店只能把信用卡的确认工作完全交给银行来完成。银行和信用卡公司可以采用各种保密与识别方法,确认顾客的身份是否合法,同时还要防止发生拒付款问题以及确认订货和订货收据信息等。

## 5.1.4 电子商务安全管理

电子商务安全管理关键是要落实到制度上。这些制度包括保密制度、系统维护制度、数据备份制度和病毒定期清理制度等。

**1. 保密制度**

信息的安全级别一般分为三级。

(1) 绝密级:此部分网址、密码不在因特网上公开,只限高层管理人员掌握。如公司经营状况报告、订货或出货价格、公司发展规划等。

(2) 机密级：此部分只限公司中层管理人员以上使用。如公司日常管理情况、会议通知等。

(3) 秘密级：此部分在因特网上公开，供消费者浏览，但必须保护程序，防止黑客侵入。如公司简介、新产品介绍及订货方式等。

**2. 网络系统的日常维护制度**

1) 硬件的日常管理和维护

用户通过自己的互联网参与电子商务，其日常管理和维护非常重要，特别是对那些运行关键任务的企业内部网，如银行、邮电、税务等。

网管人员必须建立系统档案，其内容应包括设备型号、生产厂家、配置参数、安装时间、安装地点、IP地址、上网目录和内容等。对于服务器和客户机还应记录内存、硬盘容量和型号、终端型号及数量、多用户卡型号、操作系统名、数据库名等。这些内容可存于小型数据库，以方便查询和管理。

对于网络设备，一般都有相应的网管软件，可以做到对网络拓扑结构的自动识别、显示和管理，网络系统节点配置与管理系统故障诊断等，还可以进行网络系统调优、负载平衡等。对于不可管设备，应通过手工操作来检查状态，做到定期检查和随机抽查相结合，以便及时准确地掌握网络的运行状况，一旦有故障发生能及时处理。

对于内部线路，应尽可能采用结构化布线。虽然采用布线系统在初期会增加投资，但可大大降低网络故障率，有故障时也易排除。

2) 软件的日常维护和管理

对于支撑软件，一般需进行定期清理日志文件、临时文件，定期执行整理文件系统，检测服务器上的活动状态和用户注册数，处理运行中的死机情况。

对于应用软件主要是版本控制。设置一台安装服务器，当远程客户机软件需要更新时，可从网络上远程安装。注意选择网络负载较低时进行，以免影响网络的正常运行。

3) 数据备份制度

定期、完整、真实、准确地将数据转储到不可更改的介质上，并要求集中和异地保存，保存期限至少两年，保证系统发生故障时能够快速恢复。重要数据的存储应采用只读式数据记录设备，备份的数据必须指定专人负责保管；数据保管员必须对备份数据进行规范的登记管理，备份数据保管地点应有防火、防热、防潮、防尘、防磁、防盗设施等。

4) 用户管理

每个系统都设置了若干角色，用户管理等任务就是添加或者删除用户和用户组号。如添加一个用户，需先在客户机上添加用户并分配组号，然后在服务器数据库上添加用户并分配组号，最后分配该用户的访问权限。

**3. 病毒防范制度**

病毒对网络交易的顺利进行和交易数据的妥善保存构成严重的威胁，因此必须做到如下几点：

(1) 给电脑安装防病毒软件。防病毒软件有两种：一是单机版防病毒软件，另一种是联机版防病毒软件。联机版防毒软件能够在病毒入侵之前，及时阻止病毒侵入。

(2) 不打开陌生的电子邮件。电子邮件传播病毒的关键是附件，最好不要在进行网络交易时打开。

(3) 认真执行病毒定期清理制度。许多病毒都有潜伏期,定期清理制度可以清除处于潜伏期的病毒,防止病毒突然爆发。

(4) 控制权限。将网络系统中易感染病毒的文件属性、权限加以限制,对各终端用户允许只读权限,断绝病毒入侵的渠道。

(5) 高度警惕网络陷阱。对非常诱人的广告和免费使用的承诺,应保持高度警惕。

**4. 应急措施**

在计算机灾难事件发生时,利用应急计划辅助软件和应急设施排除灾难和故障,保障计算机继续运行。灾难事件包括由自然灾害直接导致的系统不能运行;因发电厂事故、信息服务商的问题导致的系统非正常运行;计算机本身所发生的数据丢失等灾难。其恢复工作包括硬件恢复和数据恢复。一般来讲,数据的恢复更为重要,目前运用的数据恢复技术主要是瞬时复制技术、远程磁盘镜像技术和数据库恢复技术。

1) 瞬时复制技术

瞬时复制技术就是使计算机在某一灾难时刻自动复制数据的技术。现有一种瞬时复制技术是通过使用磁盘镜像技术来复制数据。它利用空白磁盘和每一个数据磁盘相连,将数据复制到空白磁盘。在复制进行过程中,为保证数据的一致性,使用数据的应用程序被暂时挂起。当复制完成时,瞬时复制磁盘与数据磁盘脱离连接,应用程序继续运行。瞬时复制的备份数据可以典型地用来产生磁带备份或用做远程恢复节点的基本数据。

目前,许多系统厂商、存储设备供应商和软件开发商已利用这一技术开发了多种瞬时复制产品。

2) 远程磁盘镜像技术

远程磁盘镜像技术是在远程备份中心提供主数据中心的磁盘镜像。这种技术最主要的优点是可以把数据中心磁盘中的数据复制到远程备份中心,而无须考虑数据在磁盘上是如何组织的。系统管理员仅需要确定哪些磁盘需要备份到远程备份中心,存储在这些磁盘上的数据会被自动地备份到远程备份中心,这对应用系统的安全非常有利。

3) 数据库恢复技术

数据库恢复技术是产生和维护一份或多份数据库数据的复制。数据库复制技术为用户提供了更大的灵活性。数据库管理员可以准确地选择哪些数据可以被复制到哪些地方。对于那些在日常应用中经常使用大量联机数据的用户,可以选择少量最为关键的数据。复制服务器比磁盘镜像更加灵活,支持对数据的多个复制。

数据库复制技术提供了非常灵活的手段,可在灾难发生后恢复应用数据,但还不是完整的解决方案,必须考虑其他方法作为补充。因为数据库复制技术不能复制非数据库格式的数据,一些应用系统的主要数据存储于数据库中,但通常也使用大量的常规文件。对于一些非常重要的数据或从数据库生成的数据,通常存放在文件中,有些应用系统的数据不能转换成数据库数据,配置文件、批量控制文件、应用程序的镜像和其他的管理文件通常不以数据库格式存储。所以,将数据库复制技术与远程磁盘镜像技术配合使用,常常可以获得更好的效果。

**5. 浏览器安全设置**

Internet Explorer 是使用最广泛的浏览器,它使用方便,功能强大,但由于它支持 JavaScript 脚本和 Active X 控件等元素,使得在利用它浏览网页时存在很多安全隐患。这里简单介绍一下 Internet Explorer 的安全配置手段,但注意利用网页进行攻击是很难防范的,没有特别有效的方法,而且安全的配置都是以失去很多功能为代价的。

1) 管理 Cookies 的技巧

在 IE 6.0 中,打开 IE 的"工具"菜单的"Internet 属性"中的"隐私"选项卡,可以管理 Cookies。

Cookies 有六个安全级别,分别是"阻止所有 Cookies""高""中高""中""低""接受所有 Cookies"(默认级别为"中"),分别对应从严到松的 Cookies 策略,可根据需要方便地进行设定。

通过 IE 6.0 的 Cookies 策略,就能个性化地设定浏览网页时的 Cookies 规则,更好地保护自己的信息,增加使用 IE 的安全性。例如,在默认级别"中"时,IE 允许网站将 Cookies 放入你的电脑,但拒绝第三方的操作。

2) 禁用或限制使用 Java、Java 小程序脚本、Active X 控件和插件

互联网上经常使用 Java、Java Applet、Active X 编写的脚本,它们可能会获取用户的用户标识、IP 地址和口令等信息,影响系统的安全。因此应对 Java、Java 小程序脚本、Active X 控件和插件的使用进行限制。

选中 IE "工具"菜单的"Internet 属性"中的"安全"选项卡,在这里 Internet Explorer 将 Internet 划分为四个区域,分别是 Internet、本地 Intranet、受信任的站点和受限制的站点。用户可以将网站分配到具有适当安全级的区域。通过"自定义级别"对不同的区域设置不同的安全级别。

安全级别包括"Active X 控件和插件""Microsoft VM""脚本""下载""用户验证"以及其他六项,每一项均可展开进行详细配置,对于一些不安全或不太安全的控件或插件以及下载操作,应该予以禁止、限制或至少要进行提示。

例如,在设置 Script Active X controls marked safe for Scripting(对标记为可安全执行 Active X 控件执行脚本)项的时候,可根据信任级别来选择允许、禁止或是提示,默认情况为允许。

3) 调整自动完成功能的设置

默认条件下,用户在第一次使用 Web 地址、表单、表单的用户名和密码后(如果同意保存密码),在下一次再想进入同样的 Web 页及输入密码时,只需输入开头部分,后面的就会自动完成,给用户带来了便利,但同时也带来了安全问题。

可以通过调整"自动完成"功能的设置来解决该问题。可以做到只选择针对 Web 地址、表单和密码使用"自动完成"功能,也可以只在某些地方使用此功能,还可以清除任何项目的历史记录。为了安全起见,防止泄露自己的一些信息,应该定期清除历史记录。

# EC 聚焦——网络黑客

某年 2 月 7 日至 9 日,短短三天时间内,美国几大主要网站遭受不明黑客攻击,其中包括著名的电子商务网站 eBay 和 Amazon。在黑客开始所谓"拒绝服务"式的攻击后,Amazon 站点容纳顾客的能力急剧下降。数分钟后访客数量只有平时同一时段访客数量的

1.5%,大约一小时后,Amazon 网站才恢复正常。Buy.com 的一台服务器在两三个小时内速度减慢,而 E-Trade 则瘫痪了三个小时。据统计,三天来黑客袭击各大网站所造成的直接或间接经济损失高达数十亿美元以上。

信息风险对电子商务的损害是双重的,它不仅给商务网站造成了巨大的经济损失,而且更为严重的是降低了消费者和风险投资机构对电子商务的信心,从而影响到电子商务的长期发展。信息安全已成为制约电子商务发展的瓶颈之一。已从事或准备从事电子商务的企业不得不面对这样一个严峻的事实。

## 5.2 电子商务安全技术

### 5.2.1 数据加密技术

**1. 加密和解密**

加密技术目的是为了防止合法接收者之外的人获取信息系统中的机密信息,是实现信息保密性的一种重要的手段。所谓信息加密技术,就是采用数学方法对原始信息(通常称为"明文")进行再组织,使得加密后在网络上公开传输的内容对于非法接收者来说成为无意义的文字(加密后的信息通常称为"密文")。通过解密过程得到原始数据(即"明文")。加密和解密过程依靠两个元素,缺一不可,这就是算法和密钥。算法是加密或解密的一步一步的过程。在这个过程中需要一串数字,这个数字就是密钥。

由此可见,在加密和解密的过程中,都要涉及信息(明文、密文)、密钥(加密密钥、解密密钥)和算法(加密算法、解密算法)这三项内容。

密钥是用于加、解密的一些特殊信息,它是控制明文与密文之间变换的关键,它可以是数字、词汇或语句。密钥分为加密密钥和解密密钥,完成加密和解密的算法称为密码体制,传统的密码体制所用的加密密钥和解密密钥相同,形成了对称式密钥加密技术。在一些新体制中,加密密钥和解密密钥不同,形成非对称式密码加密技术,即公开密钥加密技术。

**2. 密码系统的构成**

密码系统的一般构成如图 5-1 所示。

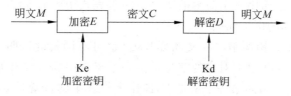

图 5-1 密码系统的构成

密码系统的工作过程是,发送方用加密密钥 Ke 和加密算法 $E$,对明文 $M$ 加密,得到的密文 $C=E(Ke,M)$,传输密文 $C$。接收方用解密密钥 Kd(与加密密钥 Ke 成对)和解密算法 $D$,对密文解密,得到原来的明文 $M=D(Kd,C)$。

对于不知道 Kd 的第三者,由密文 $C$ 破解出明文 $M$(解密),在实际上几乎是不可能的。

密码系统使用的密码体制,按密钥的形式可以分为两类:通用密钥密码体制和公开密钥体制。

**3. 通用密钥密码体制**

所谓通用密钥密码体制,就是加密密钥 Ke 和解密密钥 Kd 是通用的,即发送方和接收方使用同样密钥的密码体制,也称为"传统密码体制"。通用密钥密码体制可采用各种不同的算法,构成各种不同类型的密钥,例如,人类历史上最古老的"恺撒密码"算法,是在古罗马时代使用的密码方式。由于无论是何种语言的文字,恺撒密码都可以通过编码与二进制数字串对应,所以经过加密的文字仍然可变换成二进制数字串,不影响数据通信的实现。现以英语为例,用一个简单的实例说明使用恺撒密码方式的通用密钥密码体制的原理。

以英语为例,恺撒密码的原理是:对于明文的各个字母,根据它在 26 个英文字母表中的排列位置,按某个固定间隔 $n$ 变换字母,即得到对应的密文。这个固定间隔的数字 $n$ 就是加密密钥,也是解密密钥。

例如英文单词:cryptography 是明文,使用密钥 $n=4$,加密过程如图 5-2 所示。

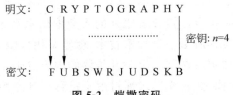

图 5-2 恺撒密码

说明如下:明文的第一个字母 C 在字母表中的位置设为 1,以 4 为间隔,往后第四个字母是 F,把 C 置换为 F;同样,明文中的第二个字母 R 的位置设为 1,往后第四个字母是 U,把 R 置换为 U;以此类推,直到把明文中的字母置换完毕,即得到密文。密文是意思不明的文章,即使第三者得到也毫无意义。通信的对方得到密文之后,用同样的密钥 $n=4$,对密文的每个字母,按往前间隔 4 得到的字母进行置换的原则,即可解密得到明文。

恺撒密码方式的密钥只有 26 种,只要知道了算法,最多将密钥变换 26 次做试验,即可破解密码。因此,恺撒密码的安全性依赖于算法的保密性,是最原始的密码技术,但是,其原理为现代高级密码技术奠定了基础。其后出现的一些算法与恺撒密码大同小异,直到 17 世纪,近代数学的发展成就应用于密码学,才使密码技术有了突破性进步,例如出现了多表式密码、转置式密码等。下面用一个简单的实例说明多表式密码的算法。

简单的多表式密码的例子如图 5-3 所示。

说明如下:本例中密钥字串与明文同样长度(也可不同长度),明文中每一个字母往后移动的间隔,与它在密钥字串中对应的字母本身在字母表中的位置有关。本例中,明文的第一个字母 H,对应密钥字串的第一个字母 E,E 在字母表中的位置是 5,则 H 往后第五个字母是 L,因此将 H 置换为 L。以此类推,明文每个字母置换时,移动的间隔不同。

以恺撒密码为代表的单字符换字方式,若根据明文中字符出现的频率的统计特性,是比较容易破解的,例如,普通的英语文章中使用频率高的字母依次是:E,T,A,O,I,N,…的顺序。多表式密码,正是为了克服上述缺点而开发的密码技术。本例中,密钥使用字符串 ENGLANDEN,明文置换为密文的间隔是依次变化的。而且,密钥字串越长,明文中字符的频率分布特性在密文中越不明显,根据频率分布破解密码的可能性越小。如果,使用与明文同样长度的密钥字串,而且限定只能使用一次,那么,理论上破解密码将是不可能的。但是,这种情况下密钥的管理和传递也随之更困难。

通用密钥密码体制用于公众通信网时,每对通信对象的密钥不同,必须用不被第三者知道的方式,事先通知对方。通用密钥密码体制如图 5-3 所示。

图 5-3 通用密钥密码体制

随着通信对象的增加,公众通信网上的密码使用者,必须保存所有通信对象的大量的密钥。这种大量密钥的分配和保存,是通用密钥密码体制存在的最大问题。

目前得到广泛应用的通用密钥密码体制的典型代表是 DES 算法。DES 是由"转置"方式和"换字"方式合成的通用密钥算法,它先将明文(或密文)按 64 位分组,再逐组将 64 位的明文(或密文),用 56 位(另有 8 位奇偶校验位,共 64 位)的密钥,经过各种复杂的计算和变换,生成 64 位的密文(或明文),该算法属于分组密码算法。

DES 算法可以由一块集成电路实现加密和解密功能。该算法是对二进制数字化信息加密及解密的算法,是通常数据通信中用计算机对通信数据加密保护时使用的算法。DES 算法在 1977 年作为数字化信息的加密标准,由美国商业部国家标准局制定标准,称为"数据加密标准",并以"联邦信息处理标准公告"的名称于 1977 年 1 月 15 日正式公布。使用该标准,可以简单地生成 DES 密码。

**4. 公开密钥密码体制**

公开密钥密码体制的加密密钥 Ke 与解密密钥 Kd 不同,只有解密密钥是保密的,称为私人密钥(private key),而加密密钥完全公开,称为公共密钥(public key)。该系统也称为"非对称密码体制"。当然,对于从加密密钥破解出解密密钥的过程必须设计得足够复杂,以至于难以实施。

使用该系统,可以解决通用密钥系统密钥管理的问题,即对应于各个使用者的加密密钥(公共密钥)是公开的,可以像电话簿一样,存储于文件中,文件保存在密钥中心。如图 5-4 所示,各使用者只需保存一个只有自己使用的解密密钥(私人密钥),因此,解决了密钥管理问题。通过公众通信网,与众多非特定的通信对象通信时,为了保密,使用公开密钥密码体制,显然有极大的优越性。

使用该体制时,例如,与 X 秘密通信时,可以用 X 的公共密钥 Kex 生成密文 $C=E(Kex,M)$,传输给 X,X 收到密文后,用只有自己知道的私人密钥,即保密的解密密钥 Kdx,计算出明文 $M=D(Kdx,C)$,用这种公开密钥密码体制,可以与任何对象秘密通信。

公开密钥密码体制的另一个优点是可以确认发送方的身份,即具有"数字签名"的功能。例如,接收方 Y 想在通信文上署名时,可以用自己的私人密钥 Kdy 生成署名文 $V=D(KdY,M)$,然后,将 V 和自己的姓名 NY 一起传输给对方。发送方从姓名 NY 检索出 Y 的公共密钥 Key,计算 $M=E(Key,V)$,如果复原的 M 文是有意义的信息,则可确认 Y 是合法的授信者,并确认通信途中未发生篡改信息的事件。利用 Internet 通信时,具有数字证书

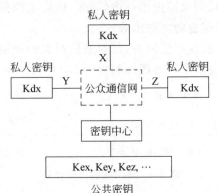

公共密钥
Kex:X的加密密钥，Key:X的解密密钥，其他密钥以此类推……

图 5-4　公开密钥密码体制

(参阅 4.1 节)身份的人所持有的公共密钥可在网上查到，也可请对方在授信时主动将公共密钥传送过来，以方便对信息的加、解密，从而保证在 Internet 网上传输信息的安全保密。

**5. RSA 算法 ***

公开密钥密码体制最早的代表算法是 1978 年出现的 RSA 算法，是由 Rivest、Shamir 和 Adlernan 三人研究发明的，以三人名字的第一个字母作为该算法的名称。RSA 算法是利用质因数分解的困难性开发的算法。

RSA 算法中，分别使用两个正整数作为加密密钥与解密密钥。即加密密钥：$e$ 和 $n$；解密密钥：$d$ 和 $n$；其中，$e$ 和 $n$ 的值公开，$d$ 的值保密。

加密时，首先将明文变换成 $0 \sim (n-1)$ 之间的整数 $M$，若明文过长，可先分割成适当的块再变换。由明文 $M$ 到密文 $C$ 的加密及其解密由下式进行。

加密：$C = E(M) = M^e \bmod n$

解密：$M = D(C) = C^d \bmod n$

上式的含义是，求 $M$ 的 $e$ 次幂(或 $C$ 的 $d$ 次幂)被 $n$ 除的余数。

其加密密钥与解密密钥的生成过程如下：首先，选定充分大的 2 个素数 $p$ 与 $q$，其积为 $n$，此处的素数 $p$ 与 $q$ 必须保密。

$$n = p \times q$$

加密用的整数 $d$，由满足下式的值确定。

$$\text{Gcd}[d, (p-1) \times (q-1)] = 1$$

即，求 $(p-1) \times (q-1)$ 的积，再选出与该积互为质数(最大公约数为 1)的值。实际上，只要确定 $\gcd(d, p-1)$ 与 $\gcd(d, q-1)$ 就足够了。因此，从计算速度的角度考虑，此方法是有实用性的。解密用的整数 $e$ 可由下式求得。

$$e \times d = 1 \bmod (p-1) \times (q-1)$$

即 $e$ 与 $d$ 的积以 $(p-1) \times (q-1)$ 作除数整除，余数等于 1。这样，求得的 $(e, n)$ 为加密密钥，$(d, n)$ 为解密密钥。下面用一个简单的实例说明 RSA 算法的具体应用。

首先，设 $p = 47$，$q = 59$，则

$$n = p \times q = 47 \times 59 = 2773$$

$$f(n) = (p-1) \times (q-1) = 46 \times 58 = 2668$$

选择与 $f(n)$ 互为质数的整数 157 作为 $d$ 的值，即 $d$：157，再求出满足式 $e \times 157 = 1$ (mod 2668)的整数 17，即 $e = 17$，因此，此例中的密钥为

$$\text{加密密钥（公共密钥）}: e = 17, n = 2773$$
$$\text{解密密钥（私人密钥）}: d = 157, n = 2773$$

为了对明文加密，首先需要对字符编码，按英文字母排列顺序，设代码分别为：空格＝00，A＝01，B＝02，C＝03，…，Z＝26。现有下列明文：ITS ALL GREEK TO ME，用上述编码方案，写出明文的代码，并按 2 个字符（4 位数值）分组，结果为：

0920 1900 0112 1200 0718 0505　1100 2015 0013 0500

再对每一个 4 位数加密，第一个 4 位数 0920 加密后的密文为：

$$C = M^e = (0920)^{17} = 0948 \text{ mod } 2773$$

即 0920 的密文是 0948，用同样方法依次进行加密之后，上述明文对应的密文如下：

0948 2342 1084 1444. 2663 2390 0778 0774 0219 1655

对该密文解密的方法是

$$M = C^d = (0948)^{157} = 0920 \text{ mod } 2773$$

继续依次解密，即可得到原来的明文。

在 RSA 算法中，作为加密密钥一部分的 $n$ 是公开的，对 $n$ 进行质因数分解，即可得到 $p$ 与 $q$，从而破译到解密密钥 $d$。但是，当 $n$ 的值大到一定程度，从 $n$ 分解质因数 $p$ 与 $q$ 的计算量很大，以至于不可实施。

实际上，对整数 $n$ 分解质因数时，即使使用目前知道的速度最快的算法，其处理步数也是巨大的。步数与 $n$ 的关系可用下式表示。

$$\text{步数} = \exp\{\sqrt{\ln(n) \cdot \ln[\ln(n)]}\}$$

假如一步的处理时间为 $1\mu s$，质因数分解需要的时间如表 5-1 所示。

表 5-1　质因数分解的处理时间

| $n$ 的位数（十进制） | 处 理 次 数 | 处 理 时 间 |
| --- | --- | --- |
| 50 | $1.4 \times 10^3$ | 3.9 小时 |
| 75 | $9.0 \times 10^{12}$ | 104 天 |
| 100 | $2.3 \times 10^{15}$ | 74 年 |
| 200 | $1.2 \times 10^{23}$ | $3.8 \times 10^9$ 年 |
| 300 | $1.5 \times 10^{29}$ | $4.9 \times 10^{15}$ 年 |
| 500 | $1.3 \times 10^{39}$ | $4.2 \times 10^{25}$ 年 |

因此，即使考虑到将来计算机技术进步的因素，当 $n$ 达到 200 位时，使用 RSA 算法的密码体制的安全性也是充分的。

### 5.2.2　数字签名技术

**1. 数字摘要**

数字摘要(digital digest)也称安全 Hash(散列)编码法(Secure Hash Algorithm, SHA)

或 MD5，由 Ron Rivest 所设计。

该编码法采用单向 Hash 函数将需加密的明文"摘要"成一串 128bit 的密文，这一串密文也称为数字指纹（finger print），它有固定的长度，且不同的明文摘要成密文，其结果总是不同的，而同样的明文其摘要必定一致。这样，这串摘要便可成为验证明文是否"真身"的"指纹"了。数字摘要的应用使交易文件的完整性（不可修改性）得以保证。

**2. 数字签名**

在书面文件上签名的作用有两点：一是因为自己的签名难以否认，从而确认了文件已签署这一事实；二是因为签名不易仿冒，从而确定了文件是真的这一事实。数字签名（digital signature）与书面文件签名有相同之处，也能确认以下两点：

其一，信息是由签名者发送的；

其二，信息自签发后到收到为止未曾做过任何修改。

数字签名（又称公钥数字签名、电子签章）指附加在数据单元上的一些数据，或是对数据单元所做的密码变换，类似写在纸上的普通的物理签名。数字签名是非对称密钥加密技术与数字摘要技术的应用，这段数字串同时也是对信息的发送者发送信息真实性的一个有效证明。

这样数字签名就可用来防止电子信息因易被修改而有人伪造，或冒用他人名义发送信息，或发出（收到）信件后又加以否认等情况发生。数字签名并非用"手写签名"类型的图形标志，它采用了双重加密的方法，即用 SHA 加密和 RSA 加密的方法来实现防伪造、防抵赖，其原理如图 5-5 所示。

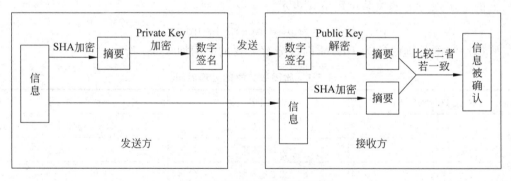

图 5-5　数字签名原理示意图

数字签名的操作步骤如下：

(1) 发送方用 SHA 编码加密产生 128bit 的数字摘要；

(2) 发送方用自己的私人密钥（Private Key）对摘要加密，形成数字签名；

(3) 将原文和加密的摘要同时传输给对方；

(4) 接收方用发送方的公共密钥（public key）对摘要解密，同时对收到的信息用 SHA 编码加密产生又一摘要；

(5) 将解密后的摘要和收到的信息与接收方重新加密产生的摘要互相对比，若二者一致，则说明传送过程中信息没有被破坏或篡改过，否则不然。

RSA 密码体系用于数字签名和信息加密时，对密钥的使用有所不同。

### 3. 数字时间戳

交易文件中,时间是十分重要的信息。在书面合同中,文件签署的日期和签名一样均是十分重要的防止文件被伪造和篡改的关键性内容。

在电子交易中,同样需对交易文件的日期和时间信息采取安全措施,而数字时间戳服务(Digital Time Stamp Service,DTS)就能提供电子文件发表时间的安全保护。

数字时间戳服务是网上安全服务项目,由专门的机构提供。**数字时间戳是一个经加密后形成的凭证文档,它包括三个部分:一是需加时间戳的文件的摘要,二是 DTS 收到文件的日期和时间,三是 DTS 的数字签名。**

时间戳产生的过程为:用户首先将需要加时间戳的文件用 HASH 编码加密形成摘要,然后将该摘要发送到 DTS,DTS 在加入了收到文件摘要的日期和时间信息后,再对该文件加密(数字签名),然后送回用户。DTS 采用如下的过程:加密是将摘要信息归并到二叉树的数据结构;再将二叉树的根值发表在报纸上,这样更有效地为文件发表时间提供了佐证。此处需注意的是,书面签署文件的时间是由签署人自己写上的,而数字时间戳则不然,它是由认证单位 DTS 来加注的,以 DTS 收到文件的时间为依据。因此,时间戳也可作为科学家的科学发明文献的时间认证。

## 5.2.3 数字证书

### 1. 数字证书原理

信息加密技术、数字签名等技术很好地解决了电子商务安全性的前三个问题,即信息传输的保密性、交易文件的完整性和信息的不可否认性。但交易者身份的确定性问题并未解决。数字证书正是用来证明交易者的真实身份的有效手段。

数字证书(digital ID)又称为数字凭证、数字标识,是一个经证书授权中心数字签名的包含公开密钥拥有者信息以及公开密钥的文件,是用电子手段来证实一个用户的身份和对网络资源访问的权限,是各实体(买方、商户或企业、银行等)在网上进行信息交流及商务活动的电子身份证。最简单的证书包含一个公开密钥、名称以及证书授权中心的数字签名。一般情况下,证书中还包括密钥的有效时间、发证机关(证书授权中心)的名称、该证书的序列号等信息,证书的格式遵循 ITUT.509 国际标准,一个标准的 X.509 数字证书包含以下一些内容:

(1) 证书的版本信息;

(2) 证书的序列号,每个证书都有一个唯一的证书序列号;

(3) 证书所使用的签名算法;

(4) 证书的发行机构名称,命名规则一般采用 X.500 格式;

(5) 证书的有效期,现在通用的证书一般采用 UTC 时间格式,它的计时范围为 1950—2049;

(6) 证书所有人的名称,命名规则一般采用 X.500 格式;

(7) 证书所有人的公开密钥;

(8) 证书发行者对证书的签名。

数字证书采用公开密码密钥体系,即利用一对互相匹配的密钥进行加密、解密。每个用户自己设定一把特定的仅为本人所知的私有密钥,用它进行解密和签名;同时设定一把公共密钥(公钥)并由本人公开,为一组用户所共享,用于加密和验证签名。当发送一份保密文件时,发送方使用接收方的公钥对数据加密,而接收方则使用自己的私钥解密,这样信息就可以安全无误地到达目的地了。

在网上的电子交易中,若双方出示了各自的数字证书,并用它来进行交易操作,那么双方都不必为对方身份的真伪担心。证书可用于安全电子邮件、网上缴费、网上炒股、网上招标、网上购物、网上企业购销、网上办公、软件产品和电子资金移动等安全电子商务活动。

**2. 数字证书的类型**

常用的数字证书有以下几种类型:

1) 个人身份证书

个人身份证书是经认证中心签名的包含个人身份信息以及个人公钥的文件,证书的格式遵循 X.509 国际标准。它用于标志证书持有人在进行信息交易和在线支付等网络活动中的身份,并且保障信息在传输中的安全性和完整性,可以存储在硬盘、USB Key、IC 卡等介质中。

2) 个人 E-mail 证书

个人 E-mail 证书使用户个人可以在重要的邮件通信中对信件内容进行加密和签名操作。用证书对电子邮件内容和附件进行加密,则只有指定的收件人才能阅读该邮件,并且能够确保邮件在传输过程中不会被窃取和篡改。另外也可使接收方确认邮件的发送方,保证邮件的不可抵赖性,且邮件在传送过程中不被篡改。

3) 单位证书

一般认证中心的单位身份证书中包括企业基本信息、企业的公钥及认证中心的签名,颁发给独立的单位、组织。在互联网作业中,它可以证明证书持有者的身份。可存放在硬盘、USB Key、IC 卡等各类介质中。

4) 单位 E-mail 证书

单位 E-mail 证书使单位用户可以在重要的邮件通信中对信件内容进行加密和签名操作。用证书对电子邮件内容和附件进行加密,则只有指定的收件人才能阅读该邮件,并且能够确保邮件在传输过程中不会被窃取和篡改。也可以使接收方确认邮件的发送方,保证邮件的不可抵赖性,且邮件在传送过程中不被篡改。

5) 应用服务器证书

应用服务器证书主要颁发给需要安全鉴别的服务器,以便于表征证书持有服务器的身份。应用服务器证书中包含服务器信息和服务器的公钥,和其对应的私钥可以存放在服务器硬盘或加密硬件设备上。

6) 代码签名证书

代码签名证书用于提供给软件开发人员(或企业)对其开发的软件代码如宏、病毒进行更新,对.exe、.dll、.cab、.ocx 后缀文件等进行数字签名,以有效地防止其软件代码被篡改,使用户免遭病毒与黑客程序的侵扰。当用户在网上下载经过代码签名的软件时,用户可以清楚地了解该软件的来源,确认它是否出自于签发者。可以确信该软件在签发之后未经篡改或破坏。

### 3. 认证中心的作用

在电子交易中,无论是数字时间戳服务还是数字证书的发放,都不是靠交易的双方自己能完成的,而需要有一个具有权威性和公正性的第三方机构来完成。认证中心(Certification Authority,CA)就是承担网上安全电子交易认证服务、签发数字证书并能确认用户身份的服务机构。认证中心通常是企业性的服务机构,主要任务是受理数字证书的申请、签发数字证书以及管理数字证书。认证中心依据认证操作规定,实施服务操作。认证中心主要有以下几种作用:

1) 证书的颁发

认证中心接收、验证用户(包括下级认证中心和最终用户)的数字证书的申请,将申请的内容进行备案,并根据申请的内容确定是否受理该数字证书申请。如果中心接受该数字证书的申请,则进一步确定给用户颁发何种类型的证书。新证书用认证中心的私钥签名以后,发送到目录服务器供用户下载和查询。为了保证消息的完整性,返回给用户的所有应答信息都要使用认证中心的签名。

2) 证书的更新

认证中心可以定期更新所有用户的证书,或者根据用户的请求来更新用户的证书。

3) 证书的查询

证书的查询可以分为两类:其一是证书申请的查询,认证中心根据用户的查询请求返回当前用户证书申请的处理过程;其二是用户证书的查询,这类查询由目录服务器来完成,目录服务器根据用户的请求返回适当的证书。

4) 证书的作废

当用户的私钥由于泄密等原因造成用户证书需要申请作废时,用户需要向认证中心提出证书作废的请求,认证中心根据用户的请求确定是否将该证书作废。另外一种证书作废的情况是证书已经过了有效期,认证中心自动将该证书作废。认证中心通过维护证书作废列表(Certificate Revocation List,CRL)来完成上述功能。

5) 证书的归档

证书具有一定的有效期,证书过了有效期之后就将作废,但是我们不能将作废的证书简单地丢弃,因为有时我们可能需要验证以前的某个交易过程中产生的数字签名,这时就需要查询作废的证书。基于此类考虑,认证中心还应当具备管理作废证书和作废私钥的功能。总体说来,基于认证中心的安全方案应该能很好地解决网上用户身份认证和信息安全传输问题。

### 5.2.4 信息加密与数字认证的综合应用

数字摘要、数字签名、数字时间戳、数字证书、认证中心以及信息加密是安全电子交易常用的六种手段。各种手段常常结合在一起使用,从而构成安全电子交易的体系。下面举出信息加密、数字签名以及认证中心结合使用的实例,见图5-6。

信息加密和数字签名的综合处理流程说明如下:

**1. 处理的前提条件**

(1) 由A用户往B用户发送信息;

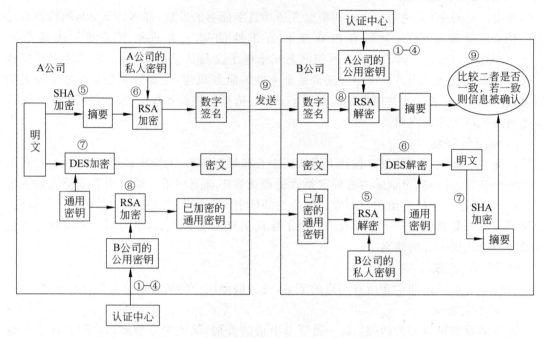

图 5-6　信息加密和数字认证的综合处理流程

(2) 认证中心 CA 的公共密钥，A 用户和 B 用户均已掌握。

**2．A 用户端的处理流程**

1) A 用户获取 B 用户的公共密钥

(1) A 用户从认证中心接收到 B 用户的数字证书，其中包括 B 用户的公共密钥和认证中心的数字签名。

(2) A 用户使用 Hash 函数对数字证书做出摘要，数字证书中使用的数字签名同样使用的是 Hash 函数。

(3) A 用户用认证中心的公共密钥，对数字证书解密得到摘要，对这个摘要与第(2)步中计算出的摘要是否一致进行比较。

(4) A 用户如果认为上述比较的结果是一致的，则可确认数字证书上的 B 用户的公共密钥是合法的。

2) A 用户做出数字签名

(1) A 用户用 SHA 加密方法做出信息文的摘要，此时使用被指定的 Hash 函数。

(2) A 用户使用自己的私人密钥对摘要加密，得到的就是 A 用户的数字签名。

3) A 用户信息的加密

(1) A 用户使用某个任意的通用密钥以 DES 方式对信息的明文加密，得到密文。

A 用户通用密钥的加密

(2) A 用户将使用的通用密钥，用 B 用户的公共密钥以 RSA 方式加密。

(3) A 用户把数字签名、密文，以及在第(2)步中加密的通用密钥发送给 B 用户。

### 3. B用户端的处理流程

1）B用户获取A用户的公共密钥

（1）B用户从认证中心接收到A用户的数字证书,其中包括A用户的公共密钥和认证中心的数字签名。

（2）B用户使用Hash函数对数字证书做出摘要,数字证书中的数字签名同样使用的是Hash函数。

（3）B用户用认证中心的公共密钥,对数字证书解密得到摘要,对这个摘要与第（2）步中计算出的摘要是否一致进行比较。

（4）B用户如果认为上述比较的结果是一致的,则可确认数字凭证上的A用户的公共密钥是合法的。

2）B用户通用密钥的解密

（1）B用户用自己的私人密钥以RSA方式对加密的通用密钥解密。

B用户信息的解密

（2）B用户用在第（1）步中解密的通用密钥以DES方式对信息的密文解密,得到明文。

3）确认数字签名

（1）B用户做出信息的明文的摘要,此处使用指定的Hash函数。

（2）B用户用A用户的公共密钥对数字签名解密,得到摘要。

（3）比较在第（1）步和第（2）步中计算出的摘要是不是同样的字符串,如果二者一致,则A用户发送过来的信息是正确的;若不一致,则有两种可能:一是A用户的私人密钥不正确（与公共密钥不配对）,二是可能在什么地方信息被篡改过。

经过公共密钥加密的通用密钥称为"电子信封"。

# EC聚焦——信息窃密

信息窃密指的是秘密地从某机构复制计算机信息并非法拿走它们。

日本某杂志社发行代理公司,将耗资5亿日元收集到的订户名单等公司商业绝密信息委托给太平洋计算机中心处理,在转手处理过程中,其信息磁带被人转录,并以82万日元出手获利。

20世纪70年代,美国太平洋安全银行雇用的计算机技术顾问通过银行计算机,将一千多万美元转到瑞士苏黎世银行,构成美国当时最大的盗窃案。

近些年来,国外已发生多次信息窃密活动,据报载,俄罗斯一家贸易公司的计算机人员,通过计算机互联网把纽约华尔街花旗银行计算机系统中的三家银行账户转到他们在加州和以色列银行的账户中,非法转账资金高达1000万美元,后来虽经客户银行发现并提出指控,警方将作案罪犯逮捕,追回了960万美元赃款,但此案可使人们警觉到因特网上的信息海洋并非安全之地,信息窃密活动随时都可以侵入计算机网络,不仅商业和银行信息有被窃的可能,甚至某些重要的国家机密信息也有被窃的可能。

《美国研究》杂志曾提供过关于信息窃密问题的最重要的一组证据。它调查了3000多家不同规模的公司,走访了500所大学的计算机主管人员、250个研究实验室、500家软件公司、500家政府机构和250家非营利组织。报告指出,88%的部门因计算机窃贼的攻击而发生过数据丢失和经济损失,大多数被调查者经历过每次损失估计500美元以下的攻击。

在美国,每年因电子商务安全问题所造成的经济损失达75亿美元。而在我国,电子商务金融系统发生的计算机犯罪也呈上升趋势,犯罪总金额以每年30%的幅度递增,近年来最大的一起犯罪案件造成的经济损失高达人民币2100万元。

窃密行为可以通过种种途径来实现。其中包括口令滥用(32%)、篡改数据(18%)、篡改程序(12%)、破坏数据(12%)、输出变更或输出信息(10%)和不正确的回叫结果(9%)。目前,大约仍有34%的窃贼攻击所采取的方式是无法被检测出来的。

由于互联网松散、四通八达、操作简便、管理机制尚未完善,可以采用匿名登录、不留痕迹的上网方式,因此为道德败坏者的偷窃行为提供了极好的条件和可能。

另外,在电子商务活动中所处理、传输、存储的都是交易信息和金融信息,对其进行攻击将可能获得巨大的利益,因此使各类不法分子趋之若鹜,而一旦电子商务系统遭受攻击,将会造成个人客户、企业客户和银行的巨大损失,甚至是国家经济命脉的瘫痪和国家经济的崩溃,因此电子商务系统所面临的巨大的安全威胁不容忽视。

## 5.3 电子商务安全交易协议

### 5.3.1 SSL 协议

**1. SSL 协议概述**

SSL(Secure Socket Layer)安全套接层协议主要适用于点对点之间的信息传输,通过在浏览器软件(例如 Internet Explorer、Netscape Navigator)和 WWW 服务器建立一条安全通道,从而实现在 Internet 中传输保密文件。

SSL 协议是一个用来保证安全传输文件的协议。它包括服务器认证、客户认证(可选)、SSL 链路上的数据完整性和 SSL 链路上的数据保密性。对于电子商务应用来说,使用 SSL 协议可保证信息的真实性、完整性和保密性。但由于 SSL 协议不对应用层的信息进行数字签名,因此不能提供交易的不可否认性,这是 SSL 协议在电子商务使用中的最大不足。有鉴于此,网景公司在从 Communicator 4.04 版开始的所有浏览器中引入了一种被称做"表单签名(form signing)"的功能,在电子商务中,可利用这一功能来对包含购买者的订购信息和付款指令的表单进行数字签名,从而保证交易信息的不可否认性。综上所述,在电子商务中采用单一的 SSL 协议来保证交易的安全是不够的,但采用"SSL+表单签名"模式能够为电子商务提供较好的安全性保证。

**2. SSL 协议的基本结构**

在 TCP/IP 协议族中,SSL 位于 TCP(Transmission Control Protocol,传输控制协议)层之上,应用层之下。这使它可以独立于应用层,从而使应用层协议可以直接建立在 SSL 上。

SSL 协议包括两个子协议:SSL 记录协议和 SSL 握手协议。SSL 记录协议建立在可靠的传输协议(如 TCP)上,用来封装高层的协议。SSL 握手协议准许服务器端与客户端在开始传输数据前,能够通过特定的加密算法相互鉴别。

**3. SSL 握手过程**

SSL 协议同时使用对称密钥算法和公钥加密算法。前者在速度上比后者要快很多,但是后者可以实现更加方便的安全验证。为了综合利用这两种方法的优点,SSL 协议用公钥加密算法使服务器端在客户端得到验证,并传递对称密匙。然后再用对称密钥来更快速地加密、解密数据。

具体过程描述如下:

(1) 客户端向服务器端发送客户端 SSL 版本号、加密算法设置、随机产生的数据和其他服务器需要用于根客户端通信的数据。

(2) 服务器向客户端发送服务器的 SSL 版本号、加密算法设置、随机产生的数据和其他客户端需要用于根服务器通信的数据。另外,服务器还要发送自己的证书,如果客户端正在请求需要认证的信息,那么服务器同时也要请求获得客户端的证书。

(3) 客户端用服务器发送的信息验证服务器身份。如果认证不成功,用户就将得到一个警告,然后加密数据连接将无法建立。如果成功,则继续下一步。

(4) 用户用握手过程至今产生的所有数据,创建连接所用的 Premaster Secret,用服务器的公钥加密(在第(2)步中传送的服务器证书中得到),传送给服务器。

(5) 如果服务器也请求客户端验证,那么客户端将对另外一份不同于上次用于建立加密连接使用的数据进行签名。在这种情况下,客户端会把这次产生的加密数据和自己的证书同时传送给服务器用来产生 Premaster Secret。

(6) 如果服务器也请求客户端验证,服务器将试图验证客户端身份。如果客户端不能获得认证,连接将被中止。如果被成功认证,服务器用自己的私钥加密 Premaster Secret,然后执行一系列步骤产生 Master Secret。

(7) 服务器和客户端同时产生 Session Key,之后的所有数据传输都用对称密钥算法来交流数据。

(8) 客户端向服务器发送信息说明以后的所有信息都将用 Session Key 加密。至此,它会传送一个单独的信息标示客户端的握手部分已经宣告结束。

(9) 服务器也向客户端发送信息说明以后的所有信息都将用 Session Key 加密。至此,它会传送一个单独的信息标示服务器端的握手部分已经宣告结束。

(10) SSL 握手过程就成功结束,一个 SSL 数据传送过程建立。客户端和服务器开始用 Session Key 加密、解密双方交互的所有数据。

一个 SSL 协议传输过程大致就是这样,但是很重要的一点不要忽略:利用证书在客户端和服务器端进行的身份验证过程。

**4. 认证服务器的身份**

一个支持 SSL 协议的客户端软件通过下列步骤认证服务器的身份:

(1) 从服务器端传送的证书中获得相关信息;

(2) 验证当天的时间是否在证书的合法期限内;

(3) 验证签发证书的机关是否是客户端信任的;

(4) 验证签发证书的公钥是否符合签发者的数字签名;

(5) 验证证书中的服务器域名是否符合服务器自己真正的域名;

(6) 服务器被验证成功,客户继续进行握手过程。

**5. 认证客户端的身份**

一个支持 SSL 协议的服务器通过下列步骤认证客户端的身份:
(1) 从客户端传送的证书中获得相关信息;
(2) 验证用户的公钥是否符合用户的数字签名;
(3) 验证当天的时间是否在证书的合法期限内;
(4) 验证签发证书的机关是否是服务器端信任的;
(5) 验证用户的证书是否被列在服务器有效用户的信息中;
(6) 验证得到验证的用户是否仍然有权限访问请求的服务器资源。

**6. SSL 协议的缺点**

SSL 协议使用复杂的数学公式进行数据加密和解密,这些公式的复杂性根据密码的强度不同而不同。高强度的计算会使多数服务器停顿,导致性能下降。多数 Web 服务器在执行 SSL 协议相关任务时,吞吐量会显著下降,性能比只执行 HTTP 1.0 连接时的速度慢 50 多倍。

另外,虽然对买方而言,SSL 协议已经解决了大部分的问题。但是,对电子商务而言,问题并没有完全解决,因为 SSL 协议只能做到资料保密,厂商无法确定是谁填写了这份资料。

### 5.3.2 SET 协议

**1. SET 协议概述**

1995 年 10 月,包括 MasterCard(万事达国际组织)、Netscape(网景通信公司)和 IBM 在内的联盟开始着手进行安全电子支付协议(Secure Electronic Payment Protocol,SEPP)的开发。此前不久,VISA 和微软组成的联盟已经开始开发另外一种不同的网络支付规范,叫做安全交易技术(Safe Trade Technology,STT)。这样便出现了一种不幸的局面——两大信用卡组织 MasterCard 和 VISA(维萨)分别支持独立的网络支付解决方案。这种局面持续了数月时间,直到 1996 年 1 月,这些公司才宣布它们将联合开发一种统一的系统,叫做安全电子交易(SET)。1996 年 2 月末,它们发布了两份文件,其中第一份文件给出了 SET 协议的业务描述,而第二份文件给出了更多的技术细节,其后经历了一段公众评论期。在此期间,感兴趣的各方对该规范进行了讨论,并指出了其中的不当之处。此后,发表了修改后的文件——协议描述,它定义了产品 SET 协议。运通公司也采纳和接受 SET 协议。为了使电子商务转向使用 SET 协议,银行方面和政府方面施加了许多政治压力。面对这些压力,加上 SET 协议本身显而易见的好处,有越来越多的单位转到 SET 协议上。

SET 协议提供对买方、商户和收单行的认证,确保交易数据的安全性、完整性和交易的不可否认性,特别是保证了不会将持卡人的信用卡号泄露给商户。

SET 协议比 SSL 协议复杂许多,因为前者不仅加密两个端点间的单个会话,它还可以加密和认定三方间的多个信息。

SET 交易分三个阶段进行:
(1) 在购买请求阶段,用户与商家确定所用支付方式的细节;

（2）在支付的认定阶段，商家会与银行核实，随着交易的进展，他们将得到付款；

（3）在收款阶段，商家向银行出示所有交易的细节，然后银行以适当方式转移存款。

如果不是使用借记卡，而是直接支付现金，商家在第二阶段完成以后的任何时间即可供货。第三阶段将紧接着第二阶段进行。

用户只和第一阶段交易有关，银行与第二阶段、第三阶段有关，而商家与三个阶段都发生关系。每个阶段都涉及 RSA 对数据加密以及 RSA 数字签名。

使用 SET 协议，在一次交易中，要完成多次加密与解密操作，故要求商家的服务器有很高的处理能力。

SET 协议支持了电子商务的特殊安全需要，如：购物信息和支付信息的私密性；使用数字签名确保支付信息的完整性；使用数字签名和持卡人证书，对持卡人的信用卡进行认证；使用数字签名和商户证书，对商户进行认证；保证各方对有关事项的不可否认性。

**2. SET 协议的设计指导思想**

SET 协议的设计指导总的思想是：在网络边界安全被攻破时，即使传输的数据被劫取，也无法识别和篡改，具体体现在：

（1）保证信息的加密性：通过使用公共密钥和对称密钥方式加密，保证在公网上的信息安全传输，只有收件人才能访问和解密该信息，其传输过程大致是：发送信息时，发信人先用自己的私有密钥进行数字签名，再用收信人的公开密钥对信息加密传输，收信人收到后用自己的私人密钥解密，再用发信人的公开密钥核实对方的数字签名。

（2）验证交易各方：通过使用 CA 安全认证技术确认交易各方的真实身份。

（3）保证支付的完整性和一致性：通过使用 Hash 算法和数字签名来确定数据是否被篡改，以确保数据完整（未被篡改）地被收件人接收，并可以完成交易而防止抵赖。

（4）保证互操作性：保证不同厂商的产品使用同样的通信协议和信息格式，从而可互相集成。

**3. SET 协议的优点**

SET 协议与 SSL 协议相比，主要有以下四个方面的优点：

（1）SET 协议对商家提供了保护自己的手段，使商家免受欺诈的困扰，使商家的运营成本降低。

（2）对买方而言，SET 协议保证了商家的合法性，并且用户的信用卡号不会被窃取，SET 协议替买方保守了更多的秘密，使其在线购物更加轻松。

（3）银行和发卡机构以及各种信用卡组织（如 VISA、MasterCard）非常喜爱 SET 协议，因为 SET 协议帮助它们将业务扩展到 Internet 这个广阔的空间中，从而使得信用卡网上支付具有更低的欺骗概率，这使得它比其他支付方式具有更大的竞争力。

（4）SET 协议对于参与交易的各方定义了互操作接口，一个系统可以由不同厂商的产品构筑。

提供这些功能的前提是：SET 协议要求在银行网络、商家服务器、顾客的 PC（Personal Computer，个人计算机）上安装相应的软件。另外，SET 协议还要求必须向各方发放证书，这也成为阻碍之一。所有这些使得使用 SET 协议要比使用 SSL 协议昂贵得多。

SET 协议的另外一个优点在于：它可以用在系统的一部分或者全部。例如，一些商家正在考虑在与银行连接中使用 SET 协议，而与顾客连接时仍然使用 SSL 协议。这种方案既回避了在顾客机器上安装钱夹软件,同时又获得了 SET 协议提供的很多优点。绝大多数 SET 协议软件提供商在其产品中都提供灵活构筑系统的手段。

**4. SET 协议的缺陷**

从 1996 年 4 月 SET 安全协议 1.0 版面世以来,大量的现场实验和实施效果获得了业界的支持,促进了 SET 协议良好的发展趋势。但细心的观察家也发现了一些问题,主要包括以下几方面:

(1) 协议没有说明收单银行给在线商店付款前,是否必须收到买方的货物接受证书。若在线商店提供的货物不符合质量标准,买方提出疑义,责任由谁承担。

(2) 协议没有担保"非拒绝行为",这意味着在线商店没有办法证明订购是不是由签署证书的买方发出的。

(3) SET 技术规范没有提及在事务处理完成后,如何安全地保存或销毁此类数据,是否应当将数据保存在买方、在线商店或收单银行的计算机里。这些漏洞可能使这些数据以后受到潜在的攻击。

(4) 在完成一个 SET 协议交易的过程中,需验证电子证书 9 次,验证数字签名 6 次,传递证书 7 次,进行 5 次签名、4 次对称加密和 4 次非对称加密。所以,完成一个 SET 协议交易过程需花费 1.5~2min,甚至更长的时间(新式小型电子钱包将多数信息放在服务器上,时间可缩短到 10~20s)。SET 协议过于复杂,使用麻烦,成本高,且只适用于客户具有电子钱包的场合。

(5) SET 的证书格式比较特殊,虽然也遵循 X.509 标准,但它主要是由 VISA 和 MasterCard 开发并按信用卡支付方式来定义的。银行的支付业务不光是卡支付业务,而 SET 支付方式和认证结构适应于卡支付,对其他支付方式是有所限制的。

(6) 一般认为,SET 协议保密性好,具有不可否认性,SETCA 是一套严密的认证体系,可保证电子商务交易安全顺利地进行。事实上,安全是相对的,我们提出电子商务中信息的保密性问题,即要保证支付和订单信息的保密性,也就是要求商户只能看到订单信息,支付网关只能解读支付信息。

但在 SET 协议中,虽然账号不会明文传递,它通常用 1024 位 RSA 不对称密钥加密,商户电子证书确实指明了是否允许商户从支付网关的响应消息中看到持卡人的账号,可是事实上大多数商户都收到了持卡人的账号。

## 5.3.3 SSL 协议与 SET 协议比较

SSL 安全协议和 SET 安全协议各有优缺点,网站在搭建自己的交易系统时,可根据自己的需求和两个协议的特性(见表 5-2)来进行选择。

表 5-2 两种协议特性对比

| | SSL 协议 | SET 协议 |
| --- | --- | --- |
| 参与方 | 客户、商家和网上银行 | 客户、商家、支付网关、认证中心和网上银行 |
| 软件费用 | 已被大部分 Web 浏览器和 Web 服务器所内置,因此可直接投入使用,无须额外的附加软件费用 | 必须在银行网络、商家服务器、客户机上安装相应的软件,而不是像 SSL 协议那样可直接使用,因此增加了许多附加软件费用 |

续表

|  | SSL 协议 | SET 协议 |
|---|---|---|
| 便捷性 | SSL 协议在使用过程中无须在客户端安装电子钱包,因此操作简单;每天交易有限额规定,因此不利于购买大宗商品;支付迅速,几秒钟便可完成支付 | SET 协议在使用中必须使用电子钱包进行付款,因此在使用前,必须先下载电子钱包软件,因此操作复杂,耗费时间;每天交易无限额,利于购买大宗商品;由于存在着验证过程,因此支付缓慢,有时还不能完成交易 |
| 安全性 | 只有商家的服务器需要认证,客户端认证则是有选择的;缺少对商家的认证,因此客户的信用卡号等支付信息有可能被商家泄露 | 安全需求高,因此所有参与交易的成员:客户、商家、支付网关、网上银行都必须先申请数字证书来认识身份;保证了商家的合法性,并且客户的信用卡号不会被窃取,替消费者保守了更多的秘密,使其在线购物和支付更加放心 |

从整体性能来说,两个协议都各有优缺点,而从实际运用情况来看,由于 SET 协议的设置成本较 SSL 协议高许多,且进入国内市场的时间较短,因此目前 SSL 协议在我国国内的普及率较高,约占 80%。但是由于网上交易的安全性需求的不断增强,SET 协议的市场占有率会有较大幅度的提高。

# EC 聚焦——与 SET 有关的支付

某电子商务网站在构建自己的网上支付系统时,希望达到以下目标:
(1) 信息在 Internet 上安全传输,保证网上传输的数据不被黑客窃取。
(2) 订单信息和个人账号信息相隔离,当包含持卡人账号信息的订单送到商家时,商家只能看到订货信息,而看不到持卡人的账户信息。
(3) 持卡人和商家相互认证,以确定通信双方的身份。

根据这个目标,网站决定采用 SET 协议,我们来看一下在这个网站中完整的购物处理流程:
(1) 消费者使用浏览器在网站的 Web 主页上查看在线商品目录,浏览商品。
(2) 消费者选择要购买的商品。
(3) 消费者填写订单,包括项目列表、价格、总价、运费、搬运费和税费。
(4) 消费者选择付款方式,此时 SET 协议开始介入。
(5) 消费者发送给网站一个完整的订单及要求付款的指令。在 SET 协议中,订单和付款指令由消费者进行数字签名,同时利用双重签名技术保证网站看不到消费者的账号信息。
(6) 网站收到订单后,向消费者的金融机构请求支付认可。信息通过支付网关到银行,再到发卡机构确认,批准交易。然后返回确认信息给网站。
(7) 网站发送订单确认信息给消费者。消费者端软件记录下交易日志,以备将来查询。
(8) 网站给顾客装运货物。
(9) 网站从消费者的金融机构请求支付。在认证操作和支付操作中间一般会有一个时间间隔,例如在每天的下班前请求银行结一天的账。

从这个案例中可以看到,购物流程的前三步与 SET 协议无关,从第(4)步开始 SET 协议起作用,一直到第(9)步,在处理过程中,对于通信协议、请求信息的格式和数据类型的定义等,SET 协议都有明确的规定。对于操作过程中的每一步,消费者、网站和支付网关都会通过 CA 来验证通信主体的身份,以确保通信的对方不是冒名顶替。

## 关键概念

信息传输的保密性　交易文件的完整性　信息的不可否认性　加密　通用密钥体制　公开密钥体制　数字签名　数字证书　数字摘要　SSL 协议　SET 协议　数字时间戳　交易者身份的真实性

## 简答题

1. 卖方面临的电子商务安全问题有哪些?
2. 买方面临的电子商务安全问题有哪些?
3. 信息传输过程中面临的安全问题有哪些?
4. 电子商务安全体系包括哪些?
5. 简述电子商务安全控制要求,并举例证实。
6. 简述电子商务安全的应急措施。
7. 什么是通用密钥?
8. 什么是公开密钥?
9. 什么是数字摘要?它有什么作用?
10. 什么是数字签名?它有什么作用?
11. 什么是数字证书?它有什么作用?
12. SSL 协议有什么作用?
13. SET 有什么作用?

## 热点话题

1. Cookies 能解决什么问题? Cookies 包含什么内容? 存储在何处?
2. 在信息加密的综合应用中,信息传输可分为三个部分,即传输数字签名、传输密文和传输通用密钥,在图 5-6 中指出这三部分内容的位置,为什么这三部分内容不能用同一个密钥加密?
3. 登录上海市电子商务安全证书管理中心有限公司网站(http://www.sheca.com),或其他 CA,申请个人 E-mail 数字证书,并将步骤记录下来。
4. 请任意选择三家电子商务网站,并记录下该三家网站在网上支付中所用的协议。

## 实战演练

1. 信息传输的保密性、交易文件的完整性、信息的不可否认性和交易者身份的确定性分别采用哪些技术来保证？用三个例子将这四个问题描述出来，例如，如何将考试的试卷安全地传给对方，用什么方式加密，如何确认对方的身份等。如有条件可实际做一下，建议写一个 2000 字左右的报告，并谈谈自己的看法。

2. 选择三个认证中心网站，确定五个以上指标进行比较分析，并写出报告。

3. 2016 年 8 月 16 日凌晨 1 时 40 分，我国科学家在酒泉卫星发射中心用"长征二号丁"运载火箭成功将世界首颗量子科学实验卫星"墨子号"发射升空，成功入轨运行。这使得我国成为世界上首个实现太空和地面之间量子通信的国家，同时也建成了我国天地一体化的量子保密通信与科学实验体系。请查找相关资料：由"墨子号"发射所引发的"安全"问题讨论，谈谈自己的看法。

# 第6章 网上销售与营销计划

**学习要点**

- 网上产品的定义；
- 影响网上产品价格的因素；
- 六种网上新产品策略；
- 因特网定价下调的因素；
- 网络分销渠道的职能；
- 品牌广告和直接回应广告的区别；
- 网络广告特点；
- 常用的网络促销方式；
- 制定网络营销计划的七个基本步骤；
- 如何将一些电子商务模式应用在网络营销组合战略中；
- 如何设计网络营销计划的行动计划。

## 6.1 网上产品

### 6.1.1 网上产品的利益

运营者必须制定五项总体产品的决策，这些决策组成产品整体利益以满足客户需求：属性、品牌、支持服务、商标和包装。就这些因素向客户提供的在线利益和相关的网络营销策略而言，本书只讨论前三项决策。

**1. 产品属性**

产品属性包括整体质量和具体特征。关于质量，大多数客户懂得"一分价钱，一分货"的道理，即更高、更持久的质量通常价格更高，因而符合价值命题。

产品特性包括如下几项：色彩、品位、风格、尺寸与服务速度。另一方面，利益是从用户角度观察到的相同特性（即产品属性将如何解决问题或满足需求和愿望）例如，Yahoo！提供各类网站名录（属性），帮助用户在网上迅速查找他们需要的东西（利益）。产品利益是价值命题中的关键组成部分。

Internet 以众多大大改变营销惯例的显著方式增加客户利益。最重要的方式是营销组合客户化。有形产品例如笔记本电脑能以最低价格在网上单独出售或与许多附加的硬件、软件产品或服务一起构成捆绑销售，以更高的价格提供附加利益。无形产品也是这样的，一些无形产品为利益捆绑提供了巨大的灵活性。例如,在线调查公司可以用不同的组合提供许多不同的商业服务。虽然这种利益捆绑在网上与网下都可以实现,但是因特网为用户提供了在他们自己的计算机上使产品自动客户化的独特机会。举例来说,珠宝电子零售商"蓝色尼罗河"(http://www.bluenile.com)允许网络用户选择诸多宝石特性(例如宝石种类、清澈度、尺寸)并挑选一个戒指镶座相配。与一些制成品来比,信息产品可以轻易、迅速、廉价地加以改装并实现个性化。意识到这一点是十分重要的。改变一款汽车的设计仍需要几年的时间,而且一个车型的版本又极其有限,但是改变软件并使之个性化却简单得多。

另一种客户化形式是个性化的客户服务。通过网站注册和其他技术,网站可以称呼客户的名字向他们致以问候,并根据用户过去的购买行为推荐符合他们兴趣的产品。纽约在线音乐俱乐部 BMC Direct 根据其 180 万名成员过去的购买行为,以电子邮件的形式向每位成员寄去三种价位不同的产品的信息。另外,这家公司每天向用户发送个性化的购买建议以及最佳商家的最新名单。

**2. 产品品牌**

一个品牌包括一个名字(麦当劳)、一个标志(金黄色双拱)或其他可辨识的信息。当一家公司在专利局注册那些信息后,它就成为一个商标并且受法律保护且不得被仿造。创造新产品以提供在线销售的公司面临着几项品牌决策:是运用现有的品牌还是为新产品另外命名,是否出借公司的品牌作为与其他公司的联合品牌,为公司的网站使用什么域名等。

一个产品的品牌与形象常常是客户渴望的利益的一部分。这是因为客户通常想确信他们可以信任这家与之打交道的公司,想了解是否存在比使用知名品牌或他们使用过且效果不错的品牌的更好的方法。由于对网络安全和隐私事宜的关注以及公司和客户往往被较远的空间距离阻隔,这种利益变得尤其重要。例如 Amazon 和 Yahoo! 这样的品牌带来了客户的信任。应当注意的是,值得信赖的品牌增加了顾客感受到的利益,因此从客户身上赢得了更高的货币成本。这就是价值命题运作的形式。当然,一些品牌例如美国的 Wal-Mart 与德国和澳大利亚的 Aldi 食品店拥有一个标志着物美价廉的品牌。

**3. 支持服务**

公司在客户购买期间或购买后向其提供支持服务以供使用。客户服务代表应具有丰富的知识并关注客户的经历。致力于发展客户关系的网站(例如 Amazon.com)让最好的员工负责客户支持。身价数十亿美元的公司奠基人兼总裁杰夫·贝泽斯最初曾亲自回复客户的电子邮件。

一些产品需要特别的客户支持。例如,当用户购买 SurveySolutions 这样的软件用以设计在线问卷时,技术支持就格外重要。客户服务人员帮助客户解决安装、维修问题以及产品担保和服务质量保证,从总体上增加了客户对公司产品的满意度。

CompUSA Inc. 是美国最大的计算机零售商,它巧妙地将在线和非在线渠道相结合以增加支持服务。在 http://www.compusa.com 网站,客户可以输入他们的邮政编码查询物价最近的实物商店中所有商品的供给和定价情况,客户也可以根据产品状况或编号查询店中待修物品的状况。客户服务作为一项产品利益是客户关系管理的重要部分。

## 6.1.2 网上产品的成本

因特网技术通常为客户节省金钱、时间、精力和心理成本,因而能增加利益。不过,有时网络速度很慢,信息难于查找,其他技术问题导致用户花费更多的时间和精力,并因而沮丧郁闷(心理成本)。网络其实远非十全十美,但是随着带宽的增加和技术的进步,公司若能制定出更好的在线策略,部分成本将会有所下降。

应该注意到,并非每个人都能在在线交易中省钱,这不过是客户需求与价值命题的问题:将期望利益以及实际感受利益与所有成本比较。例如,我们十分清楚 Amazon 的价格高于其他在线的书商,我们需要的书在当地闹市区的书店有售,Amazon 通宵发货的成本相当高,并且仅比其普通发货商节省一天时间,不过,Amazon 的图书品牌值得信赖,我们过去的购物经历十分完美,而且我们熟悉该网站,能在该网站迅速找到所需的信息。因此,这些利益以及节省时间和精力的特征抵消了更高的费用,当我们知道能在任何时间、在家里或者饭店、仅仅一夜之间就能获得我们工作所需的图书时,这可能是一种精神的慰藉。

在这里,我们提出一些基于网络技术的非货币成本的消减法。

**1. 网络很便利**

网络每周 7 天、每天 24 小时(7×24)开放,因此用户可以在任何时间调查、购物、进行娱乐,或者使用网络产品。电子邮件使各地用户进行异步联系并可免去"电话套餐"。学生不必赶到学校就可以用电子的方式来交作业。

**2. 网络很快**

尽管用户可能要花费比期望中更多的时间从网页上下载东西,但是他们可以访问一家网站,例如 iGo.com,订购一节电池并且在第二天就收到。虽然提供 7×24 电话订购服务的商品目录运营商也能够做到这一点,但是网络为没有商品目录或仅仅意识到该商品在什么公司有售的用户提供了快速搜索产品的服务。

**3. 自助服务节省时间**

客户不必去等候销售人员即可跟踪发货过程、支付账单、进行证券交易、查询账户余额和完成其余的许多活动。另外,用户利用技术可以在网站询问产品信息,并在瞬间收到相关的答复。这就意味着载有最新信息的网页能够立即应需而生。例如,在 Peapod.com 购物的顾客可以索取一份列有产品热量和脂肪含量的清单。

**4. 一步购买节省时间**

市场结构为借助一步购买增加客户便利的公司敞开了大门。AutoMall Online(在线车城)与多家公司合作,提供车价对比、有关各种车型和制造商的调查、融资和保险信息以及服务选择。这家公司还从大型的汽车特许经销商网络中提供即时在线定价服务并给客户一张"购买证",以确保报价在特许经销商处能够得到认可。AutoMall Online 的追踪记录证明客户价值已经得到了实现:50%以上的用户在使用该服务的 45 天内购车,90%的客户则在 6 个月内购车。

**5. 整合能节省时间**

门户网站例如 Yahoo! 和 AOL,使得用户可以在网上迅速查找到所需信息,部分网站允许用户创建个性化的网页,提供新闻、股价报价、天气情况和其他客户化信息。

## 6.1.3 网上的产品组合策略

许多新产品,例如 Netscape、Yahoo!与 Amazon 都是由小型公司推出的。这说明了公司是围绕着第一件成功产品而发展起来的。其他公司,例如微软,会将一些网络产品添加到已获成功的产品组合中去。所以,本节将探讨网络的产品组合策略以帮助运营者更有效地整合在线以及非在线产品。

运营者怎么才能把炙手可热的新产品构思融入现有的产品组合中呢?实际上,有六种新产品策略可以参考:间断的创新、新产品系列、现有产品系列的增设、对现有产品的改进和修正、重新定位的产品以及更低成本的产品。这六个策略中第一种策略的风险最大,而最后一种策略风险最小。我们随后的很多例子中所讨论的大多数产品都是间断的创新。公司会根据营销目标和其他因素,例如避开风险、现有品牌的优势、资源的可获取性、竞争性进入等,选择一种或者多种策略。当然,Internet 的成功大多来自好的构想和那些小本经营、幸运的、在恰当的时候提出恰当构想的企业家的尝试。

**1. 间断的创新**

运营商间断性地推出全新的、过去从未出现的产品。譬如刚刚问世时的音乐 CD 和电视。在网上,第一个网站创建软件、调制解调器、购物代理和搜索引擎都属于这一类,而且我们都相信因特网上还会出现更多间断的创新。如前所述,这种策略的风险极高,但是成功的回报也是很丰厚的。

采用这种策略的一种重要的认识是客户必须了解并采取新行为——他们从未做过的事情。存在的风险是客户也许不打算这么做,除非他感受到了利益很大。

**2. 新产品系列**

新产品系列是指公司采用现有品牌并开发出一种全新类型的新产品。譬如,Toyota 公司为了改变自身中低端产品的形象,引入了全新的品牌 Lexus(雷克萨斯),很好地占领了汽车行业的高端市场。又如,当微软推出 Web 浏览器 Internet Explorer 的时候,它就开创了一个新产品系列,但是由于 Netscape 自 1994 年 4 月已经推出了类似的产品,微软的进入就不能完全算做一个间断的创新了。

**3. 现有产品系列的增设**

现有产品系列的增设是指公司在现有产品系列中增设一种新的口味、尺寸或者其他变动。例如,纽约时报指南与其硬拷贝版本稍有差异,后者适用于网上发行。但是它其实就是纽约时报指南的另一种新产品,包括每日报刊、每日书评等;又如,GTE 的 SuperPages 是其电话黄页索引(superpages.gte.net)的互动产品系列的衍生;我们还可以看到现在许多银行开始在网上提供金融服务;还有一些股票经纪人例如 Schwab 也开设了网上业务;一些房地产经纪人也开始在网上向许多客户提供在线房产登记表册等。

**4. 对现有产品的改进和修正**

对现有产品的改进和修正是指一些基于现有产品的新的改进,因此是可以用来替代旧产品的产品。CyberAction 在棒球卡片上做了改进,在其网站上(http://www.cyberaction.com)推出了数字多媒体可下载卡片,当用户单击卡片,他们就获得了动画效果、声音和运动员的个人资料,在网上,公司不断改进它们的品牌以增加价值并保持竞争地位。

### 5. 重新定位的产品

重新定位的产品是指那些针对不同市场推出的产品或是指那些开发了新用途的现有产品。例如,Yahoo!最初是 Web 网的搜索索引,随后被重新定位成门户网站:一个提供众多服务的 Internet 接入点。Yahoo!凭借这一转型使自己与市场领导企业 AOL 比肩而立。又如,MSNBC 将其新闻组织重新定位为服务于更年轻的读者群。

### 6. 更低成本的产品

更低成本产品是凭借价格优势与现有品牌竞争的策略。例如,当 AOL 与其他网络服务提供商按小时数征收网络使用费时,EarthNet 推出每月 19.95 美元的包月收费服务,这样,EarthNet 就很有可能夺走重要的市场份额,除非 AOL 使出同样的招式来赢回客户。除此以外,Internet 还提供了一系列免费产品,认为这样就能帮助公司占据市场份额,使公司能拥有一个可以营销公司其他产品的客户基地。例如,电子阅读软件开发商 Eudora Light 与 Netscape 公司正是运用这个策略首先进入市场的两家企业。

## EC 聚焦——Datek 的故事

想象一下身为全美第五大在线交易公司的主席兼总裁兼董事长,在泽西城海岸拥有一座豪宅,驾驶着一架"海湾流"喷气式飞机,在 29 岁那年便控制着超过 1 亿美元的个人净值,这就是杰弗里·希特龙 1999 年退出 Datek Online 总裁位置之前的生活。希特龙 17 岁时从管理员起家,一路升至高不可攀的位置。他的成功在于抓住技术带来的机遇使股票交易自动化,因而改善了服务、减少了成本、降低了价格。Datek Online 赢得了一批信徒,尤其是那些十分活跃的证券交易人。

Datek 在线是如何为公司服务定价的?与 Schwab 对每笔交易收费 29.95 美元相比,Datek 的收费仅为 9.99 美元,也有一些其他的在线经纪人的收费与 Datek 的价格相当或稍低一些,但是它们无法提供 Datek 处理客户订单的速度,订单处理时间超过 1 分钟就不收费,实时报价与部分其他服务也是免费的。所有这些都引发了一个显著的问题:"人们问我们怎么能在 9.99 美元的价位赚钱,我想反问这个问题:其他人为何在这个价位逃之夭夭?因为我们拥有一个完全电子化的模式,所以我们能够在 9.99 美元的价位赚钱"。进一步分析,Merill Lynch 拥有几万经纪人,相比之下,Datek 的员工数只有几百名,当然,Datek 并不具备全面提供服务的经纪人推出的所有服务,但是谨慎投资的客户也许不需要或不愿意为某些事情支付额外的费用:譬如公司与经济调查分析或 Merill Lynch 名下的共同基金。

技术创新一直是 Datek 成功的关键,在希特龙的指导下,内部操作与交易制度先后实现了计算机化。当时,这些改变是变革性的——既获得了高度赞扬也招致了挖苦和嫉妒。计算机化使得 Datek 能够把对大投资商提供的服务以最低价提供给小投资商,Datek 是纳斯达克小批量订单处理系统初步开发时的最大用户,公司开发了独立电子通信网络,这是一种在交易中消除中间商的独立交易网络。

Datek 凭借使用"酷"的网络语言和树立 X 一代的形象而发现了自身的"有效击球点":

证券交易人会受到这样的祝福："嗨,你以……股价购买了五股迪斯尼股票。"由 Datek 开发的进行交易的所有软件程序都具有俏皮的名字,例如,"岛屿""观望者"和"怪兽钥匙"等。Datek 还是 Dilber 金融指数包括 POINTY-HAIREDBOSS 指数(TPHBX)、DOGBERT 指数(DOGBX)与 DILBERT 指数(DILBX)的独家赞助商。

## 6.2 网络销售

### 6.2.1 网络营销渠道的职能

Internet 极大地促进了市场细分,使分销渠道职能与通常执行它们的渠道参与者脱离并重新加以构建,以新方法将这些职能重新分配给其他中间商。例如,网络零售商通常持有存货并在接到客户订单后,开始进行选择、包装和运输的工作。在另一种方案中,网络零售商可以将选择、包装和运输职能外包给第三方物流供给者,例如 UPS 或者 DHL 仓库。在后一种方案中,网络零售商将订单转寄给一家备有存货的 UPS 或者 DHL 仓库,由 UPS 或者 DHL 挑选、包装并将产品运送给消费者。

**1. 接触最终客户**

Internet 为与最终客户接触提供了一条新渠道,Forrester Research 公司就把因特网称为是继个人销售、邮件与电话之后的第四条渠道。Internet 渠道使接触过程产生了增值效应,原因如下:

第一,接触过程可以根据买方需求实现客户化。例如,本田网站(http://www.honda.com)使用户能在所在地区找到一家经销商以完成购买。

第二,Internet 提供了大范围的信息资料来源。信息资料的来源包括搜索引擎、购物代理商、新闻组、聊天室、电子邮件、网页与会员程序等。

第三,Internet 时刻为商务敞开大门,打破了时间与空间的约束,买者可以一天 24 小时、每周 7 天与网站取得联系。

**2. 产品促销**

Internet 以几种方式增加了产品的促销价值。

过去需要体力劳动的职能现在能够实现自动化。例如,当 Amazon 向其数百万名注册用户发出促销信息时,无须折纸、粘信封、盖邮戳。单击"发送"按钮就能将信息发送给数百万名用户。还有一个例子,向搜索引擎促销一家网站时,可以利用一些现成的服务,例如 Did-It 实现自动化。Did-It 专门研究搜索引擎是如何为网站排名的,随后优化其客户网站使之达到一个更高的层次。

可以密切追踪所有的活动,且每分钟都可以更新。例如,Flycast 允许用户实时监视其横幅广告的点击率并立即替用户更换效果不佳的广告。因此,公司可以提高有价值的活动并剔除一些无效的活动。

追踪用户行为的软件可以向某用户提供具有高度针对性的信息。例如,Engage Technologies(http://www.engage.com)可在网上匿名追踪用户行为并使广告针对各个不同的个体用户。

最后，Internet 提高了中间商在促销活动中的协作功能。例如，公司可以借助电子邮件互相发送广告和其他材料，还有，所有公司可在任何时间看到网站上的最新的促销内容。这是一个巨大的进步，因为在现实世界中，公司往往只是负责经营广告或者优惠券等活动，只有在客户前来咨询特殊交易时才会露面。

### 3. 按照买方需求提供产品

使产品与买方需求相符是网络的过人之处。给定有关买方需求的一般描述，购物代理商就能推出一系列满足买方需求的产品。购物代理商（shopping agents），例如 CompareNet (http://www.comparenet.com) 与 PriceScan(http://www.pricescan.com)，使消费者能够在商品目录中迅速比较商品的价格与特征。

在线零售商也能帮助消费者找到与其需求相符的产品。Gap(http://www.gap.com)允许消费者混杂衣服并任意搭配以挑选一个衣柜。图 6-1 显示的是兰德·路华（Land Rover）网(http://www.landrover.com)。它允许消费者客户化地设计自己的兰德·路华车。

图 6-1  Land Rover 网站首页

别具一格的是协作过滤代理(collaborative filtering agents)。它可以根据消费者过往的购买行为预测消费者偏好。例如，Amazon 就利用协作过滤代理向其老客户推荐书目和音乐。一旦该系统就位，并且系统中的用户从数千名增加到数百万名时，边际成本就变得微乎其微。当消费者信息被不断地添加到数据库中后，协作过滤代理的效率和有效性会不断地增加。当然也要注意，由于这些服务实现了自动化，因此它们的协调性不太好。反之，如果在现实社会中使用劳动密集型的方式使产品与需求相符，这样会随着交易量的增加变得越来越难。比如说，零售店的销售人员要面对一大堆的杂事，而 Internet 的功能却能通过一些电脑程序为买方找到相配产品。当然，这么做也会给网络零售商带来负担，即如何在价格基础上竞争或如何在这个市场上区分其产品。

## 6.2.2 网络广告

所有在网站或电子邮件中为空间支付费用的行为都是在做网络广告。这种模式与传统媒体模式大致相同,公司提供内容,然后向外界的广告主出售空间。但是在 Internet 上,这往往会被弄混,特别是当公司嵌入的标语广告(house banner)出现在自己网站中时就更甚。关键在于如果公司付了费用或通过以物易物的方式换来空间,并将它自己设计的内容置于其中,这就是网络广告。网络广告除用于打开知名度、提供信息、建立对产品形象的正面影响以及提醒用户此种产品的存在外,还可以用来建立品牌权益并获取消费者的直接回应。

**1. 品牌广告与直接回应广告**

网络广告可以通过交易或者其他商业行为打造品牌或激发直接回应。品牌广告创造了十分醒目的产品形象,顾客在做出购买决定的一刹那就会将其与此产品联系起来。

在线品牌广告(brand advertising)有时也被称为 CPM 或印象广告(以广告播放一千次的费用作为计量单位),因为它的目标是将品牌名称和产品优点呈现在使用者面前。事实上,每次与公司或者产品接触都会有助于在消费者头脑和心目中加深品牌印象,品牌广告重点在于创出品牌而不是所谓的创造卖点。相反,现在网络上常见的直接回应广告则寻求消费者看过广告后产生兴趣或直接购买行动的效应。

品牌广告在效果等级模式中处于意识和态度的层面,而直接回应的广告则是首要处于行为层面的。有人或许会疑惑为什么并不是所有的广告都可以直接回应,尽管从长远来看运营者通常都会期望网络广告有助于推动销售,但消费者首先必须意识到这种产品的存在才会在购买的时候考虑它。对于消费品来说,消费者购买前必须逐步形成积极正面的印象:面对这种情况,网络广告的作用就显得十分突出。

Forrester 调查公司于 1997 年末进行的定性研究结果显示网络并不特别适于品牌广告,然而,这一观点还是存有争议。毫无疑问,品牌广告的最佳使用媒体是电视。如果把 Internet 视为品牌媒体,其缺点是受制于带宽速度低以及比电视媒体少得多的观众数量。带宽的问题对于需要强烈情感冲击的产品的影响尤为突出。尽管存在带宽速度慢和观众数量有限等问题,Internet 品牌战略仍吸引了大量的资金注入。

为证实广告开支的有效性,一项研究发现,在看过在线宣传后,40%的成年网络用户改变了对特定品牌的看法。在线广告促使用户改变了对品牌的印象,在汽车领域,21%的客户会因为在线广告改变对品牌的印象;在航空公司、投资和家居产业,这个数字分别是 20%、13%和 12%。

即使有这么多数据说明网络对于建立品牌效应的价值,但不可否认,网络的优势仍在于直接回应的广告。这种类型的广告充分利用了 Internet 与客户进行双向交流的得天独厚的优势,在此模式下,用户通过单击横幅或按钮广告进入赞助商网站,以获得产品的详细信息并很有可能直接完成在线交易。

对于在线直接回应广告和品牌广告各自的广告开支,尽管当前无法预测,但值得注意的是,15%的广告主使用以效益机制系统计算的广告投入回报率,即每个客户、每条新闻或每次单击的回报率。

## 2. 其他网络广告形式

### 1）电子邮件广告

迄今为止，在线广告中最廉价的类型当数电子邮件广告（E-mail advertising），它通常是几行字的文本邮件，广告主购买他人提供的电子邮件空间（例如，免费邮件）。图6-2显示了为客户提供在 http://www.cnforyou.com 新风雨网络书城购买《程序员2005精华本》的电子邮件广告。又例如，美洲航空公司网站就曾经为其经营的美国菲亚特大酒店向来自外埠的旅客发送简短的电子邮件。随着网络技术的不断发展和带宽的增加，此类广告也会附有精美图片。

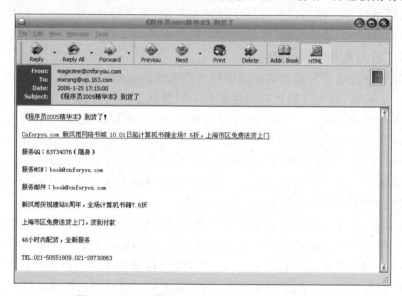

图6-2 购买《程序员2005精华》的电子邮件广告

### 2）横幅和按钮广告

在网页上，横幅（banners）和按钮（buttons）占据指定位置的租售空间。这与杂志和报纸上的印刷广告模式有点类似，只不过在网络中，同样的尺寸之间却可具有一些平面广告无法模拟的音像功能。按钮的形状可以任意，而横幅通常是矩形的。Internet广告管理局和广告信息娱乐联合会共同制定了按钮和标题的标准尺寸。图6-3显示了目前最常用的横幅标准尺寸（468×60像素），以及其他两种流行的尺寸：120×60像素和88×31像素，而图6-4展示了一个非标准尺寸的标题。当然，最终该产业将同传统媒体一样，会将广告尺寸标准化，从而更便于网站出售空间以及广告公司设计网络广告。

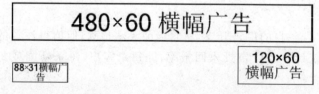

图6-3 标准横幅广告尺寸

图6-4 中国电信广告

## 6.2.3 网络促销

我们熟知的网下促销活动包括优惠券、打折品、产品试用(sampling)、有奖竞赛、抽奖和赠品(免费或低价小礼物)。其中,奖券、试用装、有奖竞赛和抽奖在 Internet 上已经大量使用了。直接营销协会统计在 2004 年网上促销的比例由 1999 年的 15% 升至 70%(http://www.investors.com),原因在于网上促销的功效卓著。据销售人员介绍,在线促销的回应率比直邮促销要高出 3~5 倍。大多数线下促销策略针对的是分销点上的各个公司,而在线策略则直接面向消费者。如同线下客户市场促销一样,许多在线促销也结合广告,双管齐下,效果更加显著。

在线促销的巨大效益之一是它们能为公司电子邮件数据库收集用户数据。任何时候,只要用户将姓名和邮件地址输入网上表单,或直接向公司发送邮件,信息最终都将存储在数据库中。公司可在接连不断的促销活动中使用这个列表,从而与潜在和现有客户建立长久的关系。

### 1. 电子优惠券形式

优惠券是一笔兴隆火爆的在线生意。NPP 调查公司报告显示,接近 1/3 的 Internet 用户会单击获取优惠券,并且有 90% 的客户知道有这种促销形式,与 1999 年比,只有 60% 的网络用户知道能够获得在线优惠券,因而电子优惠券数量增长潜力巨大。

提供在线优惠券的网站中,http://www.icoupon.com.cn 电子优惠券发布门户和 http://www.egke.com 易购客网站位居前两位,它们均通过在线和非在线各种途径推行在线优惠券。图 6-5 为易购客餐饮部分首页。

图 6-5 易购客餐饮部分首页

在美国众多提供电子优惠券的公司中,H.O.T! 名列前茅,它提供一种当地优惠券,客户可通过邮政编码查询数据库(见图6-6)。新券到货时电子优惠券公司往往通过电子邮件发出通知,从而建立品牌忠诚度。

图6-6 H.O.T! 优惠券公司在当地发送优惠券

**2. 试用品形式**

一些网站允许用户在购买前试用其产品。例如,许多软件公司提供功能齐备的软件演示DEMO版,可以免费下载,而为了保护公司的利益,演示版通常30~60天到期,届时用户可选择购买该软件或将其在系统中删除;一些在线音乐网站允许客户在订购CD前试听30s左右的音乐片段;一些市场调查公司常常将调查结果也作为试用品,吸引公司企业购买全部报告。例如"媒体矩阵"(Media Metrix)在其网站上放送位居前列的网站每月的调查结果,使其潜在用户参考甚至使用,从而希望可以发现更多的客户和数据需求。

### 6.2.4 许可营销

"许可营销"理论最早是由Yahoo!的营销专家Seth Godin在 *Permission Marketing* 一书中进行系统的研究,这一概念一经提出就受到网络营销人员的普遍关注并得到广泛应用。许可E-mail营销的有效性已经被许多企业的实践所证实,从目前市场发展的趋势来看,许可E-mail营销将会成为企业在宣传产品和服务中经常使用的手段之一。

许可营销,也就是企业在推广其产品或服务的时候,事先征得顾客的"许可",在得到潜在顾客许可之后,通过E-mail的方式向顾客发送产品或服务信息。因此,许可营销在很多地方也被定义为许可E-mail营销。

**1. 许可营销的主要作用**

网络营销的手段有很多,例如标志广告、分类目录、E-mail营销、赞助、数据库营销等,在所有方式中,E-mail营销是最为有效的。

在线直复营销应用服务提供商FloNetwork与NFO Interactive在最近的一次调查中发现,许可电子邮件营销具有强烈的正面反映。在对1000名网络用户的调查中,有94%的消费者选择基于许可的电子邮件,89%的被调查者认为电子邮件是获取他们感兴趣产品的好办法,在已经与商家建立联系的消费者中,有81%的用户认为这种沟通方式不错(在线直复营销是指通过一切可以直接接触客户的途径,或者客户可以直接做出反应的媒介进行沟通)。

调查也证实,消费者为了获得某些服务,愿意为商家提供个人信息作为交换条件,只要给出明确的个人信息保护政策,54%的回答者愿意为获取个性化服务而提供个人信息,不过,同时也有22%的被调查者表示不愿意,不能肯定回答的占23%。

调查中也发现,网上顾客在寻找所需产品时,电子邮件同样发挥着重要作用。在线消费者获得新产品和服务的主要方法第一位的是访问网站,占76%,许可E-mail为58%,居于第二位。

许可E-mail营销的有效性已经被许多企业的实践所证实,IMT Strategies公司于2000年4月份曾经发布了一份题目为《许可E-mail:直复营销的未来》的研究报告,据IMT Strategies估计,到今年年底,在许可E-mail营销计划中的花费至少达到10亿美元。

根据Webcmo.com的调查报告《E-mail营销战略》,邮件列表是最常用的E-mail营销工具,有超过68%的被调查者在网站上至少有一个邮件列表。该报告同时指出,邮件列表的主要目的是促销产品或服务、建立社区、沟通,而创造利润和品牌形象分别居于第四位和第五位。报告表明,新闻邮件在建立顾客关系方面也很有效,按照有效性排列的顺序是:建立顾客关系、建立社区、推广产品和服务、品牌形象、创造利润。

**2. 实现许可营销的五个步骤**

实现许可营销有五个基本步骤,Seth Godin把从吸引顾客的注意到获取许可的过程形象地比喻为约会——从陌生人到朋友,再到终身用户。

首先,要让潜在顾客有兴趣并感觉到可以获得某些价值或服务,从而加深印象和注意力,直到按照营销人员的期望,自愿加入到许可的行列中去(就像第一次约会,为了给对方留下良好的印象,可能花大量的时间来修饰自己的形象,否则可能就没有第二次约会了)。

第二,当潜在顾客投入注意力之后,应该利用潜在顾客的注意,比如可以为潜在顾客提供一套演示资料或者教程,让消费者充分了解公司的产品或服务。

第三,继续提供激励措施,以保证潜在顾客维持在许可名单中。

第四,为顾客提供更多的激励从而获得更大范围的许可,例如给予会员更多的优惠,或者邀请会员参与调查,提供更加个性化的服务等。

第五,任何企业都是以赢利为目标,也就是说,经过一段时间之后,营销人员需要利用获得的许可改变消费者的行为,也就是让潜在顾客说"好的,我愿意购买你们的产品",只有这样,才可以将许可转化为利润。

当然,从顾客身上赚到第一笔钱之后,并不意味着许可营销的结束,相反,仅仅是将潜在顾客变为真正顾客的开始,如何将顾客变成忠诚顾客甚至终身顾客,仍然是营销人员工作的重要内容,许可营销将继续发挥其独到的作用。

**3. 许可营销的误区**

许可营销虽然是有效性的网络营销手段,但是,许可营销并非网络营销成功的充分条件。事实上,许多公司在开展许可营销活动中还存在着种种误区,如果营销人员不能正确认识和掌握许可营销的精髓,有时可能会对公司形象和业务产生严重的负面影响。这些误区应该引起高度重视。

1) 注册会员必须是终身的

几乎所有的电子商务网站都要求在进行购物或其他商务活动（如拍卖、发布供求信息）之前先注册为会员，这种方式本身不仅带有一定的强制性，而且许多网站并没有说明有权随时向会员发送商业信息，会员似乎也没有选择的余地。注册会员的"终身制"有时让人觉得有被出卖和愚弄的感觉。

用户的生命周期并不意味着公司的利润周期，公司所拥有的只是在一定阶段内的用户的价值，这个阶段有时非常短暂，因而更应该善待每一位会员，尽量吸引他延长作为会员的周期，并在会员周期内尽可能地获得价值。当一个会员不再需要公司提供的服务，或者对该公司不再信任时，完全有理由决定退出；否则，不仅不会为公司带来利益，而且会增加用户的厌恶感，说不定还会因此而遭到用户的起诉。不能退订的邮件或者没有明确告诉用户退订方法的邮件，实际上就是中国电信定义的"垃圾邮件"。

2) 忽视忠诚顾客

"获得一个新的顾客比留住一个现有顾客代价要大得多"，这个道理应该是每个营销人员都知道的基本常识。然而现实的情况往往是，对忠诚的顾客投入的服务越来越少，甚至向他收取更高的费用，特别是促销优惠条款只对新加入的顾客有效……以至于顾客变成"前顾客"或者竞争对手的顾客。下面的顾客关系周期在许多公司都是通用的：陌生人→朋友→顾客→忠诚顾客→前顾客。

3) 个人信息保护

根据 The Strategist Group 的调查结果，大约有 77% 的互联网用户为避免在一些网站登记个人信息而离开。人们不愿意登记的原因不仅是因为登记过程占用时间和精力，更主要的是因为关系到个人信息。放弃登记的四个主要原因是：

（1）61% 的人为了保护个人信息；

（2）27% 的人为了避免 E-mail 广告；

（3）21% 的人认为问题太多；

（4）12% 的人抱怨登记页下载时间太长。

4) 邮件字节数过大

得到用户的许可后，顾客资料便成了公司的资产，那么是否意味着就可以向顾客随意发送大量的广告信息呢？回答这个问题最简单的方法就是站在顾客的角度想一想：顾客需要这样的信息吗？顾客能从中得到什么价值？接收 50KB 的邮件需要多长时间？接收 200KB 的邮件需要多长时间？顾客愿意接收吗？不要总用专线上网的带宽和 Pentium III 650MB 配置的计算机来衡量用户的邮件接收速度，而且别忘了，用户的电子邮箱空间是有限的。

### 6.2.5 搜索引擎营销

**1. 搜索引擎营销过程中的五个基本要素**

（1）信息源（网页）；

（2）搜索引擎信息索引数据库；

（3）用户的检索行为和检索结果；

（4）用户对检索结果的分析判断；

(5) 对选中的检索结果的单击。

对这些要素以及搜索引擎营销信息传递过程的研究和有效实现就构成了搜索引擎营销的基本任务和内容。

**2. 搜索引擎营销的基本流程的五项基本任务**

完整的搜索引擎营销过程包括下列五个步骤,这也是搜索引擎营销得以最终实现所需要完成的基本任务。

1) 构造适合于搜索引擎检索的信息源

信息源被搜索引擎收录是搜索引擎营销的基础,这也是网站建设之所以成为网络营销基础的原因,企业网站中的各种信息是搜索引擎检索的基础。由于用户通过检索之后还要来到信息源获取更多的信息,因此这个信息源的构建不能只是站在搜索引擎友好的角度,还应该包含用户友好,这就是我们在建立网络营销导向的企业网站时所强调的,网站优化不仅仅是搜索引擎优化,而是包含三个方面,即对用户、对搜索引擎和对网站管理维护的优化。

2) 创造网站或网页被搜索引擎收录的机会

网站建设完成并发布到互联网上并不意味着自然可以达到搜索引擎营销的目的,无论网站设计得多么精美,如果不能被搜索引擎收录,用户便无法通过搜索引擎发现这些网站中的信息,当然就不能实现网络营销信息传递的目的。因此,让尽可能多的网页被搜索引擎收录是网络营销的基本任务之一,也是搜索引擎营销的基本步骤。

3) 让网站信息出现在搜索结果中靠前的位置

网站或网页仅仅被搜索引擎收录还不够,还需要让企业信息出现在搜索结果中靠前的位置,这就是搜索引擎优化所期望的结果,因为搜索引擎收录的信息通常都很多,当用户输入某个关键词进行检索时会反馈大量的结果,如果企业信息出现的位置靠后,被用户发现的机会就大为降低,搜索引擎营销的效果也就无法保证。

4) 以搜索结果中有限的信息获得用户关注

通过对搜索引擎检索结果的观察可以发现,并非所有的检索结果都含有丰富的信息,用户通常并不能单击浏览检索结果中的所有信息,需要对搜索结果进行判断,从中筛选一些相关性最强、最能引起用户关注的信息进行单击,进入相应网页之后获得更为完整的信息。做到这一点,需要针对每个搜索引擎收集信息的方式进行有针对性的研究。

5) 为用户获取信息提供方便

用户通过单击搜索结果而进入网站或网页,是搜索引擎营销产生效果的基本表现形式,用户的进一步行为决定了搜索引擎营销是否可以最终获得收益。在网站上,用户可能为了了解某个产品的详细介绍而成为注册用户。在此阶段,搜索引擎营销将与网站信息发布、顾客服务、网站流量统计分析、在线销售等其他网络营销工作密切相关,在为用户获取信息提供方便的同时,与用户建立密切的关系,使其成为潜在顾客,或者直接购买产品。

**3. 利用搜索引擎提升网络品牌的基本方法**

(1) 尽可能增加网页被搜索引擎收录的数量。

(2) 通过网站优化设计提高网页在搜索引擎检索结果中的效果(包括重要关键词检索的排名位置和标题、摘要信息对用户的吸引力等),获得比竞争者更有利的地位。

(3) 利用关键词竞价广告提高网站搜索引擎的可见度。

(4) 利用搜索引擎固定位置排名方式进行品牌宣传。

(5) 多品牌、多产品系列的分散化网络品牌策略等。

这些方法实质上都是为了增加网站在搜索引擎的可见度,因此如何提高网站搜索引擎可见度成为搜索引擎提升网络品牌的必由之路。

## EC 聚焦——走对一步,领先一路

常言道"女怕嫁错郎,男怕入错行",而面对新的市场营销挑战,"网络营销工具就是怕选错"。选对了,领先一路;选错了,则事倍功半。

网络营销为国内企业的发展提供了全新的营销模式和方向,然而随着网络营销服务提供商纷纷推出相关产品,企业用户难免会有"乱花渐欲迷人眼"的感觉。国内中小企业如何选择合适的网络营销服务?北京正邦文化艺术发展有限责任公司的成功经验为我们提供了有益的借鉴,那就是"走对一步,领先一路"。借助网络营销服务,有效提升企业宣传,带来销售业绩,这才是网络营销的根本价值所在。无一例外的是,北京正邦文化艺术发展有限责任公司在进行网络营销时,选择了雅虎的搜索竞价服务。

北京正邦文化艺术发展有限责任公司是一家专业从事标志设计和平面广告设计的广告公司。也许因为是设计公司,正邦公司始终非常注重企业自身的推广宣传。在推广和宣传过程中,正邦逐步发现通过互联网营销来扩大企业的知名度、提高企业客户资源是完全有可能的。

通过精挑细选,正邦选择了雅虎搜索竞价。吸引他们的是雅虎搜索竞价的诸多特点和优势。包括醒目的推广位置、灵活控制推广力度和投入。对中小企业来说更加经济实用,可以按照带来潜在客户的访问数量计费,而不是按照使用时间的长短来计费。并且可以随时控制自己的消费预算,费用更低,更透明,而且针对性比较强。平均每次单击仅仅收费 0.3 元。同时,覆盖范围广泛,可以在雅虎门户、3721 地址栏等多个页面进行推广等。

一段时间之后,雅虎搜索竞价服务果真没有让北京正邦文化艺术发展有限责任公司失望。高性价比、高效率的服务将企业发展带入了新的阶段。如今,通过雅虎搜索竞价找到北京正邦文化艺术发展有限责任公司的客户越来越多,公司业务量明显地增长,而且成功率也较高。

网络营销最终的目的是扩大宣传范围,让客户主动上门联系,并最终实现销售突破。而这一切,正是雅虎搜索竞价服务的优势所在。

总结正邦选择网络营销工具的各个关键要素,我们可以看到:首先是搜索竞价的方式,可以和 8000 万网民产生互动,让用户主动找上门来;其次是用户覆盖面广泛;最后是费用低廉,效果好。雅虎的搜索竞价拥有合理的赢利模式,近 8000 万的潜在用户数量,以及每次有效单击 0.3 元的价格优势,可以判定是一款可以让企业在互联网时代发挥自身营销潜力的网络营销工具。

对于中小企业网络营销来说,选择一款合适的网络营销工具,就意味着走对了一步,就可以使得自身在同行业中获得有利的位置和收益,可谓是"走对一步,领先一路"了。

## 6.3 网络营销计划

### 6.3.1 制定网络营销计划的七个步骤

制定一个网络营销计划至少需要七步,如果公司已经制定了营销计划,网络营销活动应该与公司目前计划并行不悖。特别是当网络营销战略涵盖了当前各个过程的时候更要注意这点。反之,如果公司刚刚建立,或准备专门为电子商务建立分支机构或者子公司,就应该分以下七步走:

(1) 进行情境分析。审查现有的营销计划以及其他任何有关于公司及其产品品牌的信息;审核环境因素;进行市场机会分析(包括 SWOT 分析)。
(2) 确定最终利益相关者。
(3) 确立目标。有些目标是全球性的,而有些则适用于具体目标。
(4) 设计营销组合战略以实现目标。
(5) 设计行动计划(完成战略的战术)。
(6) 做预算。
(7) 制定评估计划。

营销计划就如备战一场足球比赛,反复观看比赛录像时,情境分析能揭示出每个队的强项和弱项(例如,主队占据场上主动,现场观众能大助声威)。一个可能的目标是通过带球突破进球赢得比赛。制定战略以实现这一目标(例如,制定全场跑位的行动计划,突破禁区)。接下来,制定实现战略的战术(例如,制定把握第一次带球机会,继续第二次带球机会以保持士气,最后完成第三次机会的行动计划)。最后,经过赛后评价总结准备大举反攻。

下面会比较详细地介绍第四步和第五步,设计营销组合战略和设计行动计划。

### 6.3.2 设计营销组合战略

这部分主要介绍如何通过网络营销战略实现目标,根据表 6-1 来看如何通过选择电子商务模式来设计营销战略,不难发现这些模式包括了很多能在竞争中占上风的无限商机。有些模式只是触及网络公司承诺的较低层次(如内容出版商),而其他的则要承担更大的风险(例如网络零售商)。有些模式意味着要进行重大的公司改造,而有些只需使用诸如发电子邮件之类的简单策略就可以了。总之,对于公司如何利用电子营销策略获取利润,可以从中得到全面深刻的了解。

需要注意的是,许多公司都将两种或更多的公司模式集于一身。例如,亚马逊既是电子零售商,又是内容赞助者(出售广告)。

大多数营销计划就如何选择目标和战略都有一套理论基础,这对于那些为争得资源份额以及高层管理层支持的单个电子商务项目更是如此。卡拉科塔(1999)建议了四种恰如其分的理论基础类型。

(1) 战略论证:显示了战略如何适应公司总体使命和目标,以及若圆满履行的话将会把公司引向何方。

表 6-1 有选择的电子商务模式营销战略

| 营销组合部件 | 公司模式 |
|---|---|
| 产品 | 新产品的数字价值 |
| 价格 | 利用网络营销降低成本<br>谈判<br>细分定价 |
| 分配 | 内容赞助<br>直接销售<br>信息中介人<br>经纪人：在线交流<br>　　　　在线拍卖<br>代理：制造商代理<br>　　　会员程序<br>　　　中介人<br>　　　虚拟超市<br>　　　购物代理<br>　　　反向拍卖<br>　　　购买者合作制 |
| 营销传播 | 内容发行<br>电子邮件<br>社区建设<br>在线广告<br>在线促销 |
| 关系营销 | CRM |

（2）运作论证：明确并量化战略能带来的具体翔实的改进完善程度。例如，若建议启用 CRM（Customer Relationship Management，客户关系管理）软件，它将如何用于提高客户留存率并随之增加收入。

（3）技术论证：证明技术如何适应当前信息技术能力并产生与之整合的合力，如是否能与当前的一体化供应链相互配合协作运行。

（4）财务论证：审核成本/效益分析，并使用标准计量办法，比如结合投资回报率（Return On Investment，ROI）和净现值（Net Present Value，NPV）等加以衡量。

### 6.3.3 行动计划

在网络营销计划的行动计划这一阶段，运营者要确定实现选定战略的具体战术。这就是日常行动计划（action plan）。例如，如果有意在网上销售产品，就应制定周密的计划。其中涉及必要的产品适用性、网站设计、电子商务的技术层面、定价、分配以及营销传播战术等以使该项目正常运作。而且，除非这是一个纯粹的网络公司，这些计划都必须与之前的营销战略和商务模式紧密结合。

为了方便大家对网络营销行动计划有个感性的认识，这里介绍一个网站实例。

## 1. 项目范围

公司希望把网站建成怎样一个规模？对于内容而言，一个小型网站可以迅速建成，费用低廉并且容易管理。启用小网站不需耗费太多精力，对某些目标格外有效。但也不可避免地限制了公司的网上展现机会。大一些的互动式网站需要全面的目标并投入较多资源，但却能容纳丰富的内容，可以进行1：1营销和电子商务。若计划中包括电子邮件交流项目，公司不但需要设置专门的步骤和人员回复邮件，还要增设数据库软件。

## 2. 网站开发

谁来开发网站？即所谓的"建设、购买或租用"决策。内部开发人员熟悉公司情况，容易控制管理，但很可能不了解技术以及网络的独特之处。除非公司在网络开发上经验丰富，否则自行开发可能带来麻烦甚至出现差错，这从长远来看代价更高。

对于即将在网站上亮相的公司来说，至少有七个原因支持通过外包（outsource）开发网站（"购买"或"租用"）。

第一，外包可以提高速度。设计公司绝不会有消极怠工的"癖好"。它熟悉技术并懂得怎样应用。

第二，由于项目完成速度大大加快，节省的人员成本远远超过了支付的设计费，直到有人汇总了网站开发和维护涉及的人工费，才会发现这个结果。

第三，外包可以提高下载的速度。有许多只为开发公司所知道的技术秘诀能提高下载速度。许多自行开发的网站大都装载了大量图片，可是下载速度慢得令人难以忍受。

第四，设计公司能设计出更加亲切友好的产品。设计公司很清楚用户期待的漫游标准，并能够满足他们的需求。

第五，站点上的图片的设计将趋于更加精致和专业化。公司自行设计网站在设计的整体效果方面总是不尽如人意。

第六，外包公司熟悉知识产权的有关规定。许多自行设计的网站总是在大方地借用受到知识产权保护的材料。

第七，你永远没有机会改变第一印象。设计简陋的网站的用户是不会再回来的。

## 3. 网站促销

有关如何吸引用户光顾网站，长时间留住他们并让他们定期回来的话题是很大，毋庸置疑，人们不会在新网站问世第一天就蜂拥而至。这里，列举了网站吸引读者登录获取更多信息几种重要途径。

（1）在搜索引擎注册。许多网站，例如 Yahoo! 要求公司完成注册以备搜索。

（2）在 HTML，标签中使用元标签和关键词以协助搜索引擎发现网站。

（3）找到所有在合适的通讯录中列出的网站（例如，广告公司名录）。

（4）向任何可能推动新网站前进的人发送公开的电子信息。

（5）让互补性网站建立链接。

（6）在所有非在线促销材料以及电子邮件标记文件中加入网址。

（7）考虑在搜索引擎中加入关键词标语广告，但要谨防较低的点击进入率。赞助广告效果更好些。

（8）考虑雇佣一个公司专门在网上推销网站，这些公司掌握通讯名录，具有搜索引擎，对于推出新网站更加得心应手。

**4. 网站维护**

网站程序维护也应该包括在行动计划之中,而且还是一部分比较容易产生成本的地方。据估计,网站平均每 75 天需要更新一次,有些甚至天天更新。Internet 提供了频繁更新内容的机会(或者可以说是负担)。比如说,公司可能想要发布产品或人事变动的新信息,或者宣布一个新的促销计划。而且,经常添加一些吸引眼球的材料、促销活动或者信息的网站也容易吸引客户反复访问。内容维护需要人力资源部门提前着手制定有效的 Internet 计划。技术维护也同样需要提前规划,尤其是该项目希望能随着时间的推移不断扩展。只要新技术适合营销计划目标,Internet 运营者都想充分利用它们。

## EC 聚焦——某公司网络营销计划

**1. 网站推广目标**

计划在网站发布 1 年后达到每天独立访问用户 2000 人,注册用户 10 000 人。

**2. 网站策划建设阶段的推广**

也就是从网站正式发布前就开始了推广的准备,在网站建设过程中从网站结构、内容等方面针对 Google、百度等搜索引擎进行优化设计。

**3. 网站发布初期的基本推广手段**

登录 10 个主要搜索引擎和分类目录(列出计划登录网站的名单)、购买 2～3 个网络实名或通用网址,与部分合作伙伴建立网站链接。另外,配合公司其他营销活动,在部分媒体和行业网站发布企业新闻。

**4. 网站增长期的推广**

当网站有一定访问量之后,为继续保持网站访问量的增长和品牌提升,在相关行业网站投放网络广告(包括计划投放广告的网站及栏目选择、广告形式等),在若干相关专业电子刊物投放广告;与部分合作伙伴进行资源互换。

**5. 网站稳定期的推广**

结合公司新产品促销,不定期发送在线优惠券;参与行业内的排行评比等活动,以期获得新闻价值;在条件成熟的情况下,建设一个中立的与企业核心产品相关的行业信息类网站来进行辅助推广。

**6. 推广效果的评价**

对主要网站推广措施的效果进行跟踪,定期进行网站流量统计分析,必要时与专业网络顾问机构合作进行网络营销诊断,改进或者取消效果不佳的推广手段,在效果明显的推广策略方面加大投入比重。

## 关键概念

产品决策　　网络分销渠道的功能　　网络广告许可　　营销许可　　E-mail 营销　　网络营销计划的七步骤

## 简答题

1. 列出六种新产品策略,为每种策略举出网上实例。
2. 在 Internet 上能够实现的非货币成本消减是什么?
3. 良好的公司网络营销计划应该包括哪些内容?
4. 当分销渠道职能依赖于网络时,它们的价值是如何转变的?
5. Internet 对于分销渠道长度有影响吗?
6. 许可营销的五个步骤是什么?
7. 搜索引擎营销的五个要素是什么?
8. 搜索引擎营销的五个基本步骤是什么?

## 热点话题

1. 航空公司多年来面临的一个问题是不能完全获得定价信息,航空公司怎么应对这个问题?网络企业应该采取相似的策略吗?
2. 你认为哪一种成本节省因素对价格影响最大?为什么?
3. 假如无线上网仍然是一个很小的市场,它为什么能够引起这么多的注意呢?

## 实战演练

在汽车行业,对同一款汽车稍做改动后的款式有时是以不同的品牌名进行营销的。例如,福特探险者(Ford Explorer)与水星登山者(Mercury Mountaineer)实质上是同一种车,登山者是以更多的标准特色和更高的价格推出的。它旨在吸引女性客户,因此包括了许多对该目标客户群较重要的安全特征。登录 http://www.edmunds.com,访问 Edmund 购车服务公司,在新卡车类目下搜寻福特探险者和水星登山者,查找到每一种车的最低售价并完成表 6-2,对于每一种车,比较汽车的特征,列出该特征的名称,然后指出哪种车型具备了该特征。并回答以下问题:

(1) 你认为推出登山者时采用的新产品定价策略是什么?
(2) 你是否认为表 6-2 中列出的额外特征会导致制造商的区别定价?
(3) 你认为福特公司为什么要推出探险者产品的克隆系列"水星",而不是扩大探险者的产品系列?

表 6-2　两车对比表项

| 项　目 | 福特探险者 | 水星登山者 |
| --- | --- | --- |
| 价格（MSRP） | | |
| 特征（具体说明） | | |
| 特征（具体说明） | | |
| 特征（具体说明） | | |
| 特征（具体说明） | | |

# 第 7 章 移动电子商务

**学习要点**
- 移动电子商务的基本概念、架构、特点、服务、模式；
- 移动电子商务在行业中应用；
- 移动电子商务目前发展状况。

## 7.1 移动电子商务概述

无线技术的发展带动了移动电子商务的发展，传统的 B2B、B2C 电子商务也开始由固定的 IP 网络拓展到移动通信网络。无线网络购物便捷快速，随处可用，为企业提供了新的商机。移动电子商务正是因为其移动性的特点，实现了随时随地的交流，所以必将成为未来电子商务发展的主要方向。

### 7.1.1 移动电子商务的定义

移动电子商务是指由智能手机、掌上电脑、笔记本电脑等移动通信设备与无线上网技术结合所构成的一个电子商务体系。它涵盖了原有电子商务的一个交易过程：营销、销售、采购、支付、供货和客户服务。移动电子商务不仅能提供 Internet 的直接购物，它还是一种全新的销售与促销渠道。对于企业用户，这一优势表现得尤为明显。一般来说，移动商务用户希望在两方面得到他们技术投资的回报：一方面是增加利润——来自提高生产力、减少错误、移动销售、对变化环境的快速反应能力；另一方面是降低成本——通过减少客户支持、减少呼叫中心、简化订购方式、节约管理时间和费用、客户费用和供应链管理。移动商务为企业用户提供了重要的竞争手段，并为企业用户带来了竞争的优势。它能使企业用户根据业务需要，随时随地获取商业关键信息，以提高生产力、优化工作流、节约成本、创造新的利润源、实现数据的真正经济价值。对于个人用户，移动商务提供了一种更为高效、简便、安全的手段来获取商业信息和进行商业交易。

从定义看，移动电子商务应该满足以下几个方面的要求。

（1）安全性。源于移动通信的本质，安全性对于移动电子商务是非常重要的。任何人通过无线网络传送信息的时候，从理论而言，其他人都可以截取各种资料。虽然移动通信已经对信息传送进行了加密，但移动商业和移动银行系统需要更高级的安全保障。

（2）冗余。移动电子商务和银行系统要有很高的冗余度，能够应付数百万个用户和成千上万笔的同步交易。

（3）及时性。一般移动商务系统开发周期在2～3个月，所提供的服务需要及时，才能快速占领市场，获取利润。

（4）灵活性。移动电子商务系统需要有很高的兼容性和开放性。移动电子商务系统应该能够迅速和简便地为消费者提供各种个性化的新服务。用户也可以通过各种不同的移动设备进行电子商务活动。

（5）公认标准。一个移动商务系统应当符合标准来减少成本和执行的时间。目前银行、商业和通信在世界上已经有了自身公认的业务标准。

（6）处理突发事件的能力。移动电子商务要求有特殊处理的功能，与固定网络相比，无线交易由于GSM(Global System of Mobile communication,全球移动通信系统)网络在跨服务区传输信号时存在硬切换，经常在处理事务过程中出现掉线，或者在交易进行时移动终端关闭。一个移动电子商务系统应该能可靠地处理这样的情况。

## 7.1.2 移动电子商务的架构

移动商务的技术架构可以简单地分成三个层次。最底层是网络基础层，这一层主要是移动网络基础设施，它是所有移动应用的网络基础，通常由网络运营商负责该层次的建设、运营和维护。通常所说的GPRS(General Packet Radio Service,通用分组无线服务技术)网络或4G网络等都是这一层的概念。该层主要决定了移动应用的网络质量如带宽、传输速率等。网络基础层上面就是中间件层，该层的主要目的是屏蔽网络基础层，为上层的移动应用开发提供一个统一的平台。简单地说，有了中间件层，底层网络性质对于服务提供商来说是透明的，无须加以考虑。WAP(Wireless Application Protocol)就是一种类似于中间件的技术，通过制定一系列标准协议，使得WAP应用不受网络和终端设备的影响，从而实现多网络多终端的服务。在中间件的上面就是移动应用层。移动应用层由应用服务提供商来开发和维护，为用户提供各种各样的服务，例如移动银行、移动游戏等。

根据上述架构，我们还可以划分参与移动商务的主要几种角色。首先是用户，没有用户的参与，移动商务就是空谈。其次是上面我们提到的网络运营商和应用服务提供商，一个负责网络平台，一个负责应用服务。除此以外，还有设备制造商提供各种各样的网络设备和终端设备，软件开发商开发各种中间件平台，内容提供商为各种应用服务提供相应的内容。由此可见，移动商务是一个多层次多角色的体系，我们在发展移动商务的时候必须考虑各层次各角色之间的协调发展，从而保证整个系统的正常运行。

## 7.1.3 移动电子商务的特点

Internet与无线技术的结合为服务提供商创造了新的机会，使之能够根据客户的位置和个性提供多样、便捷的服务，并且能够频繁地与客户进行交互，从而建立和加强与客户的关系，降低服务成本。表7-1列出了移动电子商务的几个特点。

表 7-1 移动电子商务的特点

| 特 点 | 说 明 |
|---|---|
| 1. 广泛的用户基础 | 中国移动电话用户数已经远远超过 Internet 的用户,成为名副其实的移动电话用户最多的国家。移动电子商务与通过电脑平台开展的传统电子商务相比,拥有更为广泛的用户基础 |
| 2. 多样化和人性化 | 其不同于传统的销售方式,可以根据消费者的个性化需求和喜好提供个性化的服务 |
| 3. 灵活的付费方式 | 主要有直接转入银行、用户电话账单或者实时地在预付账户上借记等 |
| 4. 随时随地性 | 移动 Internet 的终端设备主要有蜂窝移动电话或个人数字助理 PDA,其体积小巧,可随时随地随身携带 |
| 5. 个性化 | 利用移动通信网的信息服务,其服务对象是手机用户,每个用户将拥有用户的信息并获得该服务提供的完全个性化的服务内容 |
| 6. 更加安全可靠 | 使用了移动通信与 Internet 结合的技术,因此在移动用户的信息交互中能准确定位用户的信息,这并不需要用户输入用户名和密码。通过移动通信的数据传输,使流动信息更难被截取和破译 |
| 7. 丰富的信息资源 | 由于无线互联网的信息来源是 Internet,其优势在于网络所具有的信息存储能力与丰富的信息资源 |
| 8. 收入来源 | 主要分成网上交易、付费内容、广告等 |

订购、下载或支付特定的图片或曲目等。

### 7.1.4 移动电子商务的服务

现代企业普遍面临着来自成本、生产率、产品销售以及客户服务等方面的竞争压力和瓶颈,拓展产品销售渠道、提高员工生产率、降低运营成本以及提升客户服务质量,是现代企业提升市场综合竞争能力的关键。在此移动电子商务提供了"随时、随地、随意"的商务优势,提升企业产品竞争优势,提高客户满意度,增强随时处理数据的能力,提高员工工作效率和生产率,降低销售渠道成本等。

Internet、移动通信技术和其他技术的完美组合缔造了移动电子商务,提供多样的服务来推动市场发展。目前,移动电子商务主要提供以下服务。

(1) 交易。移动电子商务具有即时性,非常适用于股票等实时交易应用。通过移动设备即时接收各种财务信息,确认订单,实施安全在线管理交易。

(2) 娱乐。目前移动电子商务带来了一系列的娱乐服务,如在线交友、交互式游戏等。

(3) 购物。用户能够通过其移动通信设备进行网上购物,如订购鲜花、礼物、食品或快餐等,并且使用"无线电子钱包"等安全支付工具进行付费。

(4) 订票。移动电子商务使用户可以即时取消或者修改航班、车次;也可以立即收到各种特殊情况如:延期或者误点,及时修改行程安排;邻近订购电影票等各种即时订票服务。

(5) 银行业务。目前银行提供用户账户管理通知体系,用户可以通过移动设备随时随地核查各自的账户、支付账单、转账以及接收付款等通知服务。

总之,随着技术的进步,移动电子商务所提供的服务将越来越多元化。

### 7.1.5 移动电子商务的模式

移动电子商务引起了从客户需要到有计算机的地方(即以 PC 为中心)阶段向有客户的地方就有计算机(即以客户为中心)阶段的变迁,即从以个人计算机为中心向以客户为中心的移动模式的转变。在未来的发展中,移动计算机设备将变得像宽带接入一样简单,新型无线网络的应用将日益广泛。因此,现有的商业模式必须改变,这样才会使企业取得竞争优势。

这种演进所带来的最有意义的经济效果就是将增强企业与客户、企业与员工以及企业与供应商之间的实时交互。管理层必须充分估计到以客户为中心的大趋势将如何改变其现存的商业模式,并将如何推动企业发展,以获得有技术性变革所带来的最大利润。

在移动电子商务中建立能够产生收入的商业模式的研究正在进行,它清楚地表明那些网页中的广告标语不会是最终答案。其商业模式是多样化的,例如在无线 Web 页冲浪的网络时间付费、网络提供的地址服务付费等,其最主要的就是设计高质量的服务计划,并将为那些愿意为此付费的用户提供高质量的数据连接。

## EC 聚焦——某公司移动商务

某公司认为一个成功的移动商务的应用分为基础设施和接入设备,人们通过从移动前端来接入 Internet,但这并不意味着你的移动商务是成功的,只有接入端的数据被关键业务基础设施接受、存储、处理之后,才能产生智能化的个性数据;然后这个结果反映到接入端,最后移动商务完成。这就是说,移动商务是以丰富多彩的 Internet 接入为表现形式,以实际有效的企业解决方案、内容、服务为基础,解决实际商务问题,使 Internet 体验更加完美,某公司的策略是完全依照客户的需求而定的,因此,在移动电子商务战略方面,某公司是接入设备和基础设施并重,以最好的前端接入设备,通过完备的解决方案及充分的后台支持实现数据交换与存储,成为整合无线网络基础设施的主要力量,促进、实现和支持内容与移动设备之间的结合,为移动商务提供最广阔的发展前景。某公司的远景规划是从信息管理、分配与利用三个方面入手,全面在无线 Internet 领域处于领先地位。

移动商务方案可以说无所不包。举例来说,无线电子邮件解决方案是接入设备通过代理服务器进入到交换服务器,然后再回到接入设备。因此,无线邮件解决方案中不仅是前端接入设备,很重要的一点就是后台服务器如何能够存储、处理信息。在瑞士一个滑雪圣地,游客利用接入设备无线上网,进入服务器,可以随时查询当地滑雪地条件和最新的信息;在智利,一家银行在一定的安全保障之下,允许用户通过无线连接进行金融在线服务。

在中国,平板电脑拥有了众多垂直的行业解决方案加上完善的无线网络解决方案,其中灵图软件公司的卫星导航与自定位服务解决方案、雅威公司的无线网络数据压缩以及上海邮电数据通信公司等提供的面向商业移动计算的应用方案,全面推动了移动商务在中国的发展。

那么,某公司在移动商务方面具有怎样的优势呢?在金融方面、某公司在信用卡交易、证券交易、ATM 和电子资金转账中处于第一位；在电信方面，某公司在智能网络中居于第一位，提供电信网络管理以及计费方案；在 Internet 方面，某公司在 Web 服务器处于第一位，在 Internet 数据存储方面有着很强的优势；同时，在最终用户解决方案方面，某公司作为全球第一大 PC 制造商，在接入设备方面进行了源源不断的技术创新。

## 7.2 移动电子商务的行业应用

行业应用可以激发移动电子商务最大的潜在能量。移动电子商务服务和设备供应商只有充分挖掘特定行业对于移动信息处理和移动计算的潜在需求，并将这些需求体现在自己的服务和设备上时，才能最大限度地发挥移动电子商务的增值功能，从而使移动电子商务产业链条向更深的领域延伸。

近些年来，人们对移动商务需求的提出是基于传统的业务和应用的，移动电子商务利用先进的信息技术，改变了我们现有的生活方式，将传统应用进行扩展与延伸或者是传统应用无法实现的领域。移动商务的应用范围将无处不在，包罗万象，例如，移动办公、移动银行、移动娱乐、物流、医疗等，下面介绍几个主要的应用领域。

### 7.2.1 移动办公

移动办公又称为无线办公，即无论何时何地，用户都可以利用手机、PDA、笔记本计算机等移动终端设备通过多种方式与企业的办公系统进行连接，从而将公司内部局域网扩大成为一个安全的广域网，实现移动办公（见图 7-1）。

简单来说，移动办公的主要优点在于：第一，拓展办公空间，处理公务不再受时间和地点的限制，即使在机场候机也不例外；第二，提高办公效率，重要公文不再因为负责人出差而迟迟得不到处理；第三，减少办公成本，不用花费长途奔波的成本，工作照常进行。

目前移动办公的主要实现方式有：

（1）通过短信实现公文、邮件提醒服务。当企业办公系统内的个人公文、电子邮件到达时，会通过短信直接将标题信息或内容提要发送到个人手机上，进行及时的提醒服务。

图 7-1 移动办公

（2）通过 WAP 服务浏览详细公文、邮件内容。企业员工可以使用手机通过 WAP 界面的方式访问公司 OA（Office Automation，办公自动化）系统，进行公文、邮件等详细信息的浏览。

（3）通过无线局域网实现在公司内部的移动办公。用户无须固定在自己的座位上，可以在全公司范围内随时随地用笔记本计算机访问公司网络，浏览公文和邮件。

目前移动办公终端设备包括手机、笔记本计算机和平板电脑，这几种终端设备各有特点。

手机体积很小,作为一种通信工具,已经成为现代人日常生活中不可缺少的一部分。使用手机作为移动办公终端设备,一种设备就可以满足从电话到企业数据应用多方面的需求,似乎是最为理想的情况。许多国际顶级公司也在努力开发功能更加强大的未来手机。可能在不久的将来,手机将会在移动办公终端中占据重要的一席。

笔记本计算机凭借与个人计算机相匹敌的功能和便携的体积,是目前主流的移动办公终端设备。随着科学技术的发展,笔记本计算机的功能越来越强、体积越来越小、质量越来越轻、电池的容量越来越大,再加上笔记本计算机完全兼容普通计算机终端的操作系统和软件,在可以预见的将来,笔记本计算机还将保持其在移动办公终端领域压倒多数的地位。

然而另一方面,笔记本计算机正面临着平板的潜在威胁。用户已经意识到他们可以利用平板电脑做很多事情。虽然平板在处理器速度上可能无法和笔记本计算机相提并论,但事实上很多用户并不需要多么高的处理速度。平板电脑可(见图 7-2)显示附件表格,文件或者图片。当然平板电脑要完全替代笔记本计算机还有很长的路要走。

图 7-2 平板电脑

### 7.2.2 移动银行

简单说,移动银行就是以手机 PDA(Personal Digital Assistant)等移动终端作为银行业务平台中的客户端来完成某些银行业务。移动银行是典型的移动商务应用,它的开通大大加强了移动通信公司及银行的竞争实力。

移动银行通过移动网络将客户的手机或 PDA 连接至银行,客户可以利用手机或 PDA 接口直接完成各种金融理财业务。移动银行的主要功能包括账务查询(通过手机查询用户在银行的存折、信用卡账户余额等)、自助缴费(直接在手机上查询及缴纳手机话费和其他费用)、银行转账(通过手机进行信用卡、存折之间的资金转账)等。另外,移动银行还可以通过短消息平台向客户提供股市行情、外汇牌价等金融信息。

这种结合了电子货币和移动通信的服务,丰富了银行服务内涵,使人们不仅可以在固定场所享受银行服务,更可以在旅游、出差时高效、便利地处理各种金融理财业务。通过移动银行服务,消费者能够在任何时间、任何地点,通过手机以安全的方式访问银行,而无须亲临现场。

从应用角度来看,移动银行的优势主要体现在以下几个方面。

(1) 功能便利。目前国内中行、工行和招行的移动银行服务已接近成熟。各家银行所提供的服务都涵盖了丰富的功能,用户通过手机,不但可以查询账户记录和汇率等金融信息,还可以完成各种转账、委托买卖证券、个人实盘外汇买卖等个人理财业务及实现代缴费等功能。其中中国银行提出了"跨时间地域理财"的概念,为手机用户提供异地漫游理财服务。

(2) 使用区域广泛。GSM 网覆盖广泛,移动银行在 GSM 网覆盖到的地方,都可以提供服务。

(3) 安全性好。移动银行利用 STK(SIM Tool Kit,用户识别应用发展工具)卡中的程序可以对发出的信息进行加密,即使从空中拦截信息,同样无法获得用户的关键数据。只有银行可将数据进行解密,即使电信运营商也无法解密。利用移动银行可靠的加密属性,银行可以放心地提供资金划转的银行业务。目前银行推出的服务的安全性都是有保障的,不仅银行对发出的信息加以保密,而且手机的 STK 卡上发出的信息也是加了密的。有专家指出,移动银行的加密功能已高于现有的电话银行,因此其可信赖程度仅次于 ATM 机。

(4) 收费低廉。用户完成一笔业务一般只需要 0.1 元,使现有手机带上银行服务的功能,将原先的 SIM(Subscriber Identity Module,客户识别模块)卡换成 STK 卡的成本,也只有 100 多元钱,并且还能保留原有的电话号码。全球通移动银行业务按条单向计费,在发送业务请求短消息时不计费,在接收到业务完成短消息时,按 0.10 元/条收费,计费时以短消息中心收到成功接收的回应为准。

(5) 可以进行二次交易。利用移动银行可以实现一些在电话银行中无法实现的功能,如简易单据的发送等。利用移动银行,用户可以选择由银行邮寄单据、由银行利用短信发送简易单据或用户确认后不发送单据。移动银行利用短信的方式,即使用户关机,再次开机后同样可以收到银行发送的请求,在任何时间对消费进行确认,从而实现二次交易,而这种方式才是真正方便的代收代付服务方式。随着代付的业务比例在银行业务中越来越大,移动银行的这种服务将显得更为重要。

### 7.2.3 零售行业

零售市场的竞争越来越激烈,能够迅速反映市场变化的系统变得越来越重要。POS 机、条码扫描仪、手持电脑这些移动设备融入了无线通信技术,配备了相应的操作系统,并以企业的中心数据库和移动设备中的小型数据库为基础构建零售业应用系统中的移动部分。零售网点的工作人员利用配有 Poker PC 操作系统的手提电脑和 POS 机方便地记录下零售网点的出/入货数量,通过无线网络的连接,利用包含在移动设备中的移动数据库提供的同步机制,将结算和盘点的信息传送到总公司的货物流通管理系统中,同时接收总公司发给不同零售网点的数据。

沃尔玛百货有限公司经过四十余年的发展,已经成为美国最大的私人雇主和世界上最大的连锁零售商。目前,沃尔玛在全球多个国家开设了超过 5000 家商场,员工总数 160 多万人。

20 世纪 80 年代初,沃尔玛与休斯公司合作发射物流通信卫星,物流通信卫星使得沃尔玛产生了跳跃性的发展;1983 年的时候采用了 POS 机,全称 Point Of Sale,就是销售始点数据系统。1985 年建立了 EDI,即电子数据交换系统,进行无纸化作业,所有信息全部在电脑上运作。1986 年的时候它又建立了 QR(Quick Response),即快速反应机制,对市场快速拉动需求。20世纪90年代,采用了全球领先的卫星定位系统(GPS),控制公司的物流,提高配送效率,以速度和质量赢得用户的满意度和忠诚度。2003年6月,沃尔玛宣布将采用一项名为RFID(Radio Frequency IDentification,即无线射频识别)的技术,以最终取代目前广泛使用的条形码,成为第一个公布正式采用该技术时间表的企业。按计划,该公司最大的100个供应商应从2005年1月开始在供应的货物包装箱(盘)上粘贴RFID标签,并逐渐扩大到单件商品。如果供应商们在2008年还达不到这一要求,就可能失去为沃尔玛供货的资格。

沃尔玛所有的系统都是基于一个叫做UNIX的配送系统,并采用传送带和非常大的开放式平台,还采用产品代码,以及自动补货系统和激光识别系统,所有这些为沃尔玛节省了相当多的成本。沃尔玛一直崇尚采用最现代化、最先进的系统,进行合理的运输安排,通过电脑系统和配送中心,获得最终的成功。

### 7.2.4 无线医疗行业

医疗业需要尽早掌握病人每一秒钟的情况。在紧急情况下,救护车作为治疗场所,借助无线技术,救护车在移动的情况下同医疗中心和病人家属建立快速、动态、实时的数据交换。目前,已经有很多案例是通过网络就诊,甚至是动手术。在无线医疗的商业模式中,病人、医生、保险公司都可以获益,也会愿意为这项服务付费。这种服务是在时间紧迫的情形下,向专业医疗人员提供关键的医疗信息。由于医疗市场的空间非常巨大,提供这种服务的公司将为社会创造价值。

### 7.2.5 物流领域

在运输方面,利用移动商务与GPS/GIS车辆信息系统相连,使得整个运输车队的运行受到中央调度系统的控制。中央调度系统可以对车辆的位置、状况等进行实时监控。另外,通过将车辆载货情况以及到达目的地的时间预先通知下游单位配送中心或仓库等,有利于下游单位合理地配置资源、安排作业,从而提高运营效率、节约物流成本。

在存储保管环节,利用带有小型移动数据库的移动商务设备管理库存数据,并通过无线通信网将数据直接写入中央数据库,这样,将数据输入手持商务设备,并输入中央数据库的工作一次完成,提高了信息的时效性,有利于物流的优化控制。

同样,利用带有小型移动数据库的手持移动商务设备在物品递送时,输入手持商务设备的数据,通过无线通信网同时输入中央数据库。因此,几乎在物品投递的同时,用户即可查询到物品已投递的信息。

移动商务的发展将使物流信息完美结合,使物流信息的全过程控制真正实现实时高效,从而也就更好地满足了用户跟踪查询的需求。并且,物流的高效运营将进一步促进电子商务的发展。

美国国家运输交易场是一个电子化的运输市场,它利用Internet技术,为货主、第三方物流(APL)公司、运输商提供一个可委托交易的网络。该市场定位在为专业物流企业提供供应链管理的电子物流系统,它的特点是利用电子化的手段,尤其是利用互联网技术来完成物流全过程的协调、控制和管理,实现从网络前端到最终客户端的所有中间过程服务,最显著的特点是各种软件技术与物流服务的融合应用。它能够实现系统之间、企业之间以及资金流、物流、信息流之间的无缝链接,而且这种链接同时还具备预见功能,可以在上下游企业间提供一种透明的可见性功能,帮助企业最大限度地控制和管理库存。同时,由于全面应用了客户关系管理、商业智能、计算机电话集成、地理信息系统、全球定位系统、Internet、无线互联技术等先进的信息技术手段,以及配送优化调度、动态监控、智能交通、仓储优化配置等物流管理技术和物流模式,电子物流提供了一套先进的、集成化的物流管理系统,从而为企业建立敏捷的供应链系统提供了强大的技术支持。

### 7.2.6 移动资产管理和诊断

无线电子商务技术与 GPS 技术的结合,可以使人们远程定位、监控资产以及对资产进行及时诊断,节省了时间,减少了各种人为因素产生的错误。好比在一个繁忙的码头或者是建筑工地,只要给每台设备装上一个小小的发射器,所有的操作将会全部在你的监控之下。可以说这也是一种防盗系统。以美国为例,汽车盗窃是最大的财产犯罪,每年损失达到 70 亿美元左右。事实上,在美国每 23 秒就有一辆车被盗。现在美国已经出现了专门为汽车定位服务的公司。另外,维护和检修一些固定的机器是一件非常费时费力的工作,如自动售货机的检修,如果这些机器能够远程监控,就可以大大减少日常的维护工作。

这种技术适合使用在有昂贵的设备需要维护的垂直行业,如人们可以远程控制、监控机器,对所发生的事情了如指掌。

### 7.2.7 移动娱乐

移动娱乐业务种类繁多:移动游戏、移动视频、移动音乐、移动博彩等。移动娱乐有机会成为移动产业最大的收入来源,同时也是鼓励移动用户消耗剩余预付费通话时间的最佳手段。移动娱乐业务前景广阔,它将是运营商可提供的又一项有特色的移动增值业务,也是防止客户流失的有力武器之一。以移动游戏为代表的移动娱乐业务能够为运营商、服务提供商和内容提供商带来附加业务收入。

移动游戏将成为下一代移动业务的增长点。最理想的移动游戏设备将采用笔触式的界面、功能强大的处理器和比现在更先进的屏幕,并具有自动连接到网络的能力。实现移动游戏的方法是将手机当作屏幕和控制器,处理工作由专门的服务器完成,并有相关的服务提供商来操作,就像目前在线游戏的处理工作就是由主机服务器和玩家的远程终端来共同完成的。

# EC 聚焦——世界移动银行发展

**1. 欧美移动银行推广**

在瑞典,人们可以利用手机拨号购买饮料、买票乘坐公共汽车。由于使用方便且安全程度高于传统的支付方式,所以在瑞典、德国、奥地利和西班牙大受欢迎,该服务已推广到英国等国家。

**2. 日本移动银行的发展**

在日本,日本最大的移动通信公司 NTT Docomo 最先推出了利用手机上网处理银行业务的在线服务,其拥有 4000 万手机用户,接入 5 万家增值服务提供商的 Docomo 在日本已被各类商业银行、信用合作社、邮政储蓄等视做最重要的合作伙伴。因为移动银行业务在日本银行业中已受到普遍的重视,被视为与网络银行、电话银行相匹配的"直接银行"工具之一,其业务日渐成为日本银行零售业务的支柱之一。

**3. 韩国移动银行业务迅速发展**

韩国移动银行业务飞速发展的关键在于韩国银行业对移动银行业务的高度重视。所有韩国提供消费金融服务的银行纷纷投资移动银行业务,截至目前已有 2400 多万个在线银行账户。由于目前韩国拥有手机的人数比拥有电脑的人多,银行纷纷期盼手机用户投入移动银行的使用行列,这将为银行节省大量成本,因为手机处理业务所需的花费仅为面对面处理业务费用的 1/5。韩国 Kookimin 银行电子商务部门的负责人表示,随着多种金融业务得以在手机上进行处理,其部门员工可以集中精力于咨询或其他具有更高价值的活动之中。同时,移动运营商也获得了新的利润增长点:手机用户每个月向移动运营商支付 0.7 美元的移动银行服务费,加上运营商与银行合作,将许多潜在的银行客户转变为移动通信用户,以及许多的银行网点能同时成为手机及相关服务的新销售点,运营商受益匪浅。

## 关键概念

移动电子商务　移动电子商务的特点　移动银行　移动办公　移动电子商务的商业模式

## 简答题

1. 请说明移动商务概念和基本架构。
2. 请简述移动银行的概念和基本业务。
3. 请简答移动银行的关键技术和目前发展存在的问题。
4. 请简述移动办公的概念和目前应用的方式。
5. 请列举目前移动商务应用的行业及发展情况。

## 热点话题

音乐、影视、文学、摄影、动漫等艺术形式,正通过手机进入大众娱乐生活。艺术在通过手机转化为娱乐的同时,还拓展出一个"移动娱乐"的新概念。

### 1. 从"通话"到"动漫"

手机诞生之初,只是为了通话。但是随着大众对娱乐功能的日趋渴望,手机已经从黑白屏到彩屏、从单音铃声到和弦铃声、从短信传递到小说连载、从拍照功能到摄录短片,乃至在手机上看影视剧和动画片。这一功能拓展的过程,不过短短五年的时间。商家甚至还"定做"了适用于手机的"会动的漫画"。虽然呈现在屏幕上的是连载漫画,但是其中的"风吹草动""电闪雷鸣"甚至"引吭高歌"都会带出振动和音效。以上这些与手机结合的娱乐方式被统称为"移动娱乐"。

### 2. 边"移动"边"娱乐"

人们倾向于一边"移动"一边"娱乐",因而促进了研发中心对手机技术的进一步开发。在这过程中,手机已经从一个通信工具"变身"为一个开放平台。"照相手机"、"摄像手机"等每一款与娱乐功能相结合的手机,总能引起购买热潮。

### 3. 玩转虚拟娱乐

五花八门的功能,眼花缭乱的外形——科技功能与工业设计并重的手机,也让普通消费者如坠雾里。在讲究个性娱乐的电子消费品面前,哪一样真正适合自己?"玩转虚拟娱乐"之前,还是需要现实生活中,"脚踏实地"地调研、讨论。PChome网站上最热门的一项就是"手机测评"专栏。众人对手机功能进行细化比较和评分。在网上聊还不尽兴,网友还在周末举办沙龙见面延续探讨主题。

除了专业发烧友,普通百姓都希望手机在移动的同时,能够按个人需求"整合"娱乐功能。因此看来,现实生活中的讨论既体现出百姓日益增长的文化生活的需求,又很有可能成为商家的下一个研发目标。

## 实战演练

随着移动信息化的热潮扑面而来,传统的作业方式和观念正在发生着巨大的改变。电子政务、政府上网等名词越来越被熟悉。传统的有线解决方案很难满足现代政府移动办公的需求,当工作人员出差则无法接入政府办公网。通过电话交流,通话费太高、交流不方便等情况时有发生,严重影响了政府办公的效率。

现某区政府有20万人口,政府机关公务人员达到400人,希望可以实现移动办公。这样政府的工作人员出差在外,只要有手机信号的地方,就可以通过笔记本电脑或PDA轻松接入市政府电子政务网,实现公文的拟定、发送、接收及批阅,提高了办公效率。

为此,区政府希望将政府门户网站、网上办公、公文传输、行政审批、热线电话等放置在一个综合平台上,形成"一站式"的电子政务系统。不论是政务管理、网上咨询、网上申报、城市运营,还是招商引资、企业服务、市民服务等诸多要求,都可以利用该系统完成。

这个电子政务系统主要实现以下功能:

(1) 开通政府门户网站。

(2) 政府办公楼实现无线网络。

(3) 开通热线电话和短信平台,市民有任何问题可以通过热线电话或者短信方式和政府联系。

(4) 所有出差人员配置终端,实现 3A 办公。

电子政务的推广有利于提高政府监管、社会管理和公共服务能力,打造服务政府、阳光政府。在加强政府执政能力建设、建立和谐社会方面发挥着重要的作用。

现在请你为该政府设计一个移动办公网络及设备清单,并评价这个网络是否可以达到该区政府的要求。

# 第8章 电子商务法律

**学习要点**
- 电子商务法的概念;
- 电子商务法的特点;
- 电子签名法;
- 电子合同法;
- 域名保护法。

## 8.1 电子商务法概述

### 8.1.1 电子商务法的概念

电子商务法是指调整电子商务活动中所产生的社会关系的法律规范的总称,电子商务法是一个新兴的综合法律领域。

随着计算机与通信技术的发展以及商业化的广泛应用,商务交易形式问题变得越来越多样性、复杂化,已经到了必须由专门的法律规范对之调整的地步。无论是证券交易、票据流通、公司的运作,还是银行、保险、投资、工业、零售等行业的经营,都丝毫不能离开数据电文(data message)手段,以产生实体交易法律关系。特别是随着互联网的广泛应用,甚至将会出现如果不以专门的电子商务法来对之进行调整,就可能严重阻碍商务关系的发展。即电子交易形式关系已经成为必须由法律调整的重要的社会关系,这是电子商务法产生的重要原因之一。

电子商务法的基本含义中已经涉及了电子商务法的调整对象问题。电子商务法是调整以数据电文为交易手段而形成的商务关系的规范体系。联合国际贸易法委员会在《示范法》中所给出的数据电文的定义是:"就本法而言,数据电文,是指以电子手段光学手段或类似手段生成、发收或存储的信息,这些手段不限于电子数据交换(EDI)、电子邮件、电报、电传或传真。"当以数据电文为交易手段,即为无纸化形式时,一般应由电子商务法来调整。

电子商务是一个内涵十分丰富,外延非常广泛的概念。从广义上来理解,电子资金传输、网络证券交易等都属于电子商务关系,但这些具体的商务交易关系也由电子商务法来调整。

近年来世界上已有许多国家和国际组织制定了为数不少的调整电子商务活动的法律规范,形成了许多电子商务法律文件。联合国国际贸易法委员会主持制定了一系列调整国际电子商务活动的法律文件,主要包括《计算机记录法律价值的报告》《电子资金传输示范法》《电子商务示范法》《电子商务示范法实施指南》,以及国际贸易法委员会制定的《统一电子签名规则》等。它们是世界各国电子商务立法经验的总结。同时又指导着各国的电子商务法律实践。

2005年4月1日,《电子签名法》开始实施,使我国的信息化告别了过去无法可依的历史。随着技术的不断发展,电子商务活动的进一步开展和普及,《电子签名法》的适时诞生,电子签名方面的立法对规范电子签名活动、保障电子安全交易、维护电子交易各方的合法权益、促进电子商务的健康发展起到了重要作用。这一法规的推出,其标志性意义大于实际意义,它宣告了信息化发展一个全新时代的到来。

### 8.1.2 电子商务法的特点

电子商务法具有如下特点。

**1. 技术性**

电子商务是通过互联网进行的商务活动,电子商务法必然要适应这种特点。传统民商法由于不具有技术性的特点,所以对电子商务的签字技术、确认技术及加密技术等技术性问题束手无策。应运而生的电子商务法将传统法律与现代高科技相结合,对电子商务的有关技术问题做出合理的规定,使电子商务这个信息时代的"新生儿"逐渐走上法制化轨道。在电子商务中,许多法律规范都是直接或间接地由技术规范演变而成的。比如一些国家将运用公共场所公开密钥体系生成的数字签名规定为安全的电子签名。这样就将有关公开密钥的技术规范转化成了法律要求,对当事人之间的交易形式和权利义务的行使,都有极其重要的影响。另外,关于网络协议的技术标准,当事人若不遵守,就不可能在开放环境下进行电子商务交易。

**2. 安全性**

计算机及网络技术的发展使各行各业对计算机信息系统具有极强的依赖性,与此同时,计算机"黑客"和计算机病毒也变得越来越猖獗,它们对计算机信息系统的侵入或攻击可能使商家的商业秘密被窃取、经营数据被破坏和丢失,甚至使计算机信息网络陷入瘫痪,这将给商家乃至整个社会造成极大的损失。电子商务法通过对电子商务安全性问题进行规定,有效地预防和打击了各种计算机犯罪,切实保证了电子商务乃至整个计算机信息系统的安全运行。

**3. 开放性**

电子商务法是关于以数据电文进行意思表示的法律制度,而数据电文在形式上是多样化的,并且还在不断发展之中。因此,必须以开放的态度对待任何技术手段与信息媒介,设立开放型的规范,让所有有利于电子商务发展的设想和技巧都能容纳进来。目前,国际组织及各国在电子商务立法中,大量使用开放型条款和功能等同性条款,其目的就是为了开拓社会各方面的资源,以促进科学技术及其社会应用的广泛发展。它具体表现在电子商务法的基本定义的开放、基本制度的开放以及电子商务法律结构的开放等方面。

**4. 复合性**

电子商务交易关系的复合性来源于其技术手段上的复杂性和多样性,它通常表现在当事人必须在第三方的协助下完成交易活动。比如在合同制定中,需要有网络提供接入服务,需要有认证机构提供数字证书等。即便在非网络化的、点到点的电子商务环境下,交易人也需要通过电话、电报等传输服务来完成交易。比如在线支付往往需要银行的网络化服务,这就使得电子交易形式具有复杂化的特点。实际上,每一笔电子商务交易的进行都必须以多重法律关系的存在为前提,这是传统口头或纸面条件下所没有的。

### 8.1.3 电子商务法的特殊问题

电子商务的突出特征是利用互联网构成的虚拟市场完成各种商业活动,这个虚拟市场构成了一个区别于传统商务环境的新环境。交易环境和交易手段的改变,产生了大量传统法律难以调整的法律新问题,这些新问题大致有以下几种。

**1. 网上交易主体及市场准入问题**

在现行法律体制下,任何长期固定从事营利性事业的主体都必须进行工商登记。在电子商务环境下,任何人不经登记就可以借助计算机网络发出或接收网络信息,并通过一定程序与其他人达成交易。虚拟主体的存在使电子商务交易安全性受到严重威胁。

电子商务法首先要解决的问题就是确保网上交易主体的真实存在,并且确定哪些主体可以进入虚拟市场从事在线业务。目前,在线交易主体的确认只是一个网上商业的政府管制问题,主要依赖工商管理部门的网上商务主体公示制度和认证中心的认证制度加以解决。

**2. 电子合同问题**

在传统商业模式下,除即时清结或数额小的交易无须记录外,一般都要签订书面合同,以免在对方失信不履约时作为证据,追究对方的责任。而在在线交易情形下,所有当事人的意思表示均以电子化的形式存储于计算机硬盘或其他存储介质中。这些记录方式不仅容易被删除、更改、复制、遗失,而且不能脱离其记录工具(计算机)而作为证据独立存在。电子商务法需要解决由于电子合同与传统合同的差别而引起的诸多问题,突出表现在书面形式:签名有效性、合同收讫、合同成立地点和合同证据等方面。

**3. 电子商务中的物流问题**

电子商务中的物流分两种:一种是有形物流,另一种是无形物流。应当说,有形物流的交付仍然可以沿用传统合同法的基本原理,当然,对于物流配送中引起的一些特殊问题,也要做一些探讨。而无形物流则具有不同于有形物流交付的特征,对于其权利的转移、退货、交付的完成等需要做详细的探讨。

**4. 网上支付问题**

典型电子商务的支付应该是在网上完成支付的。网上支付通过信用卡支付和虚拟银行的电子资金划拨来完成,而实现这一过程涉及网络银行与网络交易客户之间的协议、网络银行与网站之间的合作协议以及安全保障问题,因此,需要制定相应的法律,明确网上支付的当事人(包括付款人、收款人和银行)之间的法律关系,制定相关的网上支付制度,认可数字签名的合法性,同时还应出台对于网上支付数据的伪造、变造、更改、涂销问题的处理办法。

**5. 网上不正当竞争与网上无形财产保护问题**

互联网为企业带来了新的经营环境和经营方式,在这个特殊的经营环境中,同样会产生许多不正当的竞争行为。这些不正当竞争行为有的与传统经济模式下的不正当竞争行为相似,有些则是网络环境下产生的新的特殊的不正当竞争行为。这些不正当竞争行为大多与网上新形态的知识产权或无形财产权的保护有关,特别是因为域名、网页、数据库等引起一些传统法律体系中没有的不正当竞争行为,更需要探讨新的法律规则。这便是网上不正当竞争行为的规范问题。实际上,保护网上无形财产是维持一个有序的电子商务运营环境的重要措施。

**6. 电子签名问题**

在电子商务中,交易双方(或多方)可能远隔万里而互不相识,甚至在整个交易过程中自始至终不见面,传统的签字方式很难应用于这种交易。因此,人们需要用一种电子签字机制来相互证明各自的身份。

## EC 聚焦——上海某传呼台主控计算机数据库破坏案

1996年6月29日7点45分,上海某传呼台的当班管理员汪时琴像平日一样,步入通信系统主控机房,准备按常规做当日寻呼产量统计。没想到的是,通信系统主控计算机已停止工作。她重新打开操作界面,想发射群呼以排除常规故障,却怎么也发射不出去。汪时琴急忙向值班工程师陈蓓汇报,陈蓓立即进行了检查。第一次硬盘启动后,未能进入操作系统,陈蓓以为是误操作;第二次重新启动,计算机屏幕上出现了一行字:"程序有错误发生,请查找原因";第三次用软盘启动后,屏幕上出现了一套"加法运算程序":

"2+3等于几?"

"4,错误。再加一把劲。"

"5,正确。奖你一个五角星。"

这套"加法运算程序"让陈蓓想起了什么,但这突如其来的故障容不得她多想。用软盘启动后,仍然无法启动系统,计算机提示硬盘无效。

9点20分,寻呼台系统工程师牟少祝来上班,对主控计算机进行了仔细检查,发现主控计算机的分区表被破坏,3万多用户的数据库及其备份和系统管理执行文件都遭到了毁灭性的破坏,寻呼台的用户资料全部丢失,根本无法进行正常的用户信息及停开机的管理工作。

寻呼台的技术人员立即采取应急措施,动用了5月15日做的旧的不完整备份数据库,暂时恢复了主控计算机的工作。但5月15日到6月29日,系统数据库发生了较大的变化,用户密码、用户地址码、用户机型状况、用户付款情况、产量统计、收费统计等都出现了严重的混乱。

## 8.2 相关的电子商务法

### 8.2.1 电子签名法

**1. 签名的作用**

以纸张为基础的传统签字主要是为了履行下述功能:

(1) 确定一个人的身份；
(2) 肯定是该人自己的签字；
(3) 使该人与文件内容发生关系。

除此之外，视所签文件的性质而定，签字还有多种其他功能，例如，签字可以证明一个当事方愿意受所签合同的约束，证明某人认可其为某一文案的作者，证明某人同意一份经由他人写出的文件的内容，证明一个人某时身在某地的事实。

应当注意的是，除了传统的手书签字之外，还有各种各样的程序（例如盖章、打孔），有时都称之为"签字"，因为它们都可提供不同程度的确定性。例如，在某些国家，有一条总的规定，货物销售合同如果超过一定的金额，必须经过"签字"才能生效执行。但是，在那种情况下所采用的签字概念是盖图章、打孔甚至签字印章或者信笺头的印字都可视为满足了签字要求。另一种极端是，规定在传统的手书签字之外，还须加上额外的安全程序，例如再由证人对签字做出确认。

电子签名是指用符号及代码组成电子密码进行"签名"来代替书写签名或印章，它采用规范化的程序和科学化的方法，用于鉴定签名人的身份以及对一项数据电文内容信息的认可。

在以计算机网络为工具的商务活动中，信息的载体已变得无纸化，于是就研究开发了能执行传统签名功能的电子形式的签名。从广义上讲，凡是能在电子通信中，起到证明当事人的身份、证明当事人对文件内容的认可的电子技术手段，都可被称为电子签名，就目前来看，有口令、密码、数字加密、生物特征认证等，随着计算机技术的不断发展，电子签名的具体形式将会层出不穷。

狭义的电子签名是指数字签名（参考第 5 章）。所谓数字签名，就是加密后的信息摘要。签署文件或其他条款时，签署者首先须要准确确定要签署内容的范围，再用签名软件中的散列函数功能，转换成被签署信息唯一的 Hash 函数值，然后使用其私钥，将 Hash 函数值转化为数字签名。通常，数字签名被附在信息之后，并随同信息一起存储和传送。数字签名作为电子签名的一种，是一种保障交易安全的方法。数字签名之所以成为鉴别书面文件的一种手段，一是因为本人的签名难以否认，可确定文件已签署的事实；二是因为签名不易被仿冒，可确定文件是真实的事实。数字签名与书面文件签名有相同之处，采用数字签名也能确认两点：第一，信息确实是由签名者发送的，即确认对方的身份，防止抵赖；第二，信息自签发至收到为止，未曾做过任何修改，保证信息的完整性、防篡改性。

因此，数字签名就可以用来防止电子信息由于其易修改性，而被人伪造、冒用他人名义发送信息，或发出（收到）信件后，又加以否认等情况的发生。采用数字签名和加密技术相结合的方法，可以很好地解决传输过程中的保密性、完整性、防抵赖性及身份认证等问题。除了数字签名外，还有许多与之配套使用的安全措施，如数字时间戳等。

为了保证电子商务活动的正常进行，电子签名需要具有与书面签字同样的功能。

**2. 电子签名与传统签名的区别**

电子签名与传统签名仅在功能上有等价之处，而它们之间的差异如下。

（1）电子签名一般是通过在线签署的，是一种远距离的认证方式。它不能像传统签名一样，保证签名人亲临交易现场，即便是生物特征法电子签名，也不能如此。计算机网络化的交易已经使人们跨越了时空差距，因此，有必要对之建立新的时空观念。

(2) 电子签名本身是一种数据,它很难像纸面签名一样,将原件向法庭提交。因此,传统证据规则拒绝将电子签名与传统签名等同对待。

(3) 大多数人只有一种手写签名的样式,虽然事实上它可能发生演变,但一个人可能同时拥有许多个电子签名,每使用一个信息系统,就有可能配发一个。

(4) 传统签名几乎不存在签署者完全忘记的情况,而电子签名则有可能被遗忘。

(5) 传统手写签名可凭视觉比较,而电子签名一般需要计算机系统进行鉴别。

通过对两者差异的考察,可见电子签名更接近于签名的衍生物——加盖印章,而不是签名。

### 3. 电子签名立法的意义

电子签名法是以规范作为电子商务(也包括电子政务)信息载体的数据电文和当事人在数据电文上以电子数据形式"签名"为主要内容的法律制度。

电子商务立法的任务除了确定电子记录、电子文件的法律地位外,还必须确认电子签名的法律效力。电子签名与电子商务的交易安全直接相关,在电子商务立法中具有重要意义。因此,国际上的电子商务立法,一方面要在原则上规定电子签名具有与手写签名同等的法律效力;另一方面,还需单独制定电子签名法,对电子签名做出进一步明确具体的规定。因此,电子签名概念的出现及电子签名的应用,使电子商务的发展更具现实性,因为电子签名在某种意义上比手写签名更具安全性。

《中华人民共和国电子签名法(草案)》已经于2004年3月24日在国务院第45次常务会议讨论通过。该法共5章37条,包括总则、数据电文、电子签名、法律责任和附则。

根据我国电子商务发展的实际需要和实践中存在的问题,借鉴联合国及有关国家和地区有关电子签名立法的做法,《中华人民共和国电子签名法(草案)》将我国电子签名立法的重点确定为:确立电子签名的法律效力,规范电子签名的行为,明确认证机构的法律地位及认证程序,规定电子签名的安全保障措施。

确立电子签名法律效力,主要解决两个问题:一是通过立法确认电子签名的合法性、有效性;二是明确满足什么条件的电子签名才是合法的、有效的。在众多的电子签名方法和手段中,并不是所有的都是安全有效的,只有满足一定条件的电子签名,才能具有与手写签名或者盖章同等的效力。在解决什么条件下电子签名具有效力的问题上,参照联合国贸易法委员会《电子签名示范法》的规定,以目前国际公认的成熟签名技术所具备的特点为基础,明确规定了与手写签名或者盖章同等有效的电子签名应当具备的具体条件(第十七条)。

数据电文,就是指电子形式的文件。由于现行的民商务法律关系是基于以书面文件进行商务活动而形成的,使电子文件在很多情况下难以适用,形成了电子商务发展的法律障碍。因此,《中华人民共和国电子签名法(草案)》中明确规定电子文件与书面文件具有同等效力,这样才能使现行的民商务法律同样适用于电子文件。为此,草案做了三个方面的规定:一是规定了电子文件在什么情况下才具有法律效力(第六条、第七条、第八条);二是规定了电子文件在什么情况下可以作为证据使用(第九条、第十条);三是规定了电子文件发送人、发送时间和发送地点的确定标准(第十一条、第十三条、第十四条)。

电子商务中交易双方互不相识,缺乏信任,使用电子签名时,往往需要由第三方对电子签名人的身份进行认证,并为其发放证书,向交易对方提供信誉保证,这个第三方一般称为电子认证服务机构(以下简称认证机构)。关于认证服务机构请参考第5章。

## 8.2.2 电子合同法

**1. 电子合同法的概念**

美国统一州法委员会于 1999 年 7 月制定的《统一电子交易法》(UETC)对合同和电子方式定义为:"合同"系指当事人根据本法案和其他适用法订立的协议所产生的全部法律义务。"电子方式"系指采用电学、数字、磁、无线、光学、电磁或相关手段的技术。2000 年 8 月修正的《统一计算机信息交易法》采用了与《统一电子交易法》相同的定义。这两部法案与联合国《电子商务示范法》的定义方式是类似的,即不明文规定电子合同的定义,而是强调"电子"的内涵,凡符合以"电子"形式订立的合同即属电子合同。

1999 年 3 月我国颁布了新的《中华人民共和国合同法》(以下简称《合同法》)。《合同法》在合同形式方面大胆地吸收了数据电文形式,并将之视为书面合同。可以说是世界上第一部采纳电子合同形式的合同法。这为电子合同的推广应用以及为今后的电子商务立法奠定了基础。

《合同法》第十一条明确了数据电文为书面合同形式:"书面形式是指合同书、信件以及数据电文(包括电报、电传、传真、电子数据交换和电子邮件)等可以有形地表现所载内容的形式。"第十六条和第三十四条分别规定了采用数据电文形式订立合同的成立时间和地点。这些规定寄希望于在既有的合同法框架下使电子合同也能够推行和运作,但是,这些简单的规范还不能使电子合同具有可操作性和安全性,或者不能解决互联网交易的缔结、履行、争议解决等问题。

从我国当前电子商务开展的情况看,基本上有这样三种合同履行方式:第一种是在线付款,在线交货。此类合同的标的是信息产品,例如音乐的下载。第二种是在线付款,离线交货。第三种是离线付款,离线交货。后两种合同的标的可以是信息产品也可以是非信息产品。对于信息产品而言,既可以选择在线下载的方式,也可以选择离线交货的方式。

采用在线付款和在线交货方式完成电子合同履行,与离线交货相比,其履行中的环节比较简单,风险较小,不易产生履行方面的争议。

**2. 电子合同法案例**

案例一:电子邮件合同是否有效

某实业有限公司已经注册了电子信箱(E-mail),某木制品加工厂也注册了电子信箱(E-mail)。1999 年 3 月 5 日上午,某实业有限公司给某木制品加工厂发出要求购买其厂生产的办公家具的电子邮件一份,电子邮件中明确了如下内容:

(1) 需要办公桌 8 张,椅子 16 张;
(2) 要求在 3 月 12 日之前将货送至某实业有限公司;
(3) 总价格不高于 15 000 元。

电子邮件还对办公桌椅的尺寸、式样、颜色做了说明,并附了样图。当天下午 3 时 35 分 18 秒,某木制品加工厂也以电子邮件回复某实业有限公司,对某实业有限公司的要求全部认可。为对某实业有限公司负责起见,3 月 6 日某木制品加工厂还专门派人到某实业有限公司做了确认,但双方没有签署任何书面文件。

1999 年 3 月 11 日,某木制品加工厂将上述桌椅送至某实业有限公司。由于某实业有限公司已于10日以11 000元的价格购买了另一家工厂生产的办公桌椅,就以双方没有签署书面合同为由拒收,双方协商不成,3月16日某木制品加工厂起诉至法院。

庭审中,双方对用电子邮件方式买卖办公桌椅及某木制品加工厂派人确认、3月11日送货上门等均无异议,4月15日法院判决某木制品加工厂胜诉。

案例二:电子订单引起的法律问题

某商贸公司(下面简称甲公司)为一大型跨国零售企业,为增加效率、降低成本,决定开展电子商务,建立一套自动的交易系统。他们首先采用计算机管理所有库存商品,包括库存商品的数量、入库、出库、订单的传送等均由计算机自动操作完成。某化学用品公司(下面简称乙公司)系大型洗涤剂生产商,其生产的某洗涤用品在甲公司的销售情况非常好,交易量特别大。为此,甲、乙公司于2000年5月3日达成一项协议,约定双方洗涤用品的下单和接单均通过电子数据交换(EDI)的形式,由双方的计算机自动进行。就此,双方达成并签署了一个书面合同,其中约定:甲公司洗涤用品存货不足时,一经甲公司采购负责决定,甲公司计算机自动给乙公司下单(信息发送成功,计算机会自动显示),乙公司收到订单后,无须特定的人同意,计算机便自动接单。然后,乙公司便根据甲公司的订单送货上门。合同还同时约定,乙公司一有新品,计算机便会自动向甲公司发出提示,以便甲方发出订单。

根据双方的协议,合同自5月10日生效,在此之前,双方对运行系统进行了多次调试,双方对系统的正常运行表示放心,并约定,一旦系统出现问题,应当立即告诉对方。合同生效后,系统运行一直正常,双方对这种运行高效、成本极低的交易方式十分满意。可是,在2000年9月,该系统出现问题,致使双方发生纠纷。纠纷的经过是这样的,2000年9月12日,由于甲方库存的乙公司洗涤用品低于正常库存量,急需进货,甲公司计算机便自动给乙公司下单,订单对货号、数量做了约定,计算机也显示信息发送成功。按照常规,乙方当天收到订单后,立即组织发货,9月15日就能到货。可不知道是什么原因,直到9月21日,乙公司的货才送到甲公司。而甲公司销售的乙方洗涤用品已经于9月16日销售完毕,为了应急,甲公司只得于9月15日从另一家公司进了一批其他类型的洗涤用品。甲公司拒绝接受此批货物,还要求乙公司赔偿损失,因为,从9月16日到9月21日,甲公司销售的乙方洗涤用品一直缺货,不仅引起了顾客的不满,可能还致使部分顾客流失,而且直接影响了甲公司的销售额。但乙公司声称,他们是在9月18日才接到订单的,并且立即组织发货,乙方没有任何违约行为,要求乙方为此承担责任,是不公平的。

## 8.2.3 域名法律保护

**1. 域名保护的法律意义**

域名(domain name),就是用人性化的名字表示主机地址,这比用数字式的IP地址表示主机地址更容易记忆。一个域名由若干部分组成,各部分用"."分隔,最后一部分是一级域名,也称顶级域名。例如,在www.pku.edu.cn中,www表示WWW服务器;pku表示北京大学;edu表示教育机构;cn表示中国。域名具有三个特征。

第一,标识性。域名最初的基本功能就是标识特定的计算机地址。因为,任何市场主体要在互联网上从事商业活动,首先要使别人能在互联网上找到你,即确定自己的位置,而在网上确定自己的位置就要靠域名。正由于这个基本的功能,域名的其他潜在功能被开发了,被广泛地用来做一种商业标识符号,成为发展电子商务的基本手段。于是,商家总想选择一个好听的、给人深刻印象的域名,希望以此来扩大影响,带来商机。

第二,唯一性。互联网上每台计算机都有一个全球唯一的 IP 地址,这是互联网上一个最基本的技术保障基础。IP 地址对应的域名也是全球唯一的,这是域名标识性的根本保障。

第三,排他性。由于互联网是覆盖全球的计算机网络,使用范围的广泛性决定了域名必须具有绝对的排他性。在域名申请上遵循"先申请、先注册"的原则,即只有欲申请注册的域名不与已注册的所有域名相同,才能获得注册,一旦注册成功,它就必须排斥此后欲申请注册的与此相同的域名。可见,域名的排他性是其唯一性的进一步延展和必要保证。域名的唯一性是全球范围的,因此其排他性也必须是全球性的、绝对的。

域名商业价值的发现,导致将他人商标、商号、服务标记等注册为域名的现象大量发生。为扼制这种现象,美国通用顶级域名管理机构网络名称及编码分配公司(ICANN)于 1999 年 8 月 26 日通过了《统一域名争议解决办法》(UDRP),这个政策与《域名注册协议》《统一域名争议解决办法程序规则》《域名争议解决机构的补充规则》一起作为域名争议政策。《统一域名争议解决办法》第 4 节(a)项规定,提起域名争议解决程序,应同时满足以下三个条件:

(1) 提起争议的域名与投诉人所持有的商标或服务标记相同或具有误导性的相似;

(2) 域名持有人对该域名本身并不享有正当的权利或合法的利益;

(3) 域名持有人对域名的注册和使用均为恶意。

《统一域名争议解决办法》第 4 节(b)项规定了恶意注册和使用域名的行为,这些行为包括但不仅限于以下几类:

(1) 有证据证明,域名持有人注册或获得域名的主要目的是为了向商标或服务标记的所有者或所有者的竞争者出售、出租或以其他任何形式转让域名,以期从中获得额外价值;

(2) 根据域名持有人的行为可以证明,域名持有人注册或获得域名的目的是为了阻止商标和服务标记的持有人通过一定形式的域名在互联网络上反映其商标;

(3) 域名持有人注册域名的主要目的是破坏竞争者的正常业务;

(4) 域名持有人的目的是通过故意制造与投诉人所持有的商品或服务标记的混淆,以诱使互联网络用户访问域名持有人的网站或者其他联机地址,并从中牟利。

1999 年 11 月美国国会通过了《域名反抢注法》,主要禁止"未经许可,注册的域名或者包含了美国商标或活着的名人名"。对于恶意抢注域名者,除了强制取消域名处,还要处以 10 万美元的罚金。

我国的域名管理机构中国互联网络信息中心(CNNIC)工作委员会讨论拟定了《中国互联网络域名争议解决办法(讨论稿)》。《中国互联网络域名注册暂行管理办法》规定禁止转让或买卖域名,有了这一条,就能够比较有效地防止域名被恶意抢注的情况发生。但在域名申请的实际工作中域名被恶意抢注的现象还是存在的,一旦发现自己的域名被恶意抢注,可以通过法律程序解决。根据《中国互联网络域名注册暂行管理办法》和《中国互联网络域名注册实施细则》,在域名的归属出现争议时,域名注册管理机构并不负责域名争议的解决。在由于域名的注册和使用而引起的域名注册人与第三方的纠纷中,CNNIC 不充当调停人,由域名注册人自己负责处理并且承担法律责任。当某个三级域名与在我国境内的注册商标或者企业名称相同,并且注册域名不为注册商标或者企业名称持有方拥有时,注册商标或者企业名称持有方若未提出异议,则域名注册人可继续使用其域名;若注册商标或者企业名称持有方提出异议,在确认其拥有注册商标权或者企业名称权之日起,CNNIC 为域名持有方保留 30 日域名服务,30 日后域名服务自动停止,其间一切法律责任和经济纠纷均与 CNNIC 无关。

**2. 域名保护案例**

**案例一:广东科龙域名保护**

广东科龙(容声)集团有限公司是大型企业集团,Kelon 是该企业集团使用多年、并在 20 余类商品上获准登记的商标。1997 年 9 月,广东科龙(容声)集团有限公司在向中国互联网信息中心申请以 Kelon 注册商标作为域名登记时,发现企业名称与中文"科龙"毫不相干的广东永安制衣厂已抢先注册了 Kelon 域名。

1997 年 12 月的一个下午,来自广东省新会市的一个神秘电话打给了企管部法规科科长何东,"我叫吴勇,我已经在中国互联网络信息中心用 Kelon 注册了域名,如果认为这个域名对贵公司有价值,我可以把它转让给你们。但是,我希望拿到的转让费是 100 万元!"

对"域名"知之甚少的何东着实吓了一跳,出于对公司利益的考虑,何东没有立刻回绝那个"吴勇"的要求,开始了与这个男人耐心地"谈判"。

几番交涉,价钱从 80 万元一路降到 5 万元,此时,对方已失去耐心。于是,何东要求吴勇就此商谈结果传真一份文件,由其向公司领导请示。1998 年 1 月 6 日,吴勇如约发来传真:"为了尽快了结关于'科龙'域名的争议权,我要求对方支付现金 5 万元作为补偿,即放弃争议权,并自动注销(域名)。在没商量余地的情况下,则保留争议权。注:何科长口头承诺不对外公开此事。"

对于自己登记注册、使用了多年的商标忽然成了别人的域名,并且成为"敲诈"的工具,科龙显然不愿信守自己对"不公开此事"的承诺,经过一番权衡和向有关人士咨询后,科龙集团将一纸诉状递到了 Kelon 域名注册地所属辖区法院——海淀区人民法院,把这个叫"吴勇"的人送上了被告席。

法官在广东省新会市荷塘镇南村找到吴勇。对吴勇的身份进行核对后,法官问:

"你何时在互联网络信息中心注册的 Kelon 域名?"

"1997 年 9 月 3 日。"

"以什么名义注册?"

"以永安制衣厂的名义注册。"

"你与永安制衣厂的关系?"

"当时就是觉得这个名字顺耳……现在国际上不是流行'克隆'技术吗,我就是将'克隆'的拼音用做了制衣厂的域名,觉得很好听,很喜欢。"

"对原告的诉讼请求有何意见?"

"我现在只要对方给我注册费 2000 元和年度运行费 300 元,就可以与对方协商,甚至撤销我注册的 Kelon 域名。"

1998 年 12 月 1 日,北京市海淀区人民法院将科龙集团与吴勇域名注册纠纷一案开庭传票送达给被告吴勇。开庭日期确定为 1999 年 3 月 10 日上午 8 时 30 分。

1999 年 3 月 6 日,海淀区法院收到吴勇从广东新会发来的邮政特快专递,表示已要求注销域名。

3月10日,被告吴勇经传票传唤,无故拒不到庭应诉,北京市海淀区人民法院依照民事诉讼法有关规定,缺席开庭审理此案。

3月29日,中国互联网络信息中心致函北京市海淀区人民法院:"我单位于1999年3月23日正式接到永安制衣厂关于注销kelon.com.cn域名的申请,并于3月25日完成该域名的注销。同时,广东科龙集团有限公司提交了注册kelon.com.cn的域名申请,该域名目前正在处理过程中。特此说明。"

1999年4月12日,科龙集团与吴勇域名注册纠纷案原告广东科龙(容声)集团向北京市海淀区人民法院提出撤诉申请。

在本案开庭前,北京海淀区人民法院曾邀请在法律、技术领域颇具名望的专家学者参加对这起国内首例域名争议案的专家听证会。尽管专家们一致认为"域名抢注"是一种有悖道德的行为,但仍然认为缺少依据对kelon的归属迅速做出明确的定论,因为我国的域名注册采用注册在先原则。

经过讨论,专家们在三个问题上达成了基本共识。

第一,首先,域名是一种资源,能够给注册人带来利益。域名与商标或商号有类似之处。人们只有通过域名才能在Internet上找到企业的主页和网站,因此域名就是企业在Internet上的识别标志,这个标志通常是企业名称中最显著、最独特、最具识别性的部分,有时就是企业的商标,因此域名对于商家来说是一种宝贵的资源,能给其带来利益。

第二,域名是一种智力成果,具备知识产权的基本特性。在域名的构思选择过程中,需要一定的创造性劳动,才能使域名独树一帜,起到其标识性作用。另外,域名是有文字含义的商业性标记,符合知识产权无形性、专有性的特点。一个显著的域名能给企业带来一定的经济利益和竞争优势,已经形成一种无形财产;实践中,企业也通常将自己知名度最高的商标或商号,这些传统的知识产权客体注册为域名,因此域名在某种意义上可以说是传统知识产权客体在Internet上的延伸;世界知识产权组织关于知识产权的定义是开放的,可以是"一切其他来自工业、科学及文学艺术领域的智力创作活动所产生的权利",这也给域名作为一种全新的知识产权客体加以保护提供了可能。

第三,"域名抢注"行为是否应该受到法律禁止?域名与商标或商号的联系是紧密的。虽然"被抢注人"可以通过改变二级域名的方式部分达到其利用自身商标或商号注册域名的目的,但毕竟抢注人的抢注行为剥夺了其利用商标或商号注册域名的最直接方式,使其利用商标或商号注册域名的权利无法得以全部实现,损害了其在网络资源方面的利益。那些利用他人商标或商号"搭便车"借机推销自己产品、服务的行为首先是一种不公平竞争的行为,是应该被法律所禁止的。

对于抢注域名借以敲诈的行为,在现有立法基础上,应该通过下列标准来判定:

(1) 被抢注域名与注册人的商标、商号或名称等是否具有必然联系;

(2) 注册人在注册域名后是否使该域名下网站的网页闲置;

(3) 注册人在抢注域名后是否与"被抢注人"主动联系,进行敲诈。

如果具备上述三个条件,可以通过认定对该域名的注册为"恶意抢注"来宣布抢注人的注册行为无效。应该承认,在立法有待完善的情况下,对上述行为只能沿用民法的诚信原则加以规制,真正意义上实现网络世界的公平与诚信,仍然需要法律的支持。

案例二：苏州易龙域名保护

　　1997年5月，苏州易龙电子有限公司在电视机、半导体等商品上申请注册"雅虎"商标。国家商标局经过初步认定后，将上述商标注册申请予以公告。美国雅虎公司在异议期间内向国家商标局提出异议。该公司称"雅虎"是美国著名网站YAHOO(http：//www.yahoo.com)的英文发音所独创的中文对称（音译），为社会公众所熟知。如果苏州易龙电子有限公司获得以上商标的注册，容易对社会公众产生误导和发生认知混淆。因此美国雅虎公司主张苏州易龙电子有限公司的商标注册申请不应被核准。苏州易龙电子有限公司在答辩书中宣称，该公司申请注册的商标"雅虎"，并非如美国雅虎公司所说的那样，取自雅虎公司的域名和商号的英文YAHOO的中文译音，相反是出自中国明朝苏州著名的文学家唐寅（唐伯虎），"因其风流儒雅，时人谓之雅虎"。另外，苏州易龙电子有限公司申请"雅虎"商标在前，根据商标权法"申请在先"的原则，应当保护苏州易龙公司的在先利益。国家工商总局于1998年1月27日裁定美国雅虎公司的异议无效，苏州易龙电子有限公司最终在电视半导体商品上获得了"雅虎"商标。

## EC聚焦——免费电子邮箱谁负责任

　　(China Byte综合消息)上海热线日前宣布，它将封除所有被空闲一个月以上的电子邮件信箱，这一最新举动遭到了来自其80万注册用户的强烈反对。

　　上海出版的《解放日报》在报道中说，当它的邮件服务器在今年早些时候达到满负荷状态之后，上海热线决定不对其邮件服务器进行升级，而是选择了关闭未在使用中的信箱。这一举动激怒了80万注册用户，其用户群必将因此缩小。

　　对此，上海热线争辩，它并未损害消费者的权益，此前它已经在网上公布了这次信箱关闭行动的起因，后来又在其网上用户声明中增加了一项新条款。另外，公司将重新恢复那些在发表封除声明之前注册的用户信箱。不过，该公司坚持，用户每月应至少登录一次自己注册的信箱。目前，上海热线已不再对那些仍未使用信箱的新注册用户提供免费的电子邮件服务。

　　电子邮件是互联网最广泛的应用之一，大部分电子邮件服务商提供免费服务并以格式合同形式规范其与用户的法律关系，这就产生了两个问题：免费是否需要承担责任以及格式合同的法律解释。

## 关键概念

　　电子商务法　电子签名法

## 简答题

1. 什么是电子商务法？包括哪些内容？
2. 电子商务法的特点有哪些？
3. 电子商务法的特殊问题有哪些？
4. 签名有哪些作用？
5. 电子签名与传统签名有什么不同？
6. 电子签名立法有什么意义？
7. 什么是电子合同？
8. 域名有哪些特点？
9. 为什么要进行域名保护？

## 热点话题

1. 域名有中文域名、英文域名、数字域名等。如果你有一个网站且已注册了英文域名，但中文域名没有注册。现在有人注册了与你的英文域名译文相同的中文域名，你是否打算要回这个中文域名，注册中文域名的人是否违反了《中国互联网络域名注册暂行管理办法》？谈谈你的看法并给出理由。

2. 你与商家通过电子邮件进行业务往来，有关订单及其他信息在附件中，有时也在邮件正文中，附件是以 DOC 文档形式保存的。如果有一天商家交货时间与你的要货时间不一样，但商家又坚持说时间没有错，想想问题可能出在什么地方？如果法律部门让你出示能说明文件的时间证据，你又如何做？

## 实战演练

手写签名与数字签名各有什么特点？原来比较简单的手写签名用数字处理起来非常复杂，写一个 500 字左右的报告，分析比较手写签名与数字签名的不同点与相同点，可以从载体（介质）、识别方法、保存、成本、传输、应用等方面进行考虑，进而说明电子签名在电子商务中的重要性及法律地位。

# 第 9 章 客户关系管理

**学习要点**
- 关系营销的定义；
- 客户关系管理（CRM）的定义；
- 电子商务环境下的 CRM 模式；
- 现代企业应当如何实施 CRM；
- 售后服务；
- 数据挖掘的含义、使用的技术和工具；
- 在 CRM 中应用数据挖掘；
- 实施数据挖掘的步骤。

## 9.1 客户关系管理

### 9.1.1 关系营销的定义

关系营销（relationship marketing）是自 20 世纪 70 年代起，由北欧的一些学者提出并发展起来的，是指通过履行承诺、建立、保持、加强客户关系并使其商品化的做法。20 世纪 80 年代以来，关系营销得到了更大的发展，在企业界得到了较为广泛的应用，在理论上也得到了更为深入的探讨，影响越来越大，并被克斯丁格罗斯誉为"九十年代及未来的营销理论"，也为 CRM 的推广和发展提供了大量的理论和事实的依据。

**1. 产生背景**

应该说"关系营销"的产生具有较为深刻的时代背景，并且可以认为是后工业社会市场经济和人类文明高度发达的客观要求。

随着市场经济的进一步发展，物质产品的日益丰富，市场形态已经明显转向买方市场，企业之间的竞争更加激烈，竞争手段也就更加多元化。但是一个统一的趋势是：对消费者的研究更加深入，更注意从消费者的要求出发并同消费者形成一种持久良好的关系，同时企业之间的交流也因为竞争的加剧而更显必要。

由于人们的消费观念向外在化、个性化、自然化的方向发展，精神消费和心理消费的程度越来越高，这就迫切需要企业与顾客之间以更多的交流来相互实现各自的需要与利益。与此相适应的是生产方式的转变，同样需要营销方式的转变。工业社会的生产主要表现为少品种、多产量的生产，企业之间的竞争形式整体表现为争夺顾客的"零和竞争"，企业为了获取竞争的优势把更多的注意力放在竞争者身上,而忽视了同竞争者之间的情感交流。相反到了后工业社会,由于电脑、机械及制动方面的各项高新技术的广泛应用,生产工艺更加柔性化和敏捷化,对市场的细分化程度也就更加深入,生产形式更多地表现为多品种、少批量的生产。企业之间的竞争形式转向为一种双赢模式(win-win model),并且企业更加注重消费者的实际要求。

全球资讯化作为不可阻挡的历史趋势以及电子通信工业、交通、邮电等行业的迅猛发展,使得人与人之间的时空距离相对缩短。企业之间、企业与顾客之间的依赖性、相关性也就越来越强,彼此之间越来越注意相互情感的倾诉。作为企业对这种时代特征不可漠然视之,尤其是在营销策略方面,要处理好这种"互动关系",形成持续发展的基础和动力,达到企业的战略目标。

当然,不可否认营销理论本身发展的作用。尤其是战术营销向战略营销的方向转变,使得公共关系、政治壁垒、人的内在感情需求以及营销整体环境都成为营销的战略问题。

**2. 关系营销的内涵**

对于"关系营销"这一概念,主要有三种看法:

(1)最普通、简易的看法是将关系营销界定为买卖之间依赖关系的营销。

(2)根据 Shelth、Gummesson、Gronroos 等著名营销学专家的观点,所谓关系营销,是识别、建立、维护和巩固企业与顾客及其他利益相关者的关系的活动,并通过企业努力,以成熟的交换及履行承诺的方式,使活动涉及各方面的目标在关系营销活动中实现。这一观念强调的重点是需要在企业与顾客及其他利益相关者之间建立起相互信任的合作关系。

(3)关系营销应是个人和群体通过交换产品和价值的同时创造双方更加亲密的相互依赖关系,以满足社会需要和欲求的一种社会的和管理的过程。

比较以上三种观点,对于"关系营销"的内涵,可以得出这样的认识:

(1)关系营销是由许多管理"关系"的一系列活动所构成的一个社会性过程。

(2)关系营销的重点在于利益各方相互之间的交流,并形成一种稳定、相互信任的关系。

(3)关系营销的一系列活动都是为了达到一定的营销目标。

从实践意义上讲,关系营销已经完全突破了简单的企业与消费者之间的关系,延伸到供应商、中间商及其他与企业直接、间接联系的社会团体、政府职能部门及个人等各方面。

**3. 关系营销的运行原则**

关系营销相比于传统的市场营销组合有较大区别,主要表现在以下方面:

(1)传统营销的核心是交易,企业通过诱使对方发生交易并从中获利;而关系营销的核心是关系,企业通过建立双方良好的互惠合作关系从中获利。

(2)传统营销的视野局限于目标市场上;而关系营销所涉及的范围则包括顾客、供应商、分销商、竞争对手、银行、政府及内部员工等。

(3)传统营销关心如何生产,如何获得顾客;而关系营销强调充分利用现有资源,强调保持现有顾客,因而其运行原则应该围绕"关系"展开,以求得关系各方面的协调发展。关系营销的运行原则主要有以下几个。

① 主动沟通原则:在关系营销中,关系各方都应主动与其他关系方接触和联系,相互沟通消息,了解情况,形成制度或以合同形式定期或不定期碰头,相互交流各关系方需求和

利益变化情况,主动为关系方服务或为关系方解决困难和问题,增强伙伴合作关系。

② 承诺信任原则:在关系营销中各关系方相互之间都应做出一系列书面或口头承诺,并以自己的行为履行诺言,才能赢得关系方的信任。

③ 互惠原则:在与关系方交往过程中必须做到相互满足关系方的经济利益,并通过在公平、公正、公开的条件下进行成熟、高质量的产品或价值交换使关系方都能得到实惠。

### 4. 关系营销的具体实施

关系营销理论对企业营销活动的指导作用集中体现在以下三个方面:

第一,建立并维持与顾客的良好关系是企业营销活动成功的基本保证,因为顾客是企业生存和发展的基础。要做到这一点,首先必须真正树立以消费者为中心的观念,一切从消费者出发,切实考虑他们的需求和欲望以及愿意为之付出的成本。其次,要切实关心消费者利益,提高消费者的满意程度和购物的方便性,使顾客的利益落到实处。此外,要加强与顾客的联系,密切双方感情。随着人们消费观念的更新,情感在消费者购买决策中的影响作用越来越大。有的公司在春节前夕根据形成的顾客资料库向用户寄上一封热情洋溢的感谢信和一份精致的小礼物,收效奇好。

建立和维持与顾客的良好关系的具体手段还包括资料库营销和顾客组织化等。前者是指通过采集、积累有关消费者各方面的资讯,利用计算机进行综合处理并加以科学的分析,从而更加完善地为顾客服务,节约营销成本,提高营销效率,并为新产品开发提供准确的资讯。顾客组织化是指通过有效的消费者组织战略,把顾客纳入企业的周边组织系统中,使企业与顾客更为紧密地结合在一起,培养顾客对企业及其产品品牌的忠诚,并使企业能对顾客形成比较有效的控制。国外较为通行的做法是成立顾客俱乐部,其成员是现有顾客或潜在顾客。俱乐部为会员提供各种特殊服务,包括产品资讯、优惠价格、优惠销售条件或方式、优先挑选权等,从而为企业培养稳定的顾客群,使顾客从中获得利益。同时这种方式也有利于形成直接的反馈系统,并产生一个群体广告效应。

第二,促进企业合作,共同开发市场机会。在当今市场竞争日趋激烈的形势下,过去的营销观念所强调的视竞争对手为仇敌,彼此势不两立的竞争原则绝非上策。适当的企业合作(包括与供销商、中间商、竞争对手等企业的合作)更有利于企业目标的实现。通过各种横向或纵向的企业间的合作能巩固企业已有的市场地位,并依靠合作所产生的合力开辟新市场,顺利地进行多角化经营。从宏观的角度讲,能适度减少无效竞争,提高经济的整体运行效率。

第三,协调与政府及各种社会团体的关系,创造良好的营销环境。政府出于国家整体利益的考虑,通过立法、行政、经济等手段对社会经济活动实行宏观调控和管理,因此企业的营销活动必然受到政府有关规定的影响。在处理与政府的关系上,企业应该持积极的态度,遵循国家有关法规,协助研究国家所面临的各种问题的解决方法和途径,保证企业营销的成功。同时有利于企业树立良好的公共关系形象,并通过与政府的密切合作获得很多直接或间接的利益。

协调与本国政府或进入国政府的关系,获得他们的支援和帮助,对企业成功地开展国际市场营销具有十分重要的意义。尤其是国际贸易保护主义回潮,各种壁垒严重阻碍了企业开拓国际市场,这时候企业的政治权利(political power)也就显得更加重要了。

### 5. 关系营销的现实意义

我国随着经济市场化程度的不断提高，对外开放也不断深入，企业之间的竞争随着买方市场的形成也更加激烈，这为关系营销的推行提供了良好的宏观环境。另外中华民族的优良传统和道德规范为关系营销的运用也打下了坚实的思想基础。例如，"信""义""仁爱""和能生财"等观点对处理和协调关系各方的利益很有指导意义。通过关系营销，能使我国企业形成稳定的顾客群，为企业提供稳定的收入，夯实企业发展的基础。同时有利于企业不断提高竞争力，使企业能够跟随市场变化，不断开发新产品，满足顾客需求。还能使企业树立良好的形象，培养顾客和关系各方的忠诚与信赖。对于国际营销，关系营销的作用也是十分明显的。目前世界上许多知名企业运用关系营销理论取得成功正是其现实意义的例证。例如，英国马狮百货的成功和美国 Macintosh 的成功。

## 9.1.2 客户关系管理的定义

在电子商务时代，信息技术革命极大地改变了商业模式，尤其对企业与客户之间的互动关系产生了巨大的影响。在一切都随手可及的信息化社会，客户可以极其方便地获取信息，并且更多地参与到商业过程中。这表明，现在我们已经进入了客户导向（customer oriented）的时代，深入了解客户需求，及时将客户意见反馈到产品、服务设计中，为客户提供更加个性化、深入化的服务，将成为企业成功的关键。在这种环境下，现代企业的客户关系管理应运而生。

### 1. CRM 的产生

CRM 的产生是市场与科技发展的结果。在社会进程中，客户关系管理就一直存在，只是在不同的社会阶段其重要性不同、其具体的表现形式不同而已。现代企业理论经历了几个发展阶段，从以生产为核心到以产品质量为核心，再到现在的以客户为中心，这些变化的主要动力就是社会生产力的不断提高。试想在一个供不应求的时代，又有谁会去关注产品的需求者呢？

在以数码知识和网络技术为基础、以创新为核心、以全球化和信息化为特征的新经济条件下，企业的经营管理进一步打破了地域的限制，竞争也日趋激烈。如何在全球贸易体系中占有一席之地、如何赢得更大的市场份额和更广阔的市场前景、如何开发客户资源和保持相对稳定的客户队伍已成为影响企业生存和发展的关键问题，CRM 为解决这些问题提供了思路，并正在成为企业经营策略的核心。

### 2. CRM 的内涵

所谓 CRM，是指通过管理客户信息资源，提供客户满意的产品和服务，与客户建立起长期、稳定、相互信任、互惠互利的密切关系的动态过程和经营策略。CRM 作为一种新的经营管理哲学，本书认为对其内涵可以从不同角度、不同层次来理解。

首先，我们要把客户关系管理看作一种管理理念，其核心思想是将企业的客户（包括最终客户、分销商和合作伙伴）作为最重要的企业资源，通过完善的客户服务和深入的客户分析来满足客户的需求，保证实现客户的终生价值。现在是一个变革和创新的时代，比竞争对手领先一步，而且仅仅一步，就可能意味着成功。业务流程的重新设计为企业的管理创新提供了一个工具。在引入客户关系管理的理念和技术时，不可避免地要对企业原来的管理方式进行改变,创新的思想将有利于企业员工接受变革,而业务流程重组则提供了具体的思路和方法。在互联网时代,仅凭传统的管理思想已经不够了。互联网带来的不仅是一种手段,它触发了企业组织架构、工作流程的重组以及整个社会管理思想的变革。所以,客户关系管理首先是对传统管理理念的一种更新。

其次,我们要明白客户关系管理又是一种旨在改善企业与客户之间关系的新型管理机制。它实施于企业的市场营销、销售、服务与技术支持等与客户相关的领域,通过向企业的销售、市场和客户服务的专业人员提供全面、个性化的客户资料,并强化跟踪服务、信息分析的能力,使他们能够协同建立和维护一系列与客户和生意伙伴之间卓有成效的"一对一关系",从而使企业得以提供更快捷和周到的优质服务,提高客户满意度,吸引和保持更多的客户,从而增加营业额;另一方面,则通过信息共享和优化商业流程来有效地降低企业经营成本。

再次,客户关系管理也是一种管理技术。它将最佳的商业实践与数据挖掘、数据仓库、一对一营销、销售自动化以及其他信息技术紧密结合在一起,为企业的销售、客户服务和决策支持等领域提供了一个业务自动化的解决方案,使企业有了一个基于电子商务的面对客户的前沿,从而顺利实现由传统企业模式到以电子商务为基础的现代企业模式的转化。

最后,我们不能简单地把客户关系管理等同于单纯的信息技术或管理技术,它更是一种企业商务战略。目的是使企业根据客户分段进行重组,强化使客户满意的行为并连接客户与供应商之间的过程,从而优化企业的可营利性,提高利润并改善客户的满意程度。具体操作时,它将看待"客户"的视角从独立分散的各个部门提升到了企业,各个部门负责与客户的具体交互,但向客户负责的却是整个企业。以一个面孔面对客户是成功实施 CRM 的根本。为了实现 CRM,企业与客户连接的每一环节都应实现自动化管理。

### 9.1.3 电子商务与 CRM

电子商务和 CRM 是目前业界认为能够为企业带来更快、更高回报的两个创意。为了给客户一个关于公司的全景印象,协调基于 CRM 和电子商务的购买流程越来越重要。企业必须把电子渠道和电子商务看作是 CRM 整体战略的一部分,以避免渠道冲突,并使客户关系回报最大化。

**1. 客户关系管理将成为企业全员的根本任务**

在电子商务背景下,客户关系管理将真正成为企业全员的根本任务,这与传统企业有着本质的不同。企业的整个供应链和价值链都将围绕客户中心展开一切活动。良好的客户关系管理是企业把握在线顾客的真实需求、改善企业与顾客的相互关系、培植顾客忠诚度的核心内容;也是整个企业系统高效运行的必要前提。网络技术为企业开展电子商务、实现内部各部门以及企业与供应链各成员的有效信息沟通提供了充分的技术支持,而这又为客户关系管理的全面实施准备了至关重要的技术基础。

**2. 互联网的面对面沟通方式有效地支持了客户随时、准确地访问企业信息**

客户只要进入企业的 Web 网站,就能了解到企业以及关于企业的各种产品和服务信息,寻找用于决策的依据及满足需求的可行途径。同时,营销人员也能够借助先进的信息技术,及时全面地把握企业的运行状况及变化趋势,以便在与客户接触时,能够针对其需要提供更为有效的信息,改善信息沟通效果。

**3. 架设了更有效的沟通渠道,构建了交互式的沟通方式**

Internet 在客户与企业之间,架设了更有效的沟通渠道,构建了交互式的沟通方式。借助这一方式,企业可以通过 IP 地址,随时、准确地知晓每一位客户的居住区域及其各种有关信息。运用数据库管理、Internet 等信息系统和信息技术,企业不仅能够及时、迅速、大量地收集客户信息,并及时传递给客户服务中心加以处理,而且可以实现对客户信息的更好保护和利用。

**4. 减少了 CRM 运作的成本**

Internet 大大减少了 CRM 运作的成本,这是电子商务所拥有的最重要的优势。在 Internet 和电子商务模式下,任何组织或个人都能以低廉的费用从网上获取所需要的信息。这为企业和客户双方都带来了莫大的好处,建立了人们积极收集信息、主动进行沟通的基础。在这一基础的支持下,CRM 系统不仅是企业的主动选择,同时也成为广大在线客户的一种必然要求。因此,在充分沟通的基础上,相互了解对方的价值追求和利益所在,以寻求双方最佳的合作方式,无论对企业或在线客户都有着极大的吸引力。

## 9.1.4 CRM 的实施

正确的实施顺序是 CRM 成功的基础。从技术领域开始(也就是首先购买或安装软件),在此基础上设计流程,然后招募员工去执行,接着制定策略,到最后会发现根本不了解客户,也从未想到客户策略。这是最典型也是最普遍的方法,而这种方法也导致了过去超过 70% 的 CRM 项目失败。

从理解客户开始,在客户需求的基础上阐明客户策略,这将支持 CRM 策略,然后招募需要的员工,培训、激励和保持员工以符合公司的总体策略,再按照以客户为中心的方法设计合理并实用的流程,最后选择合适的软件或工具进行技术支持以确保能够实现以上需求。这才是 CRM 正确实施之路。也就是说,把自己的战略流程放在第一位,而不单单是依靠软件工作。

成功 CRM 的五大关键要素为客户、策略、人员、流程和技术,五个要素有 18 个评估标准。

**1. 客户的评估标准**

(1) 忠诚度。交易型忠诚、情感型忠诚和所有客户接触点的满意度。

(2) 智能。客户资料和分析通过组织管理,最大限度地得到精确、完整、更新、充足及充分的应用。

(3) 价值。通过客户收入、客户资料、客户利润率、客户保持和客户生命期价值来评估和定义。

(4) 体验。通过超越客户最重视的客户接触点的期望,使客户满意度最大化。

**2. 策略的评估标准**

(1) 远景。与公司的使命和价值相一致。

(2) 策略。提升客户关系,最终实现更大收入、利润和忠诚度。

(3) 目标与绩效。量化并评估客户忠诚度、客户利润、客户价值和客户流程效率。

(4) 行业监察。依据客户和行业，改变或取代产品以及提高服务质量。

**3. 人的评估标准**

(1) 变革管理。组织架构、阻力、激励、奖励机制和危机管理。

(2) 员工成就。达到公司远景和策略，员工都应该有明确的定位。

(3) 组织结构。企业中的每个人的绩效都是通过客户满意度与忠诚度、客户价值和客户流程效率来进行评估和奖励的。

**4. 流程的评估标准**

(1) 信息流。形成以客户为导向、内部相互联系并且充分整合的，从售前、售中到售后的反馈回路。

(2) 流程设计。形成以客户为导向、内部相互联系并充分整合的持续改善的回路。

(3) 内部协调。通过业务需求、技术需求来制定。

**5. 技术的评估标准**

(1) 需求制定。与客户关系管理的远景、策略和目标相结合以及得到技术架构和能力的支持。

(2) 整合和兼容。通过共有界面，所有关联方可实时360度审视客户。

(3) 厂商选择。与承包商、外包商、厂商和内部的IT团队充分沟通技术、资金和服务需求。

(4) 评估。关注量和质来判断投资是否达到预期绩效，同时提醒提高实际能力的时机。

### 9.1.5 CRM案例——汇丰银行如何定义其最佳客户

**1. 公司背景**

汇丰集团是世界上最大的银行金融服务机构之一。其总部设在伦敦，在76个国家驻有10 000个办事处，雇有232 000名员工。汇丰银行在全球拥有超过1.1亿的顾客，并且它将这些客户分为五大类：个人金融服务、客户融资、商业银行业务、投资银行业务和市场个人银行业务。

汇丰银行以"从本地到全球，满足您的银行业务需求"为其独有的特色，使其在众多同行业竞争者中脱颖而出。

**2. 改进**

汇丰银行大部分重要的客户都由汇丰银行设立的专门的客户关系管理团队为其服务，因为他们可以说是"汇丰的上帝"。无论何时他们需要任何个性化的服务和帮助，他们的客户关系经理在电话的另一头随时待命。如果他们寻求更专业的建议或者解决特定问题的方法，他们的客户关系经理可能会转而向其他人征求更完善的建议，或者将另外的更合适的专业团队介绍给客户。无论是哪一种情况，汇丰的客户都不能享受一站式服务。有时，因为经费等其他原因，客户会在几天之后才得到答复。这会使他们对汇丰的VIP服务产生一种负面体验。即便客户需要一些信息，而客户关系经理无法立即从自己的资源里获得，那么这其中可能会有1~2天的时间差，这会让客户认为银行的服务系统并不十分快捷有效。

那么汇丰银行该做些什么来改进这些呢？当重要的客户寻求特别的银行信息或者专业

的建议时,银行该如何来满足他们?

**3. 客户关系管理**

那么如何才能将客户关系管理应用于汇丰案例中,以改进其客户关系呢?

当然必须了解 CRM 的定义,CRM 的理念之一就是"鉴别最佳客户,设计最佳体验"。第一阶段要鉴别最佳客户,首先应该以客户金字塔为基础,对客户进行分类。第二阶段中,设计最佳体验则包括客户体验管理、业务流程管理和需求规划。

**4. CRM 的愿景、策略和目标**

表 9-1 列出了 CRM 的愿景、策略和目标。

表 9-1 CRM 的愿景、策略和目标

| | |
|---|---|
| CRM 愿景 | 提升重要客户的满意度 |
| CRM 策略 | 开展多渠道的一站式客户服务 |
| CRM 目标 | 增加利润/收入<br>增加客户生命期价值<br>提高交叉销售<br>提高客户保留度 |

**5. 价值观**

(1) Box(产品特性):一系列实用的、利润丰厚的且有价值的产品。它们并不便宜,但是值得并可靠的。

(2) Box+(服务特性):通过多种渠道提供一系列实用的、有帮助而且价值高的服务。

(3) Box++(客户关系):双赢局面。

总的来说,汇丰银行通过为其顾客提供五种渠道的服务来使他们感觉便捷和服务的灵活多样性(网上银行、电话银行、自助银行、移动银行和分行)。但是,客户有比实际体验更高的期望值。这其中也是有原因的。近几年,银行分行的数量比以前减少了。这使得现有的银行接待的客户数量增多。就电话银行而言,客户要按照提示办理的手续太烦琐,这使得他们感觉不便。此外,自助式银行所提供的业务范围不是很广。尽管网络银行做到了随时随地提供服务,仍有一些客户不愿使用银行网站。

汇丰银行已经为重要的客户提供了便捷的服务。他们享受着由专业的客户关系经理所提供的个性化服务。只需一个电话,他们就能得到任何金融服务和帮助。但是,他们有时并不乐于接受这种一站式服务。如今,客户对银行服务更加挑剔,特别是当他们知道银行把他们归为重要的客户时,更是如此。他们需要立即得到想要的信息和服务。他们不愿意等到另一个电话才得到答复,或者需要另外安排时间与金融专家见面才解决问题。

在访问 http://www.hsbc.com.hk 时,可以发现汇丰银行为个人和公司商务顾客提供了许多银行产品和服务,例如投资、抵押、融资计划、保险、银行卡、贷款等。每一组产品都有自己的帮助热线和专家提供服务,但是顾客通常要拨打不同的热线来取得不同产品的信息。

以上几点让我们感觉到了服务与体验的差距。我们可以通过对客户关系经理进行更多的培训,使他们具备更专业的金融知识来改进服务。但要使经理通晓银行所提供的所有产品和服务是很困难的。所以还是把重点放在程序调整和硬件配置方面为好。比较好的建议是在主要的服务中心建立实时视频会议系统。无论何时客户需要更专业的建议或信息,都可以通过该系统来提供一个面对面的交流。另一方面,当客户来电需要帮助时,经理可以将电话转给专家,来进行远程交流。那么,客户将真正使用这种随时随地的一站式服务。为了确保这类服务的顺利进行,首先要保证有足够的专家资源和信息。

汇丰的在线银行提供了一系列的便捷服务,但还没有做到一站式的服务。在线银行业务应该整合即时沟通。无论何时何事,在线银行客户有任何问题,他们都能通过向客户服务中心发送即时信息,得到立即的答复。这种服务尤其受到那些乐于 DIY(Do It Yourself,自己动手做)自己账户的客户的欢迎。而这也会成为汇丰电子银行一个强有力的竞争优势。

最后,汇丰 IT 人员应该整合各种不同的系统,形成的客户端界面可以使授权的客户服务人员即时得到所有产品的信息和客户数据。

**6. 业务流程管理——企业业务流程**

为了让流程管理者更好地安排各个部分,我们将人力和信息资源重组,设计的企业业务流程如图 9-1 所示。

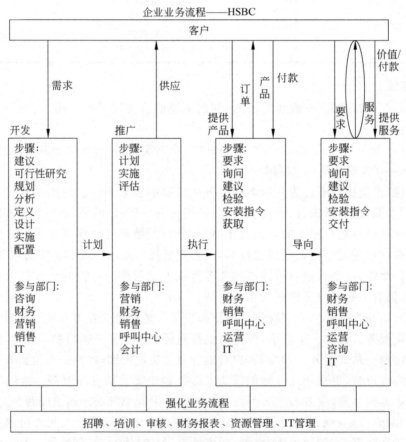

图 9-1　汇丰银行的企业业务流程

在这个案例中,我们是通过杰出的服务来达到战略目标的。此流程涉及咨询、融资、销售、热线中心、运营部和 IT 等部门。

**7. CRM 度量标准**

我们必须运用多种度量标准评估执行的效率:

(1) 利润/收入；
(2) 交叉销售率；
(3) 客户反馈；
(4) 现场客户调查；
(5) 在线客户调查；
(6) 客户满意度；
(7) 客户保持率；
(8) 推荐率；
(9) 每次视频会议服务完成的工作量；
(10) 每次电话会议服务所完成的工作量；
(11) 每次即时短信所完成的工作量。

**8. 结论**

"为每一个客户度身定制不同的方案"是当今世界银行服务的大趋势，同时也是银行在市场中获得竞争优势的有力法宝。而 CRM 的客户理念早已融入银行领域。作为世界最大的银行和金融服务组织之一，汇丰银行在客户关系管理方面已经做得很好了。由于其在过去所取得的良好声誉和拥有卓越的服务，使得客户对它的期望值比其他银行更高。这就使得汇丰必须在这方面投入更多的精力和资源。由于客户满意度等于客户期望值减去客户体验值，所以无论期望值有多高，只要还在一个合理的范围内，汇丰银行就必须不断以上乘的服务来满足他们的上帝——客户。

## 9.1.6 CRM 案例——保险公司的客户服务

**1. 背景**

Crystal Insurance 公司是一家提供养老、房产、人寿和汽车保险的网络保险公司。在保险行业激烈的竞争中，为了能够增加收益，Crystal 保险公司想方设法在它的业务范围内提高客户服务水平。

**2. 需求**

在改善客户服务的过程中面临的一个主要障碍是：公司现有的 IT 基础架构不能发挥应有的作用。目前 Crystal 保险公司内部的各项业务政策、客户以及营销信息分别隶属于不同的 IT 系统控制，以至于不能有效地把同一个客户的信息集中到一起，这样就使得公司很难发现新的商业机会或者按照公司既定的策略来提高客户服务水平。

**3. 系统实施**

Crystal 保险公司在提高客户服务水平方面制定了一个计划。这个计划分三个连续的步骤来执行。以连接公司的各种业务为开端，到利用网络来向客户提供一个更加个性化的服务。

1) 设立客户服务代表 CSR

客户在通过电话中心咨询时，对客户在咨询中提出的问题，CSR 不但可以根据客户在咨询中所提出的要求给予立即回复，也可以参照客户的需要，向他们推销其他的服务，即采用交叉销售的方式来向客户推销服务。

Crystal 保险公司采取的第一个步骤就是对公司现有的核心系统进行整合,这样客户就可以实现随时咨询各项业务,也使 Crystal 保险公司更容易发现新的商业机会,从而增加公司的收入。如,客户想兑现他的人寿保险单,并打算用这些钱购买一部汽车。通过 Crystal 保险公司的电话中心,查询人寿保险单的价值;同时 Crystal 保险公司在对这位客户全部资料进行分析之后,决定给这位用户两种选择:一是提供优惠的贷款,二是兑现人寿保险单。一般来说,客户在权衡利弊后,会选择由 Crystal 保险公司提供的优惠贷款,而不会去兑现他的人寿保险单。这样,Crystal 保险公司不但保住了原有的业务,还获得了新的业务,同时客户也会对 Crystal 保险公司提供的服务留下非常好的印象。这就是"交叉销售"的方式。

Crystal 保险公司的"客户服务代表"(CSR)在处理客户的咨询时的运作过程如下:

(1) 首先会启动一个自动化程序,并用它来搜索人寿、汽车和房产三种不同的保险业务数据库中相关的客户信息。

(2) 接着启动一个自动化保单评价程序,以满足客户在保单评价方面的要求。在这个过程中,评价程序不但会自动提供一系列的对话框用来引导 CSR 回复客户的相关咨询,而且为了更好地回复客户的咨询,估价程序也会自动从现有的系统中搜索客户的背景资料供 CSR 参考。

(3) 启动的自动化程序是用来搜集所有的客户信息并对这些信息做进一步的分析利用,即考察客户是否有资格获得贷款。

(4) CSR 就可以根据对客户资料的分析结果,告知客户可以获得由 Crystal 保险公司提供的优惠贷款,并询问客户是否愿意与公司的客户部销售人员面谈。

(5) 为了与客户面谈,CSR 启动了一个预先制定好的"客户会谈"程序。用这个程序向销售人员发送关于客户号码和会谈细节的电子邮件,其中最重要的就是向销售人员提供会谈需要的客户的所有资料。

2) 建立客户数据仓库

把客户资料集中到一个数据库当中,以便于分析利用。公司把从代理商或者电话中心获得的客户个人资料进行归纳分析,结果可能发现新的商业机会,从而增加公司的收入。在完成第一步公司业务整合计划的基础上,Crystal 保险公司采取了第二步计划。Crystal 保险公司的做法是把保存在核心系统中的所有公司资料(包括客户服务资料、业务资料和人口统计等这样的第三方资料)都集中到一个数据仓库,形成一个统一的有相互关联的公司数据仓库。这样公司的保险统计、市场营销、业务和其他的部门就能够把握客户的具体家庭情况,而不单单只是客户的个人资料。

完成这个过程需要用到数据仓库软件,这种软件能够对公司的各种资料进行整理归纳,并为决策提供分析资料。这是客户不可能考虑到的事,如客户在办理养老保险时,如果在家庭成员方面的资料不充分,那么系统就会依据业务规定提醒客户提供缺少的资料。在客户补交相关的资料后,数据库里的客户信息也相应地进行了更新。同样,正在与客户谈人寿保险的销售人员也会得到最新的关于客户的信息,而且销售人员只要在自己的工作场所就可以接入公司的核心系统,这样就有助于他们方便地与客户达成交易。

3) 建立网络

利用网络,客户可以自助服务。允许客户利用网络来查询相关的问题,比如客户可以通过网络查询保险索赔的进展情况。客户在使用这种服务时,会有一种亲自查看相关文件的感觉。这一步的实施是建立在第二步任务完成的基础上,它将使客户拥有更多的自主权。客户不但可以通过 Internet 直接查询自己的个人养老保险资料,还可以另外购买其他的险种或者查看汽车索赔的进展情况。如果客户需要修改汽车索赔资料的话,所要做的只是登录到 Crystal 保险公司的主页上去,输入安全保护口令,接入以前输入的索赔资料并对其中的内容和图片做必要的修改。

有研究表明由于 Crystal 保险公司提供了网络自助服务,客户就不再需要与客户代理咨询台联系,因而极大地提高了效率和减少了费用。

解决客户的业务咨询最主要的就是对 MQSeries 系列软件的应用,同时为了使公司的整个 IT 系统具备快速的扩展功能,系统中也应用了 Visual Age for Java 软件开发工具。Lotus Notes * 组件则是为了实现 Crystal 保险公司内部员工进行相互交流的功能。MQSeries 系列软件是用来连接公司内部各种不同的系统,以实现把各个业务部门的资料集中起来的目的,从而使 CSR 能够处理各种各样的客户咨询。由于软件系列中的 MQSeries Workflow 软件具有帮助公司实现业务流程模块化和自动化控制的功能,所以 CSR 就可以利用这种功能来回复客户提出的任何咨询,从而可能获得交叉销售的机会。为了适应竞争环境不断变化的需要,也可以很容易地对 MQSeries Workflow 软件中的模块化业务流程进行更改和优化。Crystal 保险公司利用 MQSeries Integrator 软件来改造公司现有的后端系统,因为这个软件可以同时实现数据转换和路由功能。

**4. 案例分析**

(1) 此案里体现了完整的"CRM 四个过程":
① 知识发掘(knowledge discovery);
② 市场规划(market planning);
③ 客户交互(customer interaction);
④ 分析与修正(analysis and refinement)。
(2) 收集客户信息利用了如下技术:
① 数据库(data base);
② 数据仓库(data warehouse)。
(3) 采用了"商业策略和商业技能的应用系统":
① 交叉销售(cross-selling);
② 客户服务代表(CSR)。

由此可见,这是一个成功的案例,无论是软件应用还是商业策略都做得很好。在这个案例中,交叉销售、客户服务代表与系列软件圆满地整合,形成了强大的商业价值。真正做到了留住老客户,发展新客户,体现了 CRM 是商业哲学的观点。

# EC 聚焦——航空业 CRM

**1. 提高上座率**

如今越来越多的人开始通过互联网预订机票,直接从航空公司网站预订或通过独立网站如 Expedia.com 或 Opodo.com 预订。许多航空公司都会在互联网上提供特价机票,这些票价在旅行社是得不到的。这样做的好处是使客户处于掌控之中,但不利之处在于客户必须事事躬亲。奇怪的是,自己在线预订机票的客户满意度普遍要高于通过其他人预订的(无论是通过航空公司本身还是旅行社)。

**2. 回报忠诚**

20世纪80年代美国美利坚航空公司首先引入了常旅客计划(Frequent Flyer Program,FFP)。该计划的主要目的是向常旅客推出各种优惠活动和奖励他们的忠诚。时至今日,几乎世界上所有的航空公司都拥有了自己的FFP,而且许多航空公司还向企业客户和旅行社提供了类似的计划。美利坚航空公司的Aadvantage计划在全球范围内已经拥有大约5000万会员。客户可以通过飞行里程、酒店住宿、汽车租赁、信用卡消费及其他各类消费赢取积分。同时他们也可以用累积的积分兑换机票、酒店住宿、汽车租赁和其他奖品。根据统计参加Aadvantage计划的客户能够以多达1500种的不同方式累积和消费积分。

另一方面航空公司也间接获益。主要是有关客户出行习惯的详细信息。将这些信息与其他相关的客户信息及客户购买行为结合之后,航空公司就可通过分析从而对客户进行分段并将之运用于目标直销。一个现代化的航空公司总是对客户的出行行为了如指掌,当某位从A地飞往B地的常旅客停止搭乘本航空公司的航班时,航空公司就能迅速采取措施,在该旅客下次行程中奖励其以积分并监控客户对于此类活动的反应。

**3. 航空业CRM的最大挑战**

尽管从整体上来说,航空业在CRM上取得了巨大的成功,尤其是FFP,但对于航空公司的产出管理系统而言,其作用仍是次要的。从航空公司的角度来看这个问题就不难理解了。民航运输的关键便在于让一个飞机坐尽可能多的乘客,让乘客买尽可能贵的票。因为这将直接催生利润。据估计航空公司的产出管理系统大约会导致2%~5%的客户流失率。相比之下,CRM和FFP为航空公司贡献的2%~5%的收入显得微不足道。从客户的角度看这个问题似乎很难理解。无论他们对航空公司保持多少年的忠诚,也无论他们的会员级别有多高,他们始终都只能享受与其他人一样的票价。平价航空公司的横空出世向人们昭示了票价在客户心目中的重要程度。

CRM的最大挑战是如何将有关常旅客出行习惯的信息传递给产出管理系统,从而使最忠诚的客户得到最具竞争力的票价和待遇。重点始终都在于如何提高上座率和出售高价格的机票,但方法可以是建立常旅客的长期忠诚及利润,同时对他们的忠诚给以额外奖励。

# 9.2 售后服务

## 9.2.1 正确处理客户投诉

在营销手段日益成熟的今天,我们的客户仍然是一个很不稳定的群体,如何来提高客户的忠诚度是销售人员一直在研讨的问题。客户的变动往往意味着一个市场的变更和调整,一不小心甚至会对局部市场带来致命的打击。既然企业的营销活动是以市场为中心,通过不断满足客户的需要来达到获取利润的目的,那么如何处理客户投诉就直接关系到能否更好地满足客户的需要,影响到企业利润的实现。

处理客户投诉是客户关系管理的重要内容，也是售后服务不可或缺的一部分。出现客户投诉并不可怕，而且可以说它是不可避免的，问题的关键在于，如何正确看待和处理客户的投诉。一个企业要面对各式各样的客户，每日运作着庞大复杂的销售业务，能做到每一项业务都使每一个客户满意是很难的。所以，我们要加强与客户的联系，倾听他们的不满，不断纠正企业在销售过程中出现的失误和错误，补救和挽回老客户，吸引新客户。

**1. 客户投诉的内容**

因为销售各个环节都有可能出现问题，所以客户投诉也可能包括产品及服务等各个方面，主要可以归纳为以下几方面。

1）商品质量投诉

主要包括产品质量有缺陷、产品规格不符、产品技术规格超出允许误差、产品故障等。

2）购销合同投诉

主要包括产品数量、等级、规格、交货时间、交货地点、结算方式、交易条件等与原购销合同规定不相符。

3）货物运输投诉

主要包括货物在运输途中发生损坏、丢失和变质，因包装或装卸不当造成损失。

4）服务投诉

主要包括对企业各类业务人员的服务质量、服务态度、服务方式、服务技巧等提出的批评与抱怨。最根本的原因是客户没有得到预期的服务，即实际情况与客户期望的差距。即使我们的服务已达到良好水平，但只要与客户的期望有距离，投诉就有可能产生。

**2. 客户对不同失误的反应**

1）偶然并较小的失误

客户会抱怨。失误给客户造成的损失比较小，只要公司处理得当，多年的客户关系还是可以维系的。

2）连续或较大的失误

会遭到客户的投诉，这时候才是最需要用心去经营的，处理不当，客户可能在拿到索赔后与供应商分道扬镳，但处理好了，更能增加对企业处理问题能力及应急情况处理的信任度，从而使其与企业的关系更加紧密。

3）连续投诉无果

使得客户沉默。由于工作失误，客户损失较大，几次沟通无结果，出现这种情况时，客户多半会弃你而去，选择新的供应商了，而这时企业丢失的可能就不止是一个客户了。

**3. 处理客户投诉的原则**

1）有章可循

要有专门的制度和人员来管理客户投诉问题。另外要做好各种预防工作，使客户投诉防患于未然。为此要经常不断地提高全体员工的素质和业务能力，树立全心全意为客户服务的思想，加强企业内外部的信息交流。例如，设定投诉途径和投诉的处理流程。

2）及时处理

对于客户投诉，各部门应通力合作，迅速做出反应，力争在最短的时间里全面解决问题，给客户一个圆满的结果。若拖延或推卸责任，则会进一步激怒投诉者，使事情进一步复杂化。因此，需要设定投诉的处理时间期限。

3）分清责任

不仅要分清造成客户投诉的责任部门和责任人,而且需要明确处理投诉的各部门、各类人员的具体责任与权限,以及客户投诉得不到圆满解决的责任。

4）留档分析

对每一起客户投诉及其处理要做出详细的记录,包括投诉内容、处理过程、客户满意度等。通过记录,吸取教训,总结经验,为以后更好地处理客户投诉提供参考。

**4. 客户投诉的处理流程**

1）记录投诉内容

利用客户关系管理系统中的客户投诉记录模块详细地记录客户投诉的全部内容,如投诉人、投诉时间、投诉对象、投诉要求等。

2）判断投诉是否成立

了解客户投诉的内容后,要判断客户投诉的理由是否充分,投诉要求是否合理。如果投诉不能成立,即可以婉转的方式答复客户,取得客户的谅解,消除误会。

3）确定投诉处理部门

根据客户投诉的内容,确定相关的具体受理单位和受理负责人。如属运输问题,交储运环节处理;属质量问题,交质量管理部门处理等。

4）责任部门分析投诉原因

要查明客户投诉的具体原因及具体造成客户投诉的责任人。

5）提出处理方案

根据投诉提出的实际情况,给出具体可行的解决办法和方案,采取一切可能的措施挽回已经出现的损失。

6）提交主管批示

主管应对投诉高度重视,对投诉的处理方案逐一过目,及时批示并监督实施。

7）实施处理方案,通知客户,并尽快收集客户的反馈意见

尽快书面通知客户解决方案,给出尽可能多的选择,以达到客户的满意。

8）总结评价

对投诉处理过程进行总结与综合评价,吸取经验教训,提出改进对策,不断完善企业的经营管理和业务运作,以提高客户服务质量和服务水平,降低投诉率。

**5. 正确处理投诉,带来相应商机**

1）带来良性的广告效应

一位客户的投诉得到了圆满解决,他可能会将此次满意的经历告诉其他客户。据专业研究机构研究表明,对客户投诉的圆满解决,其广告效应比媒体广告效应要高两到三倍。

2）增加客户的忠诚度

问题得到圆满解决的投诉客户,将比其他客户更忠诚,他们甚至会积极地赞美并宣传企业的产品及服务。

3）增加业务人员今后与客户打交道的技巧

有效解决有难度的投诉,会增加业务人员今后与客户打交道的技巧。

**6. 客户投诉处理技巧**

1) 虚心接受客户投诉，耐心倾听对方诉说

客户只有在利益受到损害时才会投诉，我们要专心倾听，并对客户表示理解。对于较小的投诉，自己能解决的要马上答复客户，对于当时无法解答的，要做出时间承诺。在处理过程中无论进展如何，到承诺的时间一定要给客户答复，直至问题解决。

2) 设身处地，换位思考

如果是自己的失误，要首先道歉，并站在客户的立场上为其设计解决方案。对问题的解决，要尽可能多设计几套方案给客户做选择，待客户确认后再实施。当问题解决后，至少还要有一到两次征求客户对该问题的处理意见，争取下一次的合作机会。

3) 承受压力，用心去做

当客户的利益受到损害时，着急是不可避免的，以至于会有一些过分的要求。作为我们，此时应能承受压力，面对客户始终微笑服务，并用专业的知识、积极的态度解决问题。

4) 有礼谦让，结果超出客户预期

纠纷出现后要用积极的态度去处理，不应回避。在客户联系你之前先与客户沟通，让他了解每一步进程，争取圆满解决并使最终结果超出客户的预期，让客户满意，从而达到在解决投诉的同时抓住下一次商机。

5) 长期合作，力争双赢

在处理投诉和纠纷时，一定要将长期合作、共赢、共存作为一个前提，学会识别、分析问题，要有宽阔的胸怀、敏捷的思维以及超前的意识，要善于引导客户，共同寻求解决问题的办法，要具备丰富的行业知识，随时为客户提供咨询服务，要有换位思考的意识，勇于承担自己的责任，在处理问题的时候要留有余地，在任何时候都不要将自己置于险境。在处理问题的同时，学会把握商机，通过与对方的合作达到双方共同规避风险的共赢目的。

## 9.2.2 售后服务必不可少

金华日普电动车有限公司在不到三年的时间里，年销售额从 680 万元到突破 1 亿元，成为中国最大的电动高尔夫球车的生产企业，产品销售 36 个国家和地区，与 400 多名外商建立了贸易伙伴关系。

这匹黑马为我们提供了一种电子商务开道、售后服务紧跟的销售模式。许多企业通过网络与客户见面已经是司空见惯的事情，但可惜的是多数人没有把生意进行到底。阿里巴巴是一条快速通道，关键在于如何利用这条快速通道，珍惜通过网络得到的客户，这就是要为他们提供更优质的服务。低价策略几乎是所有中国供应商面对国外市场时的第一选择，而事实上这样的认识是有偏差的，价格未必是国际买家最看重的。高品质、优质服务、品牌信誉、交易效率以及合理的价格，这些才是国际买家最看重的。因此，日普公司提出了这样的理念："满足客户的 1000 个要求"。

即使对于极其挑剔的客户，有些要求表面看起来没有道理，也必须满足他们的所有要求，即使客户的投诉不是由于公司的责任造成的，也尽量这样做去满足他们的需求。客户的抱怨是给供应商最好的礼物，只有处理好更多客户的更多抱怨，才能不断提高自己的产品质量和服务质量。有抱怨是一件好事，可以督促我们积极地解决问题，只有客户对我们越来越

满意,销售才真正地没有后顾之忧了。在现代销售理念中,客户对一家企业的产品是否满意和信赖,不仅仅取决于产品的质量和价格,还在很大程度上取决于产品的售后服务是否令人满意。建立一套完整的、以客户为中心的售后服务体系,在客户管理的过程中也是非常必要的,只有客户对企业的售后服务满意和信赖了,客户群才能日益巩固和扩大。

服务就是以客为主,设身处地站在对方的立场,本着关怀的态度,去帮助其解决问题。好的服务并不是对客户毕恭毕敬,唯命是从,也不是自我表现或单纯的自我展示,真正的服务除了亲切友善的态度外,更要履行承诺,做到前后一致,满足客户需要。服务的好坏可能在平时或许差别不大,但遇到有危机时就会显著不同。那些服务好的企业,在市场形势不好时,生意一样不受影响。

我们已经开始向高品质服务决定市场竞争的时代迈进,过去的商品优势已经不能成为吸引客户的唯一选择,价格的影响也在逐渐减弱。在市场经济中,任何一种产品、任何一个取得成功的企业,都各自有自己的制胜之道。如果要想做大、做强,产品的售后服务可以说是一个非常重要的环节。服务质量的好坏直接影响着企业产品及品牌的形象。

售后服务是指产品被售出后,由销售厂家为客户提供的有偿的或无偿的围绕产品在安装使用过程中的调试及维护、技术及质量问题咨询、客户沟通和回访等方面进行的服务。它既是一次营销的最后过程,也是再次营销的开始。售后服务是一个长期的过程,其服务质量评价标准是客户的满意度。

(1)售后服务是一次项目推广的最后步骤,也是下一步的开始,它是一个长期的过程。我们要树立这样一个观念,一个项目完成以后,如果所承诺的服务没有完成,那么可以说这次销售没有完成。一旦售后服务很好地被完成,也就意味着下一次的开始,正所谓"良好的开端等于成功的一半"。

(2)在售后服务过程中能够进一步了解客户和竞争对手更多的信息,业务人员也可以通过对客户的服务,为公司收集更多的信息。

(3)售后服务能与客户进一步增进感情、为下一步合作打下基础。一种好的售后服务总能给客户留下一个好的印象,能够与不同类型的客户建立良好的关系,甚至成为朋友,实际上,就已经为下一次的合作增加了成功系数。

(4)售后服务能够为产品增值,特别是在目前这种供应商云集、产品竞争异常激烈的情况下,售后服务能够为企业带来的增值作用就更加明显了。

(5)售后服务也是一种广告,是为公司赢得信誉的关键环节。市场的规律已经证明,企业的信誉积累很大程度上来源于售后服务。

良好的服务可以带给客户受尊重、被重视的感觉,并与企业建立起彼此信赖的关系,从而产生购买意愿。在具体的执行过程中,销售人员要主动询问客户需要哪些服务,特别是在成交结束之后,可以定期主动地向客户询问,以便及时有效地了解客户在哪些方面需要帮助,从而尽早为客户提供更令其满意的服务。主动向客户进行询问,对业务人员来说有很多好处:首先业务人员可以向客户充分表达自己的关切和关注,让客户充分感受到来自销售人员的尊重和关心;其次,业务人员还可以通过主动的询问尽可能及时地了解客户遇到的问题,这有助于企业及时、有效地解决这些问题;另外,业务人员还可以通过认真的询问,对客户的服务需求进行更准确的把握,以免做无用功。无论在成交之前,还是成交之后,只要发现客户有需要,业务人员都应该为客户主动提供良好的服务。在成交结束之后,销售人员仍要主动询问客户是否需要其他服务,而且要尽心尽力地予以满足,千万不要在成交结束后对客户提出的服务要求故意逃避或假装视而不见。从长远看,为客户付出得越多,就会从中获取越多的回报。

在市场激烈竞争的当今,售后服务已成为吸引客户和消费者的一个重要因素。从某种程度上而言,售后服务甚至比产品还要起决定性作用。因此做好售后服务的管理工作,全面提升服务品质,以服务来赢得客户并以此扩大产品销量,在整个的营销过程和客户管理过程中就显得非常重要了。

## EC 聚焦——阿里巴巴客户管理系统

本章以阿里巴巴客户管理系统为主阐述客户关系管理的应用。

阿里巴巴作为一个服务型企业,了解用户的真正需要,不断改进,推出最好的服务,充分满足用户。在对企业的调研中,许多企业反映,在客户管理的过程中存在许多不便和困扰,如:客户多了,容易混淆客户姓名、单位名称,这种混乱甚至让企业砸了生意,企业希望能够准确管理客户资料;生意多了,订单也多了,哪个客户要签单,哪个客户要收款,哪个客户还有余款未付……容易遗忘,虽然有专门管理、提醒,但免不了发生错误,这样非常有损企业的诚信;当供应商多了,每家供应商报的规格、价格……都不一样,筛选管理都要花去企业很多时间,企业很希望有种软件能轻松、快速地帮助其管理和挑选优质的供应商;尤其到了过年过节,企业想给所有客户发个祝福也是件麻烦事。这些问题让企业在进行客户管理时成本很高,而且很混乱,是企业当前亟待解决的问题。

为了解决企业的困扰,帮助企业更轻松有效地管理客户,有效节约成本,在市场竞争中占据优势,阿里巴巴进一步完善了 CRM 客户管理系统。它能实时、自动地记录网上客户资料,分等级设置跟进,杜绝客户流失;它能对客户的信息按条件进行编目,并记录了有关客户的名称、地址、联系方式、账号等信息,着重处理企业和客户之间发生的业务关系;该系统可以对企业与客户之间产生的销售活动、货款结算、商品采购、采购款项和货物流通等涉及客户活动的相关信息形成规范的处理。

阿里巴巴客户管理系统提供了四个方面的服务功能:商友管理功能、营销管理功能、销售管理功能和采购管理功能。

**1. 商友管理功能**

实时记录网上客户资料,分等级设置跟进,杜绝客户流失,如图 9-2 所示。

1) 轻松建立客户通讯录

企业贸易通里的客户都会自动导入"我的客户",企业可以随时随地轻松查询。

2) 轻松查看客户跟进情况

所有报价、订单都有记录,企业不用再担心忘了报过的价而带来麻烦了。

3) 与客户轻松联系

企业可以直接通过邮件、贸易通与该客户联系,还能直接发送报价和订单。

**2. 营销管理功能**

免费群发邮件、短信、贸易通消息,让企业轻松与客户保持联系,如图 9-3 所示。

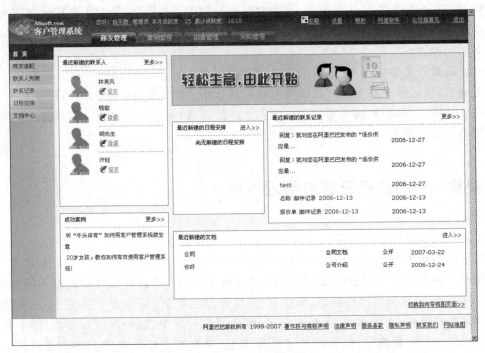

图 9-2 商友管理功能

图 9-3 营销管理功能

1）免费短信群发

过年过节，一次问候所有客户，轻松保持客户关系。

2）免费贸易通群发

新产品网址、推广信息，轻松群发给新老客户。

3）免费邮件群发

详细产品资料、报价信息，轻松群发给目标客户。

**3．销售管理功能**

在线跟进订单报价、实时跟踪、实时反馈，所有客户的生意一清二楚，如图9-4所示。

图9-4 销售管理功能

1）客户分类

将客户按等级进行分类，对重点客户进行重点跟进，提高跟单效率。

2）产品管理

企业能轻松保存产品信息，不会丢失，方便查看，以后还可以直接上传到阿里巴巴中文站。

3）报价管理

给客户在线发送订单报价，所有来往资料都将保存在该客户联系记录中，方便跟单。

**4．采购管理功能**

在线挑选优质供应商，在线比较报价，轻松采购，如图9-5所示。

1）供应商管理

将供应商按等级进行分类，帮企业筛选出优质供应商，减少采购时间。

2）在线报价单

让所有的供应商使用相同格式的报价单，方便买方比较。

3）在线订单

如果买卖双方达成协议，可以直接生成订单。

使用阿里巴巴客户管理系统，可以及时地了解企业和客户间的联系、结算、货物的实时信息，较大地节约了客户管理中所花费的时间，用户只需通过简单的操作就可以掌握所需的信息，利用这些信息对业务情况做出分析，发现经营管理中的问题并加以解决，以提高经济效益，从而让企业在市场竞争中立于不败之地。

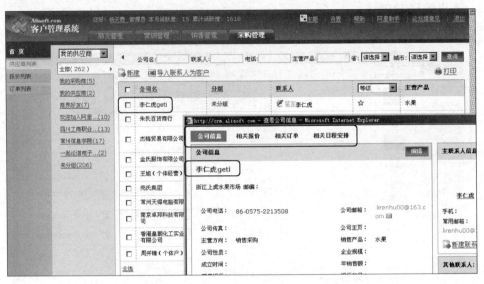

图 9-5 采购管理功能

## 9.3 数据挖掘与 CRM

### 9.3.1 数据挖掘技术

**1. 数据挖掘的含义和作用**

数据挖掘的历史虽然较短,但从 20 世纪 90 年代以来,它的发展速度很快,加之它是多学科综合的产物,目前还没有一个完整的定义,人们提出了多种数据挖掘的定义,例如,

SAS 研究所(1997):"在大量相关数据基础之上进行数据探索和建立相关模型的先进方法。"

Bhavani(1999):"使用模式识别技术、统计和数学技术,在大量的数据中发现有意义的新关系、模式和趋势的过程。"

Hand et al(2000):"数据挖掘就是在大型数据库中寻找有意义、有价值信息的过程。"

本书的定义:数据挖掘就是从海量的数据中挖掘出可能有潜在价值的信息的技术。这些信息是可能有潜在价值的,支持决策,可以为企业带来利益,或者能为科学研究寻找突破口。

现今资讯流通量之巨大已到了令人咋舌的地步,就实际情况而言,海量的记录、高维的资料在技术上增加了传统分析的困难,搜集到的资料仅有 5%~10%用来分析,以及资料搜集过程中并不探讨特性等问题,这就让我们不得不利用数据挖掘(data mining)技术。

**2. 数据挖掘中的学科技术**

数据挖掘综合了各个学科技术,有很多的功能,主要功能如下。

(1) 分类:按照分析对象的属性、特征,建立不同的组类来描述事物。例如,银行部门根据以前的数据将客户分成了不同的类别,现在就可以根据这些来区分新申请贷款的客户,以采取相应的贷款方案。

(2) 聚类:识别出分析对内在的规则,按照这些规则把对象分成若干类。例如,将申请人分为高度风险申请者、中度风险申请者和低度风险申请者。

(3) 关联规则和序列模式的发现:关联是某种事物发生时其他事物会发生的这样一种联系。例如,每天购买啤酒的人也有可能购买香烟,比重有多大,可以通过关联的支持度和可信度来描述。与关联不同,序列是一种纵向的联系。例如,今天银行调整利率、明天股市的变化。

(4) 预测:把握分析对象发展的规律,对未来的趋势做出预见。例如,对未来经济发展的判断。

(5) 偏差的检测:对分析对象的少数的、极端的特例的描述,揭示内在的原因。例如,在银行的 100 万笔交易中有 500 例的欺诈行为,银行为了稳健经营,就要发现这 500 例的内在因素,减小以后经营的风险。

需要注意的是,数据挖掘的各项功能不是独立存在的,而是在数据挖掘中互相联系,发挥作用。

**3. 数据挖掘的方法及工具**

作为一门处理数据的新兴技术,数据挖掘有许多的新特征。首先,数据挖掘面对的是海量的数据,这也是数据挖掘产生的原因。其次,数据可能是不完全的、有噪声的、随机的,有复杂的数据结构,维数大。最后,数据挖掘是许多学科的交叉,运用了统计学、计算机、数学等学科的技术。以下是常见和应用最广泛的算法和模型。

(1) 传统统计方法。

① 抽样技术:我们面对的是大量的数据,对所有的数据进行分析是不可能的也是没有必要的,此时就要在理论的指导下进行合理的抽样。

② 多元统计分析:因子分析、聚类分析等。

③ 统计预测方法,如回归分析、时间序列分析等。

(2) 可视化技术。用图表等方式把数据特征直观地表述出来,如直方图等,这其中运用了许多描述统计的方法。可视化技术面对的一个难题是高维数据的可视化。

(3) 决策树。利用一系列规则划分,建立树状图,可用于分类和预测。常用的算法有 CART、CHAID、ID3、C4.5、C5.0 等。

(4) 神经网络。模拟人的神经元功能,经过输入层、隐藏层、输出层等,对数据进行调整、计算,最后得到结果,用于分类和回归。

(5) 遗传算法。基于自然进化理论,模拟基因联合、突变、选择等过程的一种优化技术。

(6) 关联规则挖掘算法。关联规则是描述数据之间存在关系的规则,形式为"$A_1 \wedge A_2 \wedge \cdots A_n \rightarrow B_1 \wedge B_2 \wedge \cdots B_n$"。一般分为两个步骤:

① 求出大数据项集。

② 用大数据项集产生关联规则。

除了上述的常用方法外,还有粗集方法、模糊集合方法、Bayesian Belief Netords、最邻近算法(K-nearest Neighbors Method,KNM)等。

**4. 数据挖掘的实施步骤**

前面讨论了数据挖掘的定义、方法和工具,现在关键的问题是如何实施,其一般的步骤

如下:

问题理解和提出→数据准备→数据整理→建立模型→评价和解释。

(1) 问题理解和提出:在开始数据挖掘之前,最基础的就是理解数据和实际的业务问题,在这个基础之上提出问题,对目标有明确的定义。

(2) 数据准备:获取原始的数据,并从中抽取一定数量的子集,建立数据挖掘库,其中一个问题是如果企业原来的数据仓库满足数据挖掘的要求,就可以将数据仓库作为数据挖掘库。

(3) 数据整理:由于数据可能是不完全的、有噪声的、随机的,有复杂的数据结构,因此要对数据进行初步的整理,清洗不完全的数据,做初步的描述分析,选择与数据挖掘有关的变量,或者转变变量。

(4) 建立模型:根据数据挖掘的目标和数据的特征,选择合适的模型。

(5) 评价和解释:对数据挖掘的结果进行评价,选择最优的模型,做出评价,运用于实际问题,并且要和专业知识结合对结果进行解释。

以上的步骤不是一次完成的,可能其中某些步骤或者全部要反复进行。

许多研究结构和公司结合自己的数据挖掘软件,提出数据挖掘过程模型,值得借鉴的是 SAS 研究所和 SPSS 公司提出的方案。

SAS 研究所认为数据挖掘是对数据进行选择、探索、调整和建模来揭示数据中未知的模式,开发了图形界面的 SAS/EM 来进行数据挖掘。

(1) Sample——抽样:从大量的数据中抽取与探索问题有关的数据子集,这个样本应该包含足够的信息,又易于处理。

(2) Explore——探索:对数据子集进行探索,寻找出与期望的关系和未知的模式。

(3) Modify——调整:对数据进行探索后,有了初步的了解,就必须对数据进行增减、选择、转化、量化、保证有效进行。

(4) Model——建模:应用分析工具,建立模型,进行预测。

(5) Assess——评价:评价数据挖掘结果的有效性和可靠性。

### 9.3.2 数据挖掘在 CRM 中的应用

通过上一节对于数据挖掘基础技术和一些现状的介绍,不难发现数据挖掘是通过挖掘数据仓库中存储的大量数据,从中发现有意义的新的关联模式和趋势的过程。数据挖掘最吸引人的地方是它能建立预测模型而不是回顾型的模型。数据挖掘可以用来发现知识、使数据可视化和纠正数据。

**1. 数据挖掘应用的流程**

首先是理解业务,了解业务特点,并把它还原成为数据分析的条件和参数。接下来是对现有数据的规整和分析。在数据准备阶段完成的主要任务是对数据的转换、清理和导入。可能从多个数据源抽取并加以组合。对于缺少的少量数据,是用均值补齐,还是忽略,还是按照现有样本分配,这是在这个阶段需要处理的问题之一。之后是建立数据挖掘的模型。如何进行模型选择或是自己创建模型是这一阶段的主要任务。在评估阶段主要是利用不同的时间段让系统对已发生的情况进行预测,然后比较预测结果和实际情况以验证模型的正确性。在完成了上述步骤之后,保存并重复应用已经建立起来的模型。

**2. 数据挖掘技术的具体应用**

数据挖掘的应用目前主要集中在电信业、银行和超市零售行业。这三个行业有一个共同的特点,即客户数据相对比较完整和准确,而且比较容易收集到。如电信和银行行业要求客户必须提供完整的个人信息才可以享受服务。而超市零售行业也可以通过诸如抽奖或是会员制等活动来促使客户提供个人的相关信息。而完整的数据仓库是有效数据挖掘的前提,因此在这三个行业中应用实施的案例较多。

接下来着重介绍数据挖掘在传统行业而且是在 B2B 上的应用。相对来说,传统行业的客户数据往往不很齐全,客户信息的收集主要是通过营销人员和客户的直接接触或是通过利用参加展览会的机会来收集的。

参展公司总是希望能够通过展会找到自己的潜在客户,同时向所有参观者,包括现有客户展示其最新研制开发出的产品和提供的服务。传统的做法是让现场工作人员尽可能多地收集客户的名片或是让客户填写信息收集表格。展会结束之后再让营销人员通过电话的方式和客户联系,寻求潜在客户。但是一旦有了上千个甚至更多的客户资料之后,如果不利用数据挖掘工具进行分析的话,业务人员将很难从中找出有价值的潜在客户并进行跟踪。所以我们主要会介绍展会数据挖掘的步骤。

### 9.3.3 展会数据挖掘应用步骤

**1. 数据的收集**

客户资料收集最直接的办法是向客户索取名片及让客户填写特制的信息收集表格。除了名片上已包含的客户基本信息之外,表格里还包括了公司类型、市场分类、目前材料使用情况、生产或设计的产品等项目。这些信息将帮助业务人员来判断该公司购买公司产品的可能性大小。最后希望客户成为公司网站的注册用户。如果客户同意的话,业务人员将使用在展台上专门设置的几台计算机帮助客户现场注册。这样做的好处有:一方面,一旦成为注册用户,客户能够在任何时候通过互联网方便地获取公司产品的信息;另一方面,业务人员可以利用系统捕捉到的客户浏览网页的记录分析客户的购买行为动向。

**2. 数据预处理**

(1) 按照数据仓库需要的格式创建一个客户数据汇总的 Excel 表格。

(2) 录入包括名片和信息收集表上的信息。

(3) 对重复数据进行清理。产生重复数据的原因有可能是由于一个客户和公司两个以上的业务人员进行了洽谈而提供了两份客户资料。判定的准则是:如果两条记录具有相同的电子邮件地址和联系人姓名,就可认为是同一个客户。可以使用 Trillium 等数据仓库系统来完成。当数据量较少时,也可以在 Excel 中编制宏程序来实现这一功能。

(4) 空缺值的处理。数据挖掘时需要用到公司的类型和市场分类。但收集到的数据中这两栏数据有些并没有填写。可采取的手段有:首先,询问公司的市场和销售人员是否了解该客户。如果是的话,由他们提供相应的信息;其次通过互联网上的资源来获取客户信息;最后,利用和客户电话交流的机会询问相关信息。这里针对的主要是在展览会上有提出希望和公司进一步接触的客户。在和客户交谈时除了了解客户对产品的需求之外,还可顺便询问客户公司和产品的信息。

(5) 去掉公司的竞争者和与公司业务无关的客户。

(6) 现有客户的标注。把清理好的数据和公司客户数据库中如 ERP 的记录进行对比。对那些已经是公司现有客户的记录做出标注。这类客户可以直接转交给负责该客户的销售人员去跟踪。如果尽管目前还没有业务往来,但是从操作型 CRM 中可以看出该客户已经和公司业务人员有过接洽,则仍旧交由原来的负责人继续联系。这样做可以避免多人和同一客户联系的现象发生。

**3. 客户评分模型的建立**

客户参观了公司的展台对公司产品有了初步了解之后,接下来可能通过下列途径之一进一步获取其感兴趣的产品资料:浏览公司的网站、收到公司发出的产品推广的电子广告邮件、收到公司发出的介绍产品的传真、客户主动联系服务中心(包括电话,传真和发送邮件等方式)。建立模型的目的是为了通过上述客户的行为找出潜在的最有可能购买产品的客户,使营销人员能更有效地销售其产品。那些对公司产品表现出强烈兴趣的客户往往是最有可能购买产品的客户。对客户的行为可以分别制定相应的权数,然后对客户进行综合评分。以客户收到电子广告邮件为例。如果客户仅仅是打开邮件,权数可以设定为 1;如果客户不仅打开了邮件,而且单击了其中的超级链接,则说明客户对宣传的产品有更高的兴趣度,权数可以定义为 9 等。为了捕捉到客户行为的详细记录,往往需要专用软件系统的支持。在评分模型中将用到分类等数据挖掘方法。

**4. 和客户接触手段的选取**

接下来营销人员将联系得分较高的客户。随着信息产业的不断发展,现在和客户接触的手段不再像过去那样单一,仅仅是上门拜访或是打电话。遇到的挑战是如何选取客户最希望的方式进行联系以提高客户的满意度,并最终和客户建立良好的关系。下面就部分接触手段做一个分析。

(1) 电话。电话的好处是很直接,可以立刻得知客户的反馈。但当客户数量较多时,要花费许多时间。并且由于是第一次和客户联系,在打电话之前,并不了解该客户的背景和他的实际需求,难度较大。

(2) 电子广告。发送系列市场推广电子邮件至客户的信箱,向其推广公司的产品和服务等。比如说,第一封是有关公司和产品的概要介绍,接下来是具体产品简介,然后再根据客户收到邮件后的反应来决定下一封邮件的内容。这里将用到专业的发送电子广告的系统。该类系统有一个特点,就是可以对客户收到邮件的反应做出详细的报告。如是否有打开邮件和单击邮件中的超级链接等。

(3) 网站。网站往往和市场推广电子邮件结合在一起。在邮件中会设置超级链接引导客户访问公司的网站。在有了数据挖掘工具之后,可以首先发送电子广告邮件给客户,介绍公司的产品和网站。之后再根据客户的反应,决定给客户打电话或是上门拜访。

由此可见,数据挖掘技术在传统行业中也有用武之地。其难点在于数据的收集和整理、目标客户的选择及和客户接触手段的选取。而这些都可以在数据挖掘的前期准备阶段加以解决。最终要建立起潜在客户的模型帮助营销活动的开展,为企业争得更多的市场份额。通过在展会中应用数据挖掘技术,将使业务人员更加有效和有针对性地和目标客户联系。

## EC 聚焦——电信行业的应用

**1. 整合企业信息**

从技术的角度考虑,以传统的操作型数据库为基础的运营支撑联机事务处理系统不能满足联机分析处理系统的复杂的、大数据量的、突发查询的能力和扩展能力要求。数据仓库系统具有高可扩展能力,支持大容量、TB 级的数据存储能力,高效的查询响应能力和并行处理能力,适合于整合企业业务系统的数据,使企业对客户信息的了解达到完整性和一致性,提升企业运营数据的内在价值。

**2. 客户关系管理**

客户关系管理(CRM)的目标是以更好的服务留住有利润的客户,提高通话量和利用率,用比竞争对手更低的成本争取到新客户,扩大市场份额;放弃无利润和信用差的客户,降低运营成本和风险。为了实现这个目标,企业就需要尽可能收集顾客的信息,利用数据挖掘技术/数据仓库和复杂的分析功能,透过无序的、表层的信息挖掘出内在的知识和规律,从而尽可能地了解客户的行为。

**3. 市场、营销管理分析**

市场情况分析的主要内容是面向与电信运营企业市场活动密切相关的市场活动、市场环境以及其他业务相关情况的分析。通过对提供的产品和服务的使用情况和对网络资源的使用情况进行综合统计、分析、预测和预警。能对产品和服务的使用情况、网络资源的使用情况进行综合统计,给出业务品牌和业务种类在不同时段、不同地区的分布,从而对新业务的推出和资费优惠政策提供依据;对竞争对手所推出的市场品牌与服务、不同的营销策略、不同的市场行为对企业收入的影响进行分析等。

**4. 欠费和动态防欺诈行为分析**

欠费和动态防欺诈行为分析就是在总结各种骗费、欠费行为的内在规律后,在数据仓库的基础上建立一套欺骗行为和欠费行为规则库,当用户的话费行为与该库中的规则吻合或相似时就发出告警,同时该系统还可以在此规则库的基础上分析各种欺骗和欠费行为,从而演绎出可能的欺骗和欠费行为,加以论证后自动加入规则库。另外欠费和动态防欺诈行为分析不仅仅是被动式的预防分析,它也可以主动地进行统计分析。欠费和动态防欺诈行为分析能及时预警各种骗费、欠费,使企业损失尽量减少。同时通过用户的缴费销账情况、社会类别、占用资源等,分析用户的信誉度,对不同信誉度用户给予不同的服务及优惠。

## 关键概念

关系营销　CRM(客户关系管理)　数据挖掘

## 简答题

1. 定义关系营销,并与大众营销进行比较。
2. 关系营销的三大运行原则是什么?
3. 是否可以把 CRM 看作一种管理技术或者管理技巧?
4. 电子商务和 CRM 是如何互相协作的?
5. CRM 实施的关键是什么?
6. 数据挖掘是如何应用在 CRM 中的?
7. 如何正确处理客户投诉?

## 热点话题

1. 目前有种观点:客户在关系营销中的目的就是减少选择。你是否同意这种观点?为什么?
2. 传统的明智做法是只有客户选择进入列表才能向其征集意见,对此你有不同意见吗?选择推出这种列表带来的损失超过其带来的利益吗?
3. 组成小组讨论在线购物经历,公司采取哪些措施满足小组成员的需要,包括使用跟踪电子邮件的做法。

## 实战演练

在 Internet 内容策划者高度竞争的环境中,客户满意度是开启成功之门的钥匙。因此,内容提供者必须持之以恒地改革创新以满足甚至超越客户需求。像 Yahoo!这样的门户网站已经在其组合中加入了更多的服务项目,其中许多都可以一劳永逸地建立持久的客户关系。访问 Yahoo!,建议每项服务更有竞争力的策略,并填写表 9-2。

表 9-2 建议表

| 你感兴趣的服务 | 提供相同服务的竞争者 | 比较优势/劣势 | Yahoo!竞争性策略 |
| --- | --- | --- | --- |
|  |  |  |  |
|  |  |  |  |
|  |  |  |  |

讨论:
(1) 一般来说,Yahoo!如何定义并确定其竞争者?

（2）Yahoo!的很多服务都是免费的，Yahoo!通过提供这些服务得到了哪些好处？

（3）Yahoo!通过购买小型网络公司来实现它的服务，这个策略你认为可以继续采用吗？为什么？

（4）Yahoo!增进客户满意度的一个方式是提高下载速度。Yahoo!还有没有其他与客户建立关系的途径？

# 第 10 章 电子商务网站规划与建设

**学习要点**
- 商务网站上的主要内容;
- 市场需求分析的基本内容;
- 建立商务网站的目的及功能定位;
- 典型的商务模式;
- 商务网站的业务流程;
- 商务网站的测试;
- 商务网站的网页设计;
- 商务网站的发布与推广;
- 商务网站团队组建。

## 10.1 为什么要建商务网站

### 10.1.1 什么是商务网站

商务网站是指一个企业、机构或公司在互联网上建立的站点,其目的是为了宣传企业形象、发布产品信息、宣传经济法规、提供商业服务等。商务网站不同于个人站点。个人站点是出于个人的目的而建设的,可能是娱乐方面的,可能是文学方面的,可能是计算机编程知识方面的,也可能是综合性的。一般个人网站没有营利性质,仅仅是出于设计者的个人爱好去组织内容。

### 10.1.2 建商务网站的理由

互联网上的商务网站覆盖了经济、市场、金融、管理、人力资源、商业与技术等各个方面。在网上做生意成为一种新兴的贸易方式。纵观中国中小型企业所面临的种种机遇和挑战,"上网建站、用互联网做生意"势在必行,这主要表现在以下几点。

**1. 用户数量大**

全世界现在有几亿的用户接入 WWW。截止到 2016 年 12 月,中国的网民总人数为 7.31 亿人,2006—2016 年的上网人数增长如图 10-1 所示。在巨大的用户量中,存在着无限的商机。

第 10 章 电子商务网站规划与建设

图 10-1 网民总数的变化

**2. 加强与客户的联系**

商务过程很大一部分是与其他人进行联系沟通。每个精明的商人都懂得进行广泛接触的重要性。传递名片是每次良好会晤的一部分,名片上记载着姓名、单位、电话等联系信息。许多商人都会讲述通过一次偶然的会晤而做成一笔大买卖的故事。通过构建商务网站,企业可以在 Web 页上每天 24 小时向成千上万的人发名片,任何人任何时间都可以得到这张名片,如图 10-2 所示。

图 10-2 企业 Web 名片

**3. 提供商业信息**

什么是商业信息?想一想黄页广告就明白了,经营什么业务与企业取得联系?采用哪种支付方式?在哪里办公?现在可以考虑一种可以用来及时传播信息的网上黄页广告。今天企业有什么特别交易?如果能让企业的客户知道他们应该与企业做生意的每一条理由,企业一定能够做成更多的生意。图 10-3 为阿里巴巴网上黄页,网上商业信息量之大,是任何其他媒体不能替代的。

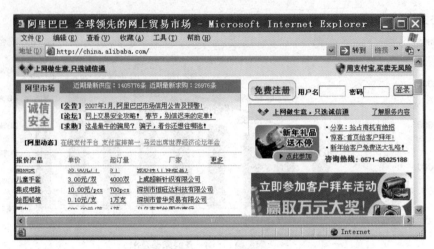

图 10-3　阿里巴巴网上黄页

**4．提供客户服务**

提供商业信息是为客户服务的重要方式之一。采用 Web 技术可以有更多的途径为客户提供服务。比如制作可用于预告证明满足贷款条件的表格；查找顾客所要找的古典音乐唱片。这些在 Web 上都可以简单而迅速地实现，图 10-4 为 IBM 的客户在线支持 Web 页。在全球经济一体化的现在，交易也在全球化，但工作时间是不能全球化的。然而 Web 站点可以每周 7 天、每天 24 小时为客户、顾客和合作伙伴服务。

图 10-4　IBM 客户在线支持 Web 页

**5．提供迅速变化的信息**

有时，信息还没来得及公布就已经变化了。这样，信息就变成了一堆花钱多而没有价值的东西。Web 页能随企业的需要而变化，不需要纸张、墨水，也没有打字费用。企业可以把Web 页面连接到一个数据库，并随意改动数据库。数据库的内容决定着页面的输出。

**6．新产品的测试与服务**

推出一项新服务或新产品的费用是巨大的。有许多次，由于印刷和邮寄费用，厂商可能不得不推迟新产品的发布，直至下一代产品出现。在 Web 上，新产品和新服务可以迅速发布到全球范围,如图 10-5 所示。通过增加一个新项目来更新网页所花的费用只是印刷一本新产品目录所花费用的零头。Internet 的双向信息交流也能使你从市场中收到即时反馈。

图 10-5 新产品发布

### 7. 市场调查

现在使用问卷进行调查的机构越来越多了,互联网也给问卷调查带来了更多的机会。许多公司已经将问卷调查作为最常规的了解用户的手段。而互联网问卷可节省时间、经费和人力,结果容易量化,便于统计处理与分析及可以进行大规模的调查。虽然互联网问卷不可能取代面对面的问卷调查,但由于成本更低,更容易及时调整问卷设计上的不足,所以越来越多的问卷采用电子问卷的形式,可以通过网站、E-mail 进行发布与回收。数据直接使用数据库记录,方便筛选与分析。无论研究者是否参与了调查,或者参与得多少,都可以从问卷上了解被访者的基本态度与行为。这种方式是其他任何传统方法不可能做到的,而且问卷调查可以周期地进行,而不受调查研究人员变更的影响,可以跟踪某些问题用户的变化。图 10-6 是携程网的调查问卷结果。

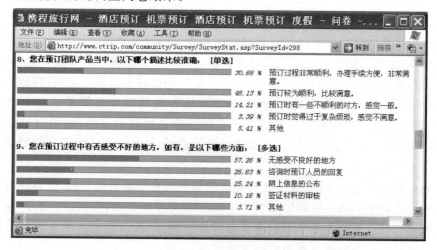

图 10-6 问卷分析

### 8. 降低成本

假设某公司印了 10 000 份产品手册,通过信函寄出 2000 份,直接给销售商 2000 份,然后,将 6000 份放在仓库里以备将来之需。过了几个月,公司增加了新产品服务,或搬了地方,或增加了合作伙伴,那么,就有许多过时的手册。世界上有许多大公司争先恐后地涌向 WWW 的一个重要原因就是想尽力压缩印刷存储费用。

WWW 可能是迄今为止所发明的最有力的市场营销工具,但它只是一个工具,即使是最完美的促销系统,也不能完全弥补劣质的产品或服务、涣散的职员或成百上千的在成功之路上无形的障碍。但是,通过借助强大的信息交流工具和 Internet 营销的巨大市场,使得营销不再是一场赌博。事实是,客户可以找到你,阅读你的信息,其中有文字、图像,甚至是声音和影像;可以与你的销售人员联系,每天 24 小时里只需花几分钟,就能在自己桌子边下订单。任何一种别的商业信息交流方式都无法提供这种程度的销售支持。

## EC 聚焦——波斯机械

波斯机械制造有限公司是一家私营的机械制造商,生产流水线用的重型机械,主要产品是冲床、磨床和铣床,销售方式采用人员推销和电话推销。前些年,它的传统销售方式比较有效,但后来竞争越来越激烈了,传统的销售模式受到了前所未有的挑战。公司领导层经研究后决定利用电子商务扩大公司的业务。第一,将现有的供应商(钢铁公司和零配件制造商)利用电子商务建立密切的关系,以便直接进入这些公司的订货要求系统,快速掌握订货要求信息,减少库存,降低成本。第二,利用电子商务建立客户信息反馈系统,随时了解客户的需求,改进产品,增加服务。要想达到以上两个目标,就要建立电子商务网站。

## 10.2 商务网站上的主要内容

一个基本商务网站的主要内容就是对公司和产品的简单介绍。这样一个站点要让消费者产生信任感,使客户能安心地购买公司的产品。它要提供给客户必要的信息,使客户知道如何给公司打电话、寄信件或 E-mail。从有一个想法到把这个想法实施到初期站点上,这个过程要简短迅速。按照经销周期,任何市场都要迎合超前消费者的要求。一个初级商务 Web 站点,应该让那些潜在的用户相信公司在他们将来想要的东西,鼓励用户日后能与公司联系,签下订单。而且这样做还会让那些广告人士、市场分析家或投资商注意到这个站点的存在。

一个商务网站所起的作用,就是要充分表现出公司在市场上的价值,让客户可以看出公司在哪些地方是有实力的。这些因素不一定能起到决定性作用,但可以让客户清楚地了解公司。这也是为什么在站点上千万不能有那些疏忽遗漏、哗众取宠或明显表露出技术匮乏的地方。一个基本商业网站点都包括以下几部分。

## 10.2.1 联系信息

这类信息是非常重要的,站点上应提供公司的名称、办公地址、主要的电话号码和传真号码、E-mail 地址。如果公司的商品项目是因地而异的,那么一定要在网页上主动而有技巧地注明这一点。在主页或信息联系页上添加一些短语,如:"上海分公司主要经营××"或"北京分公司主要经营×××"等。这样可以使用户不至于花费过多的时间查找想要的信息,并对这个站点留下良好的印象。要让用户可以很方便地看到公司的联系信息,以增加客户对公司的信任度,图 10-7 是 IBM 中国的联系信息。

图 10-7　IBM 联系信息

## 10.2.2 重要客户的介绍

在网页上列出公司的主要客户,往往会产生意想不到的效果。这类信息可以包括客户的名字,以及使用公司产品的情况,图 10-8 是 IBM 与上海联华超市的合作项目。

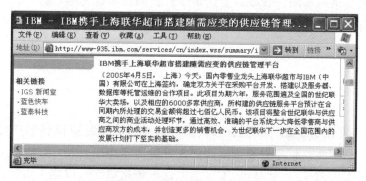

图 10-8　IBM 的重要客户

## 10.2.3 公司产品和服务介绍

顾客关心的不是企业管理者的个人信息,也不是企业的机构设置,而是你能生产什么商品或提供什么服务,商品与服务的质量、价格如何,以及售后服务等信息,因此,在以生产商品为核心的企业,产品便成了整个站点建设的基本核心;在以提供服务为核心的企业,服务就成为建站的核心内容。商品信息通常包括商品名称、用途规格、性能、价格、生产标准以及图片等资料;对服务则通常应包括服务名称、内容、范围以及价格等信息。

在网页上可增添人们对公司员工、产品等方面的积极评述,如分析报告、一般的新闻评述、贸易评述及一些公司机构的知名人士对公司的评述等。在网页上还要包括公司曾获得过的所有荣誉称号和奖励。其宗旨是让用户感到与本公司做生意是值得的。在网页上应该有公司产品和服务的简单介绍,并通过超链接提供更详尽的介绍。这样可以让用户很方便地了解到公司究竟有哪些服务和产品,很快看一遍后再进一步决定要看哪些比较感兴趣的内容,图 10-9 是联想的技术讨论区。

图 10-9　联想技术讨论区

### 10.2.4　新闻

这部分信息是很难组织和维护的,因此越简单越好。用户访问公司的站点,往往是已经听到了一些有关公司的新闻。在站点上如果没有新闻就显得无趣,而列出的新闻太多、太杂会冲淡主题。商业站点新闻至少要包括商业巡展、产品发布、新闻发布以及有关公司的报纸摘要等内容。

### 10.2.5　价格

如果可能,可在网页上添加一些有关价格的内容。特别是应该将那些比较有吸引力的价格公布出来。总不能仅仅是看看价格就把大批顾客吓跑了,但如果纯粹是为了吸引客户,在价格方面做得太离谱了(也就是说,不可能以这个价格成交),以至于很多本来没有能力购买公司产品的人都对这个"合理"的价格感兴趣,络绎不绝地来与公司联系,结果把自己搞得十分被动,那也是不可取的。

在网页上应该说明,如何购买以及去哪里购买公司的产品和业务。如果公司有多个销售渠道,应把它们一一列举出来,并给予简洁的介绍。如果站点只有一个 Web 页,那至少也要让用户知道在哪里可以买到产品。另外可以在站点上开设一个留言板,以便用户可以把通信地址留下来,公司再把销售商品的最新资料发给用户,图10-10是中国汽车网有关车的报价,在价格的右面有"我有话要说",是有关这种汽车的评价。

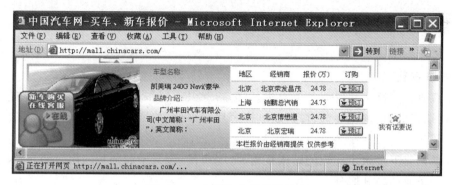

图 10-10　中国汽车网的报价表

## 10.3　市场需求分析

### 10.3.1　市场需求分析的基本内容

相关行业的市场是怎样的,市场有什么样的特点,是否能够在互联网上开展公司业务。市场主要竞争者分析:竞争对手上网情况及其网站规划、功能作用。公司自身条件分析:公司概况、市场优势,可以利用网站提升哪些竞争力,建设网站的能力(费用、技术、人力等)。

### 10.3.2　市场需求分析的难点

在计算机发展的早期,所求解问题的规模较小,市场需求分析常常被忽视。随着系统复杂性的提高及规模的扩大,市场需求分析的地位日益突出,也愈加困难,它的难点主要体现在以下几个方面:

**1. 问题的复杂性**

这是由需求所涉及的因素繁多引起的,如运行环境和系统功能等。

**2. 交流障碍**

市场需求分析涉及人员较多,如系统最终使用者、所涉及问题领域的专家、需求工程师和项目管理员等,这些人员具备的背景知识不同,处于不同的角度,造成了相互之间交流的困难。

**3. 不完备性和不一致性**

由于各种原因,开始提出的问题描述往往是不完备的,各方面的需求还可能存在着矛盾,市场需求分析要消除其矛盾,形成完备及一致的定义。

**4. 需求易变性**

需求的变动是一个极为普遍的问题,即使是部分变动,也往往会影响到市场需求分析的全部,导致不一致性和不完备性。

# EC 聚焦——金缘婚典网站市场需求分析

**1. 背景资料**

金缘婚典是以婚庆礼仪业务为龙头,以创新意识和创作实力为核心的一家融婚庆礼仪、文艺演出、录音编辑、鲜花装饰、快送及电视短片的编导、拍摄、合成、制作为一体的文化艺术服务实体。

金缘婚典旗下汇聚了一流的婚庆策划、金牌司仪、金奖摄像师和一流摄制、礼仪设施,为客户提供一条龙的婚礼服务。

十余年来,金缘婚典婚庆潜心打造中西合璧的婚庆事业,锐意创新,与时俱进,每场婚礼都力求尽善尽美,得到了社会各界的盛赞美誉。金缘婚典自己创造了婚礼全程的旁白解说词,独创了编制拍摄花絮光盘、新郎新娘的嵌名对联等,特别是独创了根据新人相知相恋过程拍摄爱情短剧,得到新闻媒体的广泛好评。金缘婚典婚庆旗下汇聚了实力雄厚的创作团队、编导,摄制了大量的电视剧短片,引起强烈的社会反响。

金缘婚典婚庆旗下汇聚省内著名演艺人员,包括青年歌唱家、青年演奏家及舞蹈、戏剧、曲艺各艺术类的一线演员,拥有高级策划、撰稿、省级导演、专业音响师、灯光师和先进的设备。

金缘婚典追求艺术品位和文化氛围,特聘九位专家、学者担任公司顾问团,包括著名教授、省级导演,为公司开拓发展、勇攀高峰、呕心沥血、献计出谋。

金缘婚典的宗旨是:诚信立根本、技艺求精深、服务必优秀、欢乐送万人。

为了在激烈的竞争中有良好的业绩,公司决定在互联网上寻求更大的发展空间,希望能通过互联网将业务向外拓展,并吸引更多的新人。

**2. 婚庆行业背景分析**

结婚是人生大事。我国自古就把结婚当成人生三大喜事之一,有着丰富多彩的婚俗。结婚庆典仪式,是个人乃至家族显示成就及实力的最好舞台。中国的婚庆礼俗、文化源远流长,与婚礼相关的服务门类众多。现在结婚的新人多为独生子女,婚礼的花样越来越多,档次越来越高。

目前,以婚庆服务、婚纱摄影、婚礼用品、婚庆产品为代表的婚庆行业逐渐形成,随着人民群众物质和精神生活的不断提高,新婚人群对婚礼消费的需求从简单的温饱型要求逐步发展为个性化、多样化的特点。婚庆消费由单纯的餐饮推广到婚庆服务、婚礼用车、婚纱摄影、婚庆用品、婚礼服饰、珠宝首饰、家用电器、室内装饰、蜜月旅游、房地产、汽车等经济领域中诸多行业的诸多方面,同时,消费者对婚庆行业的需求和期望值也在不断提高。据统计,上海 2006 年登记结婚人数 162 663 对,相关消费 200 多亿元,除去购房,一般每场婚礼费用高于 10 万元。每年的黄金节假周,更是结婚高峰期。

与婚庆相关的产品、服务已构成庞大的产业链,形成了一个产业——婚庆经济产业。截至目前,全国市场中与婚庆相关的产业链已达到 40 多个门类,如婚礼婚宴服务、婚纱设计、婚纱首饰、房地产、房屋装修、保险、金融、旅游业等。目前,全国每年因婚庆而产生的狭义消费已高达 2500 亿元人民币。

相对于已经成熟的经济产业,婚庆经济有如下特点:

一是消费量巨大。不同于日常支出,婚庆消费被称为一个人生命中"最宝贵的消费",许多家庭用于婚庆消费的金额要花费数年的储蓄,所以这里蕴藏着巨大的商机。

二是消费集中。一般集中在节假日,近年来,东部地区有不少开始选择黄道吉日。这个特点给产品和服务供应商造成了一定的困难。必须找到与之相适应的经营方式。

三是婚庆消费,是人生里消费最大的一次,消费者没有经验,时间仓促。这造成了相关商家在经营上采取"一锤子买卖",有短期经营观念,而消费者有害怕上当受骗的普遍心理。在这方面,为婚庆咨询服务提供了巨大的市场空间,同时,对商家乃至全行业提出了重铸形象、重塑信誉的艰巨课题。

**3. 新乡市婚庆市场分析**

新乡市地处河南省北部,南临黄河,与省会郑州、古都开封隔河相望;北依太行,与鹤壁、安阳毗邻;西连煤城焦作,与晋东南接壤;东接油城濮阳,与鲁西相连,为豫北政治、经济、文化和交通中心,在全省经济和社会发展中占有重要地位。现辖两市(辉县市、卫辉市)、六县(新乡县、获嘉县、原阳县、延津县、封丘县、长垣县)、四区(新华区、红旗区、北站区、郊区)及市高新技术产业开发区。全市共有 153 个乡镇、3549 个行政村、23 个街道办事处。总面积 8169 平方千米,其中市区面积 187 平方千米。目前,全市总人口 540 多万人。

据新乡市民政部门统计,新乡市每年结婚人口为 3 万多人,人均结婚服务类消费 3000 多元(如,摄像、照相、司仪、车辆、花卉、酒店布置、演出、乐队、婚礼咨询等)。中高等收入往上能达到人均 5000～10 000 元。而其他婚庆用品的消费在 3 万～10 万元左右不等(如,喜糖、喜烟、喜酒、喜宴、礼品、喜字、喜帖、新房家具、珠宝等)。

新乡市目前有婚庆公司 8 家,除金缘婚典之外,还有花天喜事、天顺人和、龙祥等其他婚庆公司,在这 8 家婚庆公司里,金缘婚典无论是舞台道具的丰富性,还是场景布置、司仪主持在新乡市都有较强的实力。

可以看出,新乡市婚庆产业已经形成了一定的规模,但与发达地区相比,还有一定差距,亟待商家努力解决,这同时也为商家提供了发展的机遇。主要表现在两个方面。

一方面,新乡市婚庆产业产品及服务商家,尽管在各个专业领域市场细分日趋完善,但由于婚庆消费者的短时间、多品种、集中消费的特点,造成了极大的不便。如何将婚庆产品及服务整合起来,形成一条龙服务,是一个急迫的课题。谁先完成这一课题,就会在婚庆产业抢得先机,取得竞争优势,甚至取得地区婚庆行业的垄断地位。最有优势完成这一任务的,应当是在婚庆产业已经取得主导地位的如婚纱影楼、酒店等商家,但遗憾的是各商家还没有意识到这一商机。

另一方面,由于婚庆消费数额巨大,消费者在选择商家时,十分谨慎。再加上婚庆消费时间集中,商家选择高价格策略。从而使消费者和商家在心理上和消费行为上存在着一条鸿沟。如何使消费者和商家拉起手来,主要责任在于商家。一要采取针对性、创造性的对策,解决集中消费造成的经营困难;二要通过采取适当的价格战略、质量战略、铸造企业信誉。归根结底,最终要搞品牌化战略,走品牌化道路。三是在塑造企业形象方面舍得投入。必须不惜重金把企业的品牌通过最有效的途径告知消费者。

### 4. 网站构建的目的分析

现代快速的生活节奏,让传统的婚礼方式已不能满足年轻人的需求。在线浏览、网上购物已经成为一种新的时尚。对于人生一件大事的结婚来说,现在年轻人更有自己的想法,他们希望能够用最快捷的方式查找到自己所需要的婚礼资料及流程,能够有更多、更酷的点子来装点自己的个性婚礼,不用出家门就能享受到线上购物的乐趣,以及有专业的婚庆公司、全套的婚礼服务来打点一切,这已经成为现代年轻人的一种新的潮流,建立在这些要求上,促使金缘婚典必须建立一个电子商务网站,从而在互联网上有自己的对外窗口,并利用自己的实力,力争将网站作为地区性的婚庆门户网站。其具体目的简述如下。

（1）树立金缘婚典的品牌形象,宣传金缘婚典;
（2）说明金缘婚典提供的婚庆产品和婚庆服务的内容、特点和与众不同之处;
（3）吸引顾客,建立并保持顾客的忠诚度;
（4）及时向顾客公布金缘婚典的发展动态,特别推荐优惠的产品或服务项目;
（5）建立反馈体系,回答顾客各类问题,开展在线服务;
（6）拓展金缘婚典传统的管理、经营模式;
（7）通过以品牌为核心、以产品和服务分类为基础,为用户提供产品展示和供求信息的平台,进而逐步开展 B2C、B2B 的电子商务应用;
（8）在建立金缘婚典婚庆产品和婚庆服务信息数据库的条件下,为用户提供电子商务平台,特别是利用公司产品系列丰富、种类齐全的综合优势,通过电子商务平台为客户提供便捷、实用的电子交易模式。

## 10.4 商业模式

### 10.4.1 什么是商业模式

商业模式规划是一种战略层的规划,主要目标是为电子商务网站规划提供依据。

根据埃森哲的定义,商业模式至少要满足两个必要条件。

第一,商业模式必须是一个整体,有一定的结构,而不仅仅是一个单一的组成因素。

第二,商业模式的组成部分之间必须有内在联系,这个内在联系把各组成部分有机地关联起来,使它们互相支持,共同作用,形成一个良性的循环。

一般情况下,商业模式包括以下几方面。

企业的运营机制：运营机制指的是一个企业持续达到其主要目标的最本质的内在联系。企业以赢利为目的,它的运营机制能够解释这个企业怎样持续不断地获取利润。既然商业组织之间为争取顾客和获得资源而展开竞争,那么一个好的运营机制必然会突出确保其成功的独特能力和手段——吸引客户、雇员和投资者,在保证赢利的前提下向市场提供产品和服务。我们把这样的运营机制叫做运营性商业模式。

对运营机制的扩展和利用：在运营性商业模式的基础上更进一步,表现一个企业在动态的环境中怎样改变自身以达到持续赢利的目的,我们称其为策略性商业模式。

运营性商业模式创造企业的核心优势、能力、关系和知识;策略性商业模式对其加以扩展和利用。

收入模式(广告收入、注册费、服务费)、竞争优势(价格、质量、服务)、组织架构、交易流程模式等,都是商业模式的重要组成部分,但不是全部。由于互联网的出现,在很大程度上改变了企业联系顾客的方式、定价方式和对交易过程的体验,人们的眼光都集中在企业能向顾客提供的新价值、新渠道组合和新收入模式等方面。

进行商务网站总体规划,首选要确定商业模式,包括收入模式、竞争策略、组织架构、交易模式等。随着电子商务的发展,企业必须分析市场环境,并根据自身的基础和特点,精心设计自己的商业模式。

### 10.4.2 几种典型的商业交易模式

商业模式中最基础的是交易模式,主要有以下几种:

**1. 电子商店**

企业建立电子商店、开展网络营销,以帮助企业推销其商品和服务。商品可以是有形的,也可以是无形的(如在线培训服务)。企业通过网站进行公关宣传和信息传递,提供商品在线订货和在线服务等基本功能,更深入一步提供在线支付等。这种模式的驱动者一般是卖方,主要指常说的 B2C 网站。

**2. 电子采购**

电子采购是指商品和服务的网上招标和采购。政府、大公司及其战略联盟都可以上网进行某种方式的电子采购。电子采购可以使政府和企业降低采购成本,同时将会使操作透明化和操作程序化,这一点对于我国政府和企业而言,尤其具有重要意义;另外,大公司及其战略联盟通过网上采购与其后台 ERP 等系统的整合可以优化供应链,使采购元素替代本公司的部分制造元素。这种受采购方驱动的模式最近两年在国内发展得很快,绝大多数公司(如科龙小天鹅战略联盟、美的、海尔、TCL 等)已经开始进行电子采购,并取得了显著成效。

**3. 电子购物中心**

电子购物中心是多个电子商店的集合,它实质上扮演了一个基于网络环境下的中间商角色,它处于价值链体系中渠道价值链的地位。

**4. 电子拍卖平台**

电子拍卖与传统拍卖不同,卖方可以借助网上拍卖平台运用多媒体技术来展示自己的商品,这样就可以免除传统拍卖中实物的移动;竞买方也可以借助网络,足不出户进行网上竞买。该模式的驱动者是传统的拍卖中间商和平台服务提供商。

网络拍卖商 eBay,是将软件与网络经济学演绎得淋漓尽致的完美典范。它的程序人员设计好了拍卖工具,eBay 几乎能够自己运行。卖方只要输入要卖的物品,网上有大量的消费者,电脑自动撮合交易,而 eBay 只管收钱。

**5. 第三方交易市场**

第三方交易市场的产生及其快速发展是有其必然性的,它是网络应用的专业化分工,是价值链优化的内在要求。它为那些打算把网络营销交给第三方的公司提供了服务。其共同特点是为供应商产品建立目录,提供界面和产品总量数据库。它的另一个特征是行业性,这表现在它作为一个行业供应链系统的聚集场所。

建设第三方交易市场,一个重要课题是研究并确定交易市场支持什么交易方式。一个交易市场可以支持一种或几种交易方式。对于垂直型(一般是固定于某个行业)交易市场,一般要根据自己的行业特点,延续传统的交易方式,并开发新的交易方式。以中国煤焦数字交易市场为例,它支持固定价格、议价、招标、拍卖和订货会等多种交易方式。

# EC聚焦——旅宝网网站商业模式设计

**1. 旅宝网商业模式介绍**

系统集旅游信息查询、个性化线路定制、旅游交易、旅游社区为一体。以信息查询、旅游社区为辅,以个性化旅游定制、线路竞拍为主。在交易的过程中,旅宝网创新性地把证券交易的常用模式"反向拍卖"和旅游产品(具体到旅游线路)相结合。因为这种交易模式是以旅游者为主导的交易模式,所以旅游者在实现个性化定制服务的同时,也增强了旅游者的议价能力和争取优惠的空间,将吸引大批的旅游者参与。

**2. 旅宝网商业模式**

旅宝网商业模式如图10-11所示。

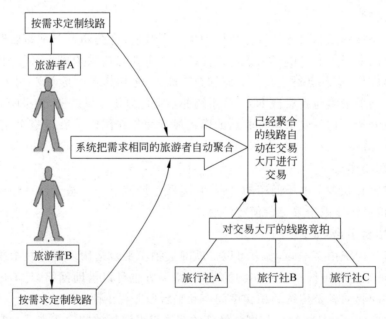

图 10-11 旅宝网商业模式

**3. 商业模式运行流程**

(1) 旅游者在网站注册后,可以根据自己的需求进行旅游服务的个性化定制。旅游者可以决定自己住什么酒店、用什么餐、坐什么车、要游览什么景点,完全根据游客自己的需求来定制。

(2) 游客在定制完后,系统会提示与"你"有相同需求的人数现在已经有多少,会自动把你加入现有的团队。与此同时,你可以提出自己对这条线路的报价。

(3) 系统把已经聚合好的线路自动发布到交易大厅,旅行社可以对交易大厅已有的线路或其他旅游产品进行竞拍(也可能采用普通的交易方式,具体交易方式由旅游者来定)。

**4. 旅宝网旅游反向拍卖模式**

旅宝网反向拍卖模式如图 10-12 所示。

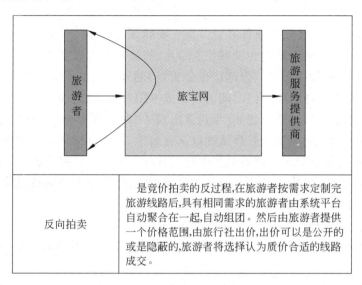

图 10-12 旅宝网反向拍卖模式

**5. 拍卖流程**

以旅游者发起拍卖为例。

拍卖前:

(1) 旅游者所定制的线路经过系统自动聚合。

(2) 系统程序会把旅游者定制线路时候的报价和各旅行社对其线路的报价进行加权平均,得出一个旅游者和旅行社之间的均衡价,此均衡价将作为拍卖的底价。同时也会把拍卖信息发送给旅游者和旅行社进行确认,如果得到双方确认后,拍卖就可以开始。

(3) 风险防范。因为旅游者此时已经确认了决定参加拍卖,在确认的同时,旅游者同时做出了承诺,如果拍卖成功,则必须履行合同。所以此时需要支付拍卖定金到第三方支付,如遇到旅游者违约的情况,此拍卖定金将作为赔偿转到旅行社账户。此措施也是为了降低交易的风险,作为诚信约束的补充。

进行拍卖:

(1) 旅游者所定制的线路经过系统聚合后显示在交易大厅,供旅行社进行拍卖。

(2) 拍卖将在一个规定的时间内进行,在这个时间内允许各旅行社进行自由竞价,最终完成拍卖,由旅行社与旅游者完成相互确认、签订合同、电子支付等一系列的流程。

旅宝网将建立一套完整的认证机制对参加交易的各个行为主体进行认证,减少各方的交易风险。同时采用现在 C2C 网站所普遍使用的"黑名单"制度,督促交易双方诚信交易,树立旅宝网诚信交易的环境。

## 10.5　业务流程及网页设计

### 10.5.1　业务流程

近几年来,无论政府还是企业都开始关注各职能部门的办公效率,并逐步实现了职能域的局部最优化。技术和组织结构的发展使资金流、物流和生产效率大大提高,对各种标准化办公软件(如文字编辑软件、邮件、内部信息公告板)的推行起到了重要的作用。然而,面向职能域的局部优化使得各职能部门之间的协调成本随着其自主权的增加而不断提高。

为解决以上问题,早在 20 世纪 80 年代就出现了"业务流程再造"和"业务流程管理"等先进的企业管理理念。业务流程管理试图以流程为中心,通过优化企业的组织结构、灵活易变的流程设计、面向客户而非管理者的横向流程管理体制等一系列措施,来提高企业的运行效率、优化资源利用率、优化人员之间的协作关系,从而降低企业的运营成本、提高企业对客户需求的响应速度,以争取企业利润的最大化。

良好的业务流程设计是保证企业灵活运行的关键。清晰地定义业务流程之间的接口,可以降低业务之间的耦合度,使得对局部业务流程的改变不会对全局的流程产生灾难性的后果。

对整个企业的业务流程进行建模是一个相当复杂而有挑战性的工作,但是并不代表没有方法可循。一般来说,需要处理好以下几个方面。

**1. 建立主要的业务流程与辅助的业务流程**

主要的业务流程是由直接存在于企业的价值链条上的一系列活动及其之间的关系构成的。一般来说,包含了采购、生产和销售等活动,图 10-13 为网上订单生成流程。

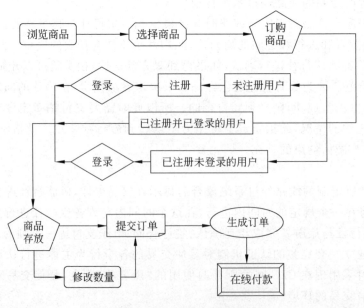

图 10-13　订单生成流程

辅助的业务流程是由为主要业务流程提供服务的一系列活动及其之间的关系构成的。一般来说,包含了管理、后勤保障和财务等活动。

**2. 建立业务流程之间的层次关系**

业务流程之间的层次关系反映业务建模由总体到部分、由宏观到微观的逻辑关系。这样一个层次关系也符合人类的思维习惯,有利于企业业务模型的建立。一般来说,我们可以先建立主要业务流程的总体运行过程,然后对其中的每项活动进行细化,建立相对独立的子业务流程以及为其服务的辅助业务流程。

业务流程之间的层次关系在一定程度上也反映了企业部门之间的层次关系。为使所建立的业务流程能够更顺畅地运行,业务流程的改进与企业组织结构的优化是一个相互制约、相互促进的过程。

**3. 建立业务流程之间的合作关系**

企业不同的业务流程之间以及构成总体的业务流程的各个子流程之间往往存在着形式多样的合作关系。一个业务流程可以为其他的一个或多个并行的业务流程服务,也可能以其他的业务流程的执行为前提。可能某个业务流程是必须经过的,也可能在特定条件下是不必经过的。在组织结构上,同级的多个部门往往会构成业务流程上的合作关系。

**4. 清晰的职责**

良好的沟通意识与团队意识,明确自己在由流程实例所形成的一个个"项目"中所担当的角色。

有效的管理考核参与者在纵向上所属的职能部门与在横向上所参与的"项目"之间的关系,建立面向流程的组织结构,实现人员的动态组合。

**5. 对流程的评价**

如同生产线上一次小的改进可能会使生产效率产生较大的提高一样,对企业业务流程的改进也可能会产生非常大的影响。不同的是,对生产线的改造所产生的效果是"立竿见影"的,而对业务流程进行改造的效果就不太容易在短时间内看到效果。因此,对业务流程的分析与评价就显得尤为重要。

## 10.5.2 网页设计方法

网页美术设计一般要与企业整体形象一致。要注意网页色彩、图片的应用及版面规划,保持网页的整体一致性。在新技术的采用上要考虑主要目标访问群体的分布地域、年龄阶层、网络速度、阅读习惯等。制定网页改版计划,如半年到一年时间进行较大规模的改版等。

设计 Web 页面没有固定的方法可循,应根据自己的实际情况确定具体的设计方法。设计的常规方法一般有以下三种:自顶向下的设计方法、自底向上的设计方法和不断增补的设计方法。

**1. 自顶向下的设计方法**

如果在建站之前,建站者对要做的网页的内容有比较全面的了解,对整个网页的大体轮廓已有比较清晰的规划的话,采用这种方法是最好的选择。所谓自顶向下,就是从整个网页的根向下一层一层地展开。采用这种设计方法,在开始实现网页时可以先用一些空的网页构筑起整个网页的框架,然后再逐步地添加内容。

采用这种设计方法的优点是能在总体上统一整个网页的风格,使网页的组织结构比较合理。用这种方法,通常在一开始就做出一个所谓的"模板",作为以后开发时页面设计的基础,这样就能保证整个系统用户界面的版面风格和功能设置的一致性。

**2. 自底向上的设计方法**

如果建站者在开发之初对整个网页的总体结构和布局还没有考虑成熟,而面对具体的 Web 页面的信息内容和服务方式很有把握,可以采用这种方法。即先设计树状信息结构的各个叶子节点,然后通过归纳,设计它们的枝叶节点,最后完成对根节点的设计。

当我们由于某些原因,先有了一些现成的网页时,选择这种方法是很自然的。这种方法的优点是,网页的各个部分可以根据网页内容做因地制宜的设计,而不用拘泥于条条框框,比较有风格。当日后系统具备一定的规模后,可以再进行风格的统一,但各个部分的鲜明风格还可保留,使整个网页既有共性,又有个性。

**3. 不断增补的设计方法**

这是在网页投入运行后常用的方法,是一种需求驱动的设计方法。当出现某种信息服务的需求时,就立即设计相应的 Web 信息服务页面。随着需求的增加,不断地增加网页,不断地调整和相互链接,就能使网页在短时间内建立起来。

这种方法的优点是不需要设计实现前长时间的规划分析期,效率相对较高。

这三种方法一般是互相穿插着进行的,例如整个网页可以用自顶向下的设计方法,而网页的某一部分则可以用自底向上或不断增补的设计方法来实现,反之亦然,并无定法,完全依个人的具体情况而定。

## EC 聚焦——艺海拾贝网站设计

**1. 标题设计**

每一个网站都有一个响亮的名字和独具风格的标志,例如著名的 Yahoo!(雅虎)、搜狐等。好的标题能简洁明了地体现出这个网站的主题,同时具有吸引力。标志也同样要设计得简单而独具特色。"艺海拾贝"是一个主要介绍严肃艺术的网站。

**2. 网页模块**

网页中的内容分为若干个板块,以利于规划网页的组织结构。由前面的讨论,我们的网页主要就包含五个部分:经典画廊、交响之魂、集邮天地、奇文共赏和留言板。前四个部分包含很多内容,还可向下细分。

1) 经典画廊

这部分介绍西方经典绘画,由于内容很多,我们便决定按历史顺序,分为几个时期来分别介绍,如文艺复兴时期、近现代等。每个时期基本以一页网页来介绍,内容多的时期再向下细分。主要形式是对很经典的西方绘画以文字说明的方式向网友介绍,内容对每一个人都适合。在这个部分可下载大幅的精美图片。

2) 交响之魂

这部分介绍交响乐,考虑到内容要兼顾几类用户群,我们可划分为"CD 圣经""交响随想"和"入门园地"三个部分来进行介绍。"CD 圣经"的形式和"经典画廊"的类似;"交响随想"是一些听交响乐的心得体会的文章,适合于资深爱好者访问;"入门园地"则介绍一些推荐的入门曲目和一些关于交响乐的小常识。

3) 集邮天地

这部分介绍集邮知识,分为"邮品分类欣赏""集邮知识"和"邮品交流"三部分。也是分别针对不同层次的爱好者。在邮品交流中有一个程序可实现网友邮品信息的传送。

4) 奇文共赏

这部分原来已有现成的电子书籍,因此只需建立一下链接,修改一下页面风格就可以了。另外再附加一个投稿功能,为想发表自己文章的人提供便利。内容结构分析好后,就可以设计网页的结构了。

**3. 网页结构设计**

在前面内容分块的基础之上,网页按树状结构安排如图 10-14 所示。整个网页共有四到五个层次,网页之间的关系将由文档之间的链接表现出来。

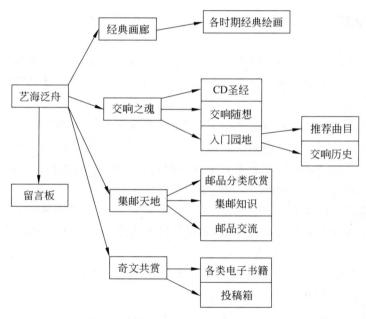

图 10-14 网页按树状结构

**4. 目录结构设计**

有一个清晰的目录结构对设计网页是很有益处的。虽然在存取文件时,不把文件存在特定的地方会暂时节省定位目录的时间,但一个零乱的目录系统只会成倍地增加我们的工作量,如果这样毫无章法地工作到最后,也许就会为寻找一个文件花去很多宝贵的时间,特别当一个超级链接掉链时,查找起来更是困难重重。所以在开始建设网页之初就应该合理地规划好目录结构。

由于目录和网页的结构都是树状结构,一般一一对应地在一个节点创建一个子目录,子节点的网页就存在于父节点对应的目录中。另外,一般把网页的全部图片统一存在一个目录里,以便于图标的共享。如果图片过多,对这个目录最好也能分门别类地创建子目录。在做好各部分的网页后,就可以存在相应的目录下面。例如,"艺海泛舟"的目录结构如图 10-15 所示。

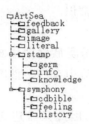

图 10-15  目录结构

## 10.6  网站测试

### 10.6.1  测试纲要

网站发布前要进行细致周密的测试,以保证正常浏览和使用。主要测试内容包括服务器稳定性、安全性;程序及数据库测试;网页兼容性测试,如浏览器、显示器以及根据需要的其他测试。

商务网站的测试从开发阶段就开始了,一般由开发组和测试组共同负责这个阶段的代码测试和模块测试。这里重点讲系统测试,由测试组负责。测试组的人员一部分来自于开发方的需求管理组、文档组,一部分来自于需方的相关人员,具体要根据测试的目的,在测试大纲中明确定义。

在商务网站验收过程中,往往还要组织专门的验收测试。验收测试主要也是系统级测试。不管是以开发方为重心的系统测试,还是以需方为重心的系统验收测试,其基本方法都是一样的。

在开始进行系统测试前,需要制定明确的测试大纲。系统测试大纲主要包括以下内容。

**1. 测试目的、时间和人员**

(1) 测试目的,如:验证×××是否达到需方要求,并达到设计指标。

(2) 测试时间,一般安排在本期系统开发工作基本结束,交付验收或试运行之前。这里要清楚定义什么时候开始系统测试,什么时候结束。

(3) 测试人员,是指为了进行系统测试,特别成立系统测试小组,指定专门人员。对于外包开发的商务网站,系统测试小组往往由开发方和需方共同组成。如果是系统验收测试,一般主要由需方人员或需方指定人员组成。

**2. 测试原则**

制定测试应遵循的基本原则包括:

(1) 检测系统是否符合《市场需求分析说明书》;

(2) 通过测试查找系统设计和运行错误;

(3) 系统所有的功能模块都要进行测试,此外,测试项目还应包括系统的安全稳定性、用户界面测试、中文符合性等；

（4）所有的测试项目都需要进行大量的重复性测试；

（5）程序设计员参加测试时，应避免安排他/她测试自己开发的程序。

### 3. 测试范围和内容

对于大型商务网站或是分期实施的商务网站，一般是分功能或分子系统交付运行，所以必须清楚定义本次系统测试的范围和内容。

### 4. 测试环境

测试环境指本次测试的基本系统环境配置情况。

### 5. 测试方法

规定本次测试会采用什么方法，从哪些角度进行测试，如界面测试、流程测试、功能测试、兼容性测试等。

### 6. 测试前准备工作

为了顺利、有效地进行系统测试，应提出测试前需要做的准备工作。

## 10.6.2 系统测试

### 1. 测试准备

测试前对被测系统做好以下准备：系统的全面备份，包括应用程序备份、数据备份等；记录测试前系统状态；制定应急措施，确保在测试中发生问题时系统可恢复。

测试组成员应在测试开始前了解系统的相关情况，包括系统开发环境、运行环境、系统使用说明、功能说明等，对测试的预期结果应进行准备和预测。

测试前要做好真实数据的准备工作，并进行系统的数据初始化。

### 2. 用户界面测试

主要测试站点地图（site map）、导航条（navigational bar）、内容、颜色/背景、图像、表格和返回等。

### 3. 流程测试

模拟各种业务用户，按照实际业务流程对系统进行业务流程流畅性、完整性以及业务逻辑合理性等方面的测试。

### 4. 功能测试

主要测试站点中的链接、表单、数据校验和Cookies等。

（1）链接（link）测试的目的是检查各个URL所链接的页面是否正确。

（2）表单（form）测试的目的是检查每个表单与程序是否正确链接，能够正确地发送用户请求。

（3）数据校验的目的是检查输入非法数据或者错误数据后，系统能否正常工作。

（4）Cookies测试。如果采用Cookies技术保存用户的部分信息，例如记录用户名、口令等，测试的目的是检查Cookies内容是否正确、是否安全。

### 5. 接口测试

主要检查本系统能否正确地调用外部服务接口。例如，检查能否和支付网关接口进行正确的通信等。在接口测试时,需要注意当接口发生错误时,系统能够进行有效的错误处理。

**6. 安全测试(系统安全、交易安全等)**

安全测试的目的是检验系统能否正确、可靠、安全地进行处理。其主要内容包括:

(1) 目录权限设置。检测各个目录的存取是否得到授权。

(2) 用户登录测试。

(3) 测试服务器的日志能否正常工作,是否可以正确地记录每次登录及用户请求过程。通过日志文件可以分析系统响应用户请求的情况。

(4) 数字签名的验证是否正确、数字证书的调用是否正确。

**7. 兼容性测试**

主要检验应用能否在不同的客户端使用。如果产品放在 Web 上为全球使用,需要测试常用类型的操作系统、浏览器(尤其要注意不同版本)、视频设备等是否能正常显示或正常运行。

**8. 访问压力测试**

简单一点的方式是编写一个程序,循环进行某些交易的数据发送,选择几台机器同时进行,看看服务器的响应情况。也可以选用专业的测试工具。通过测试工具最终能生成网站综合评测报告,有平均流速、响应时间、接收流量等信息。再专业一些,可以通过测试外包,与专业公司合作,对网站进行压力测试评估,以发现网站的性能水平以及相对薄弱的环节,给网站的技术改造提供依据。

## 10.7 网站发布与推广

### 10.7.1 网站内容发布管理规范

制定内容发布过程中的管理规范,目的是加强标准化管理,合理分配权限,确保按时、按质量标准、按工作流程和按审批流程完成任务。

**1. 制作规范**

制作规范中的一些内容摘选自新浪《新闻发布规范》。

(1) 标题规范。不超出规定字数,标题不折行;句型完整,主谓宾齐全;不得模棱两可;通俗易懂,不使用过于专业或晦涩的词语;不使用非标准的缩写或中国港台式写法;严禁出现错别字;标点、数字、标题断开按规定使用全角、半角;标题中不使用逗号、句号或过多标点。

(2) 正文规范。无错别字或错误的英文拼写,无明显标点错误;保留作者的署名;每段之间空一行,段落首行空两字;重点处理的文章须选出关键字,以方便搜索;不能有乱码现象;数字和英文一律半角;只允许使用中文标点。

(3) 图片规范。图片选择的主要标准是:优美、清晰、明亮、信息量大;正文内的图片尺寸不得超过规范,即:长边为 450 像素;图片进行优化压缩,在不失真的前提下,字节数不超过 25K;图片有作者的一定要注明;图片说明中必须包括时间、地点、人物、事件等基本要素;

音频、视频、动画的制作规范可参照图片规范制定;数据库录入规范应参考数据库管理员提供的操作说明及注意事项。

**2. 上传规范**

(1) 确定发布内容。操作人员需要对信息的真实性、准确性和时间加以审核。

(2) 确定发布方式。静态网页、动态网页、E-mail、公告和论坛中的某一种。

**3. 审批规范**

(1) 信息发布人员(编辑)所制作的信息,自己要认真审查一遍以上。

(2) 按照规定,责任编辑(高级编辑)负责审核并签发全部或部分信息。

(3) 符合特定标准的信息必须经专人审核。

(4) 审批时,要注意信息是否符合安全规定、国家法律法规,有无侵犯知识产权。

**4. 更新规范**

(1) 规定间隔一定的时间更新有关信息,并明确更新信息的流程。

(2) 规定信息的更新方式,通过手动更新或使用管理软件自动更新。

**5. 权限管理**

(1) 商务网站内容发布常见的管理权限有信息编辑、信息审核、信息签发(二审)、上传、发布、栏目分类与设置、模板管理、主页管理、主页审核、信息源管理、多媒体库管理、统计分析以及其他的设置权限。

(2) 在内容发布过程中常见的职务有:

① 普通编辑,主要负责信息编辑和上传;

② 高级编辑,主要负责信息审核、签发、发布、栏目管理和主页审核;

③ 页面设计人员,主要负责模板管理和主页管理;

④ 用户管理,主要负责注册用户管理、用户分组管理和系统设置。

在现有人员之间分配管理权限,要坚持科学、严密的原则。例如,有主页管理权限的,不应该有审核权限;信息审核等权限是向下兼容的,因为必须有信息编辑的权限,才能够正常工作。

电子商务网站的内容和服务不是一出现时就完整具备的。从内容实施来看,需要有一个从简单到复杂、逐步建立和完善的过程,一个从试行到适应的过程。与内容有关的需求是否合理、企业决策与执行能力的强弱,都会对实施工作产生重大影响,甚至可能使实施的过程变得非常漫长。

### 10.7.2 网站推广的目标

网络营销的主要对象是公众,网络推广就是吸引公众对网络品牌(域名、或网站名称)的注意力,使公众注意、记忆并访问该网站。因网站定位不同、目标客户群不同,所建网站的类型也不同,相应的网站推广方式、方法和受众目标也会不同(详见第5章)。

制定网站的推广目标一般主要考虑如下具体目标。

**1. 提高网站排名**

随着互联网的发展,越来越多的公众开始关注第三方机构对网站的监测分析。

ALEXA 网站(http://www.alexa.com)在第三方网站监测机构中拥有一定的权威性。该网站不仅可以监测全球任何网站在过去三个月的流量,也可以监测当天的网站流量。许多网站的运营管理人员通常把网站在 ALEXA 网站上的排名作为网站运营的主要参考数据之一。一个网站在 ALEXA 网站上的排名,实际上是该网站在全球的排名。一般来讲,长期不断的推广,可以稳步提高网站在 ALEXA 网站上的排名;通过近期爆炸式的推广,可以快速提高网站在 ALEXA 网站上的排名。

**2. 提升网站品牌**

网站推广的结果客观上提升了网站的品牌,也提高了网站在 ALEXA 网站上的排名。一般来讲,网站排名越靠前,其品牌度越高,如著名门户网站雅虎、新浪、搜狐、TOM、3721等网站,品牌度很高,在全球的排名也位于 20 名之内。

**3. 提高网站流量、交易量和订单量**

电子商务网站推广的最终目的是为了提高网站的交易量和订单量。网站推广时,网站流量越高,交易量和订单量越高。交易量和订单量是网站运营者最为关注的核心要素。

**4. 注册会员数量**

有些网站把会员注册数量的增加作为网站推广的重要评估标准之一。注册会员数量越多,网站拥有的客户群就越多,网站价值就越大。有些网站在推广过程中,评估标准还包括有效订单注册会员、无效订单注册会员、高于一定交易量的注册会员为 VIP 会员、低于一定交易量的会员为普通会员,或者为非 VIP 会员等。

### 10.7.3 网站推广方法

通常有两大类方法:一类是通过传统广告和企业形象设计等方式宣传网站,如通过电视、报纸、广告牌、宣传材料、产品包装、礼品、名片、信纸和信封等手段推销网站;另一类是通过互联网的方式去推广网站。

## 关键概念

商业模式　市场需求分析　业务流程　网页设计　功能定位　网站维护　网站测试

## 简答题

1. 为什么要建商务网站?
2. 商务网站上的主要内容有哪些?
3. 简述市场分析的基本内容。
4. 什么是商业模式?典型的商业模式有哪些?
5. 网页设计有几种方法?
6. 商务网站推广的目标有哪些?

## 热点话题

### 1. 网上零售业的发展

尽管传统的网下零售市场非常庞大，网上零售市场的发展却是缓慢的。网上零售市场最早出现于20世纪80年代，小的地方公司通过电话和传真向商店发出订单，或者聘请能从现有的食品杂货店购买商品的"专业购物者"。20世纪90年代，消费者对互联网使用的飞速增长使食品杂货送货业有条件向网上方式转型。

### 2. Peapod.com

Peapod是最早也是最大的网上食品杂货经营者，它成立于1989年，早期顾客是芝加哥地区的400户家庭。1998年，Peapod宣称占有网上食品杂货市场44％的份额。1999年，Peapod将他们的软件在网上发布，经营区域扩展到奥斯汀、得克萨斯、芝加哥、哥伦比亚、俄亥俄、达拉斯、休斯敦、长岛、纽约及旧金山等地方。

为了适应发展需要，Peapod从个人购物者模式转变为仓库模式。Peapod的个人购物者从仓库内部取得货物，然后通过具有温度控制的送货车来送货。1999年11月，Peapod开始利用UPS在全美范围内运送不变质的包裹。公司还和Walgreen建立了战略合作关系，运送保健和美容产品，并且开始考虑运送非食品杂货类商品，如图书、干洗衣物和鲜花。

### 3. Streamline.com 和 Shoplink.com

这两家公司都起源于波士顿，它们的定位是生活方式的完全解决方案，简化忙碌的市郊家庭的生活。它们按月收取费用，每周一次地将商品和服务直接送到顾客门前。与传统的家庭送货食品杂货服务不同，Streamline 和 Shoplink 使用一个便捷式冷柜，或通过向顾客出租制冷棚架，这些棚架预先安装在顾客车库中，只有经授权的送货工人才能使用。产品和服务涉及食品杂货、半成品食品、宠物食品和必需品、邮票、干洗衣物、影碟和影碟游戏租赁、影片加工、瓶装水以及包裹存取和运送。

由于它们的运送模式允许更大的灵活性，这些公司必须克服顾客对隐私、盗窃和安全等问题的疑惑。而且，公寓公民不符合这种服务的要求。这种方式的高固定成本和变动成本使其不是很具吸引力，但它们更强的保留顾客的能力或许能证明自己的长期优势。

### 4. Netgrocer.com

成立于1997年的Netgrocer是第一个采用仓库运送策略的网上食品杂货公司。Netgrocer从它的仓库向临近的48个州运送食品，采用联邦快递三天送货的方式。因此，Netgrocer是唯一根据质量而不是单份订单收取费用的网上食品杂货公司。

Netgrocer可以被认为是"食品室自动重新进货员"。公司只运送不会腐烂变质的物品，因此它的商品种类比较贫乏。使用它的最好方式是将你确定每月要购买的商品编辑一个清单，重复购买的时候只要单击一个键就可以获得相同的订单发送：纸巾、牙膏、尿布、速食面、猫粮和汤罐头等。

### 5. Hannaford Brothers 和 eGrocer.com

Hannaford 和 eGrocer 采取"收集中心"策略，收集中心就设立在便利店、办公楼、汽车通道、加油站或现有食杂店中。

Hannaford 是一家波士顿地区的食品杂货连锁店,1999 年开始提供网上订货和送货上门服务。这种服务利用公司停车场作为通道,每个工作日结束后,网上订购的食品杂货和半成品食物都被送到这里。

eGrocer 是加利福尼亚 Palo Alto 地区现有食杂店的联合,在这里顾客通过互联网选择它们想要购买的商品。这些数据都被发送到附近一家有关联的超级市场,由它们来完成订单。顾客们在预先约定的时间到他们附近的超级市场的指定区域取走他们订购的商品。这种方法不仅节省了顾客在店里排队等待的时间,而且让顾客有机会亲自选择某种物品。这种网上食品杂货店节约了修建分配设施的成本,但它们的利润必须与超级市场分享。

要求:

(1) 以上提供了一些网络零售业公司的发展,请准备一份 5000 字的报告,陈述关于中国网上零售业的电子商务模式,重点分析其赢利模式。

(2) 请调查目前家乐福、易初莲花等四家超市的实体店和虚拟网店的运营情况,比较实体店与虚拟网店的优劣势,提出你的营销策略。

## 实战演练

1. 东吴学院有一批文具和书籍需要销售,但因为没有专门的店面销售,需要你帮助学校将这批商品在网络上销售。请你规划一下,如何建立电子商务网站帮助学校销售这批文具和书籍。

请按照电子商务网站规划的步骤,逐步分析。

步骤一,网站规划。

请回答如下问题:

网站类型;

网站商品列表;

网站客户群;

网站将展示的内容和风格;

网站运营商务模式;

网站功能和结构;

网站的货源和物流配送;

网站预算。

步骤二,设计网站功能。

请设计以下功能:

网站名称、域名、徽标;

网站首页及所有分级页面的结构;

网站商务运作流程。

分配网站的前台页面功能和后台管理页面功能,并进行分工。

2. A 企业是一家机械设备生产企业,它主要采用多级代理销售渠道,在全国大部分省市都有自己的主要代理商。原有的交易模式主要通过每年召开的订货会或各种类型的交易会来寻找客户,平时主要通过电子邮件、传真来交换信息和达成交易。为了更好和及时地了解一级代理商的销售情况,为销售渠道提供更好的服务和技术支持,同时也为了能吸引更多的订单,将原有每年召开订货会和利用电子邮件、传真交换销售信息的方式,改为在互联网上进行业务以便于厂家与销售代理商、潜在客户之间的信息传递和沟通。请为 A 企业写一份电子商务网站规划设计报告。

3. 在写字楼办公的白领,相对于其他人群来说,具有"三高"的特点:收入高、受教育程度高、对生活的品质要求高。收入高,决定了他们对于价格并不是十分敏感。受教育程度高,使他们易于尝试和接受新事物。对生活的品质要求高,意味着他们吃午饭不仅在于填饱肚子、补充热量,而且更渴望从优良的服务和美食文化中获取一种精神上的享受。小蒋是一名刚毕业的大学生,经过市场调查他看好了这一快餐市场,想自主创业,建立一个电子商务快餐网,让这些写字楼里的白领能享受物有所值的服务。请为小蒋写一份快餐电子商务网站的规划设计报告。

4. 目前大学生就业是一个敏感的话题,请找五个目前经营就业的网站,并分析它们的优势与不足。根据你对目前学生的了解写一份发布应届毕业生就业信息的网站设计报告。

5. 三山市现有女装生产厂家 1500 多家,拥有商标 230 多个,在全国较有名气的有 30 多个品牌,亟待宣传树立品牌的还有很多。三山市女装经营店有 2900 余家,分国际、国内和本地品牌。三山市是我国较先进的信息化城市,网民人数和网民质量均位于全国前列,电子商务开展居全国前列,网络已经深入到人们的工作和生活,已经形成了通过网络了解市场的生活习惯。绝大多数年轻女性非常注重生活品位(个性化、精品化),同时也非常精于实惠消费,但要同时做好这两件事情需花费很多宝贵的时间,但她们的学习、进修和休闲活动时间也很重要。而众多的厂家、供应商苦于不能及时地把新品、促销信息和买家沟通;他们也希望早日做大、做好品牌,扩大销售,招募合作对象。根据三山市女装的特点,微申公司想建立一个以"女装"为主题的电子商务网站,这个网站能整合三山市的企业资源,同时也能为广大女性节省时间,找到如意的商品。请为微申公司写一份商务网站规划设计报告。

# 第 11 章 中小企业电子商务案例分析

## 11.1 案例 1 Jane Ivanov：阿里巴巴助我创办孕产妇内衣王国

Jane Ivanov 是一位来自美国的阿里巴巴海外大卖家,她在怀孕期间发现自己的零售商提供的款式过时又难看,就成立了新公司,目标是为准妈妈提供高质量、性感漂亮的内衣。她通过阿里巴巴联系中国大陆和中国香港的供应商,在线咨询供应商,沟通设计思路和验收样品,最终确定将来自于中国大陆的一家生产商作为长期合作伙伴。目前,Jane Ivanov 在美国、加拿大、澳大利亚和南非都有自己的网络销售点。

Jane Ivanov 灵机一动创下孕妇和产后妇女时装事业。她凭着敏锐的市场触角及阿里巴巴网站的帮助,迅速获得了成功,Jane Ivanov 登上国际级电视台 CNBC 亲述自己的成功故事。

Jane 的 Eve Alexander 公司于 2004 年成立,过程跟其他婴儿产品或孕妇时装公司大同小异:她发现市场对于能够展现女性美态的性感孕妇和产后妇女时装有着一定需求,可惜坊间选择不多,所以她决定要开拓这个有潜力的市场。

"我怀第一个孩子的时候,竟发现市场上没有任何为孕妇和新任妈妈而设计的漂亮胸围或内裤,我真是大失所望!多数零售商提供的款式也枯燥乏味,甚至叫人沮丧!而网上店铺和购物商场的货品则非常昂贵,态度及服务却未见殷勤。我一向都很喜欢有花边而且颜色缤纷的漂亮内衣,因为它们能让人穿出自信。我支持使用母乳喂哺婴儿,但当我想到往后一年自己只能穿着白色或者灰白色的内衣,便知道这距离漂亮太远了!"

Jane 花了数个月时间做市场研究、进行访问和调查后,确定了自己在追求女性美的道路上并非孤军作战。她同时发现自己对于选择正确胸围尺码的知识原来十分贫乏,亦得知超过七成女性错误佩戴胸围,她的使命感由此而生:她要带给市场最优质的孕妇和哺乳胸围,并且教导客户什么是正确的胸围尺码。她直觉认为,如果一个胸围能够令孕妇或新任妈妈感觉舒服、时髦和性感,她的哺乳期通常会较长,这对宝宝和妈妈也是有百利而无一害的。Eve Alexander 公司就这样诞生了。

Jane 在找寻制造商的过程中,发现阿里巴巴网站原来是一个非常有用的资源库。"我们从阿里巴巴网站找到约 50 家供应商,筛选后将数目减至数家。之后我们来来回回收到很多样品,直至认定一家优质的中国制造商。终于,我们还没有面谈过,便开始生意往来了。我和同事去年到过中国香港一次跟他们见面,对他们的印象很好,我也从阿里巴巴网站多找了一些厂家,与他们做比较——结果我的生意伙伴在多间公司中脱颖而出。不过,跟其他公司认识和会面其实也是很好的经验。"

随着公司逐渐步入轨道,在本土和美国全国性的杂志频频曝光,Eve Alexander 已经通过数十家店铺将产品销售至美国各地及国外。不过,Jane 意识到自己还未曾运用最佳的资源——整天待在家里的母亲们。Jane 的朋友和家人在孕妇和产后妇女界有很好的人脉和社交网络,而 Eve Alexander 正好是这些女性在生产前后的最佳试用和选购对象。Eve Alexander 凭直觉推出"直销计划",让这些女性可以体验旗下产品的质量和风格,再向其他母亲推荐这些以穿着舒适而著称的产品。这计划一方面可以帮助孕妇和产后妇女穿出自信,另一方面可以让母亲们在家照顾子女的同时赚得外快,可谓一举两得。

Eve Alexander 的产品现已经在 100 多家孕妇时装店、医院和网上店铺有售,足迹遍及美国、加拿大、欧洲、澳大利亚和南非。而创办人兼总裁 Jane 更获著名的 CNBC 电视台的一个节目邀请,介绍公司如何帮助女性"拥抱自己的曲线"。

**选择题**

1. Jane Ivanov 通过( )联系中国大陆和中国香港的供应商,在线咨询供应商,沟通设计思路和验收样品,最终确定将来自于中国大陆的一家生产商作为长期合作伙伴。
   A. 阿里巴巴　　　B. 新浪网　　　C. 搜狐网　　　D. 网易网
2. Jane Ivanov 的主要产品是( )。
   A. 青少年时装　　　　　　　　B. 孕妇和产后妇女时装
   C. 孕妇装　　　　　　　　　　D. 时尚内衣
3. 目前,Jane Ivanov 拥有多家的连锁直销店,在( )都有自己的网络销售点。
   A. 美国　　　　B. 加拿大　　　C. 澳大利亚　　　D. 韩国
4. Eve Alexander 凭直觉推出( )计划,让这些女性可以体验旗下产品的质量和风格,再向其他母亲推荐这些以穿着舒适而著称的产品。
   A. 代销　　　　B. 直销　　　C. 联销　　　D. 促销

**思考题**

1. Jane Ivanov 是怎样通过网络寻找供应商的?
2. Jane Ivanov 的成功对你有哪些启示?

## 11.2 案例 2　中小企业利用网络做外贸

"不管黑猫白猫,能捉住老鼠的就是好猫。"这一民间谚语经邓小平先生点拨之后,深厚的生产力理论就变得浅显易懂了,"猫论"语言朴实又不失几分幽默。

在中国,有 1000 多万家中小企业在市场大潮中面临着林林总总的竞争与挑战。摸着石头过河、寻求适合于自己的发展之路,是每家企业都会经历的事情。

青岛海派机绣有限公司是一家拥有 12 台飞梭刺绣机和 50 台棉线花边机及计器机操作系统的中小型加工企业。青岛海派机绣为了拓展国外市场,成立了出口业务部,并加盟了阿里巴巴"中国供应商"服务,在提升企业信息化的同时,利用 B2B 来抓住国外市场的商机。

外贸部经理于美凤女士表示,"我和同事们接触电子商务的时间并不长,目前还是学习

'练兵'阶段。但是我认为,没有实践就没有发言权,靠着想当然是不能有所作为的,只有亲自尝试后,才能提升实际的操作能力。现在公司以出口业务为主,每年都有 50 万~60 万美元的业务额。我们对于阿里巴巴的利用率还没有达到最优状态,所以电子商务这块还有很大的上升空间,目前公司与土耳其、印度等国家和地区的客户达成了几笔交易,各有两三万美金的交易额。可以说由于受到企业的规模、环境等客观因素的影响,中小企业的销售渠道相对窄小,电子商务在一定程度上帮助我们解决了这一问题,这也是我们连续两年续签阿里巴巴的原因。每一家企业都希望可以做大、做长、做强,我们选择'中国供应商'服务,通过互联网为企业进行产品的宣传推广,搭建信息平台,为企业创造机会,及时与国内及国际市场相接轨。"

"猫论"的确是一句生动的至理名言,在国际贸易中,中小企业面临着更大的市场冲击波,勇于尝试和创新才是企业谋求壮大的必然选择。

**选择题**

1. 青岛海派机绣加盟阿里巴巴(　　)服务,在提升企业信息化的同时,利用 B2B 来抓住国外市场的商机。
   A. 中国供应商　　B. 诚信通　　C. 搜索　　D. 客户管理
2. 可以说由于受到(　　)等客观因素的影响,中小企业的销售渠道相对窄小,电子商务在一定程度上帮助中小型企业解决了这一问题。
   A. 企业的规模　　B. 环境　　C. 产品质量　　D. 产品价格
3. 青岛海派机绣有限公司是一家(　　)。
   A. 中小型加工企业　　　　　　B. 纺织企业
   C. 服装制造企业　　　　　　　D. 服装设备生产商
4. 公司在提升企业信息化的同时,利用(　　)来抓住国外市场的商机。
   A. C2B　　B. B2C　　C. C2C　　D. B2B

**思考题**

1. 为什么青岛海派机绣有限公司外贸部经理于美凤女士认为电子商务这块还有很大的上升空间?
2. 青岛海派机绣有限公司是如何走出传统销售渠道之外的电子商务之旅的?

## 11.3　案例 3　网络贸易建立企业品牌

范志清先生的公司——南通曼莱特纺织有限公司主营行缝被、毯子、靠垫和手工艺品等。过去一直通过传统贸易做出口,自从和电子商务结缘后,便一门心思扑在了这个方便、快捷的平台上。那么,范先生是如何利用电子商务拓展生意的呢?

**用"诚信通"找供应商**

公司原本是一个做出口的外贸公司,他的想法很简单,就是想通过"诚信通"这个平台寻找国内一些优秀的供应商以及新型的面料。以前公司一直通过传统贸易做出口,主要针对日本市场,但是范志清渐渐发现,销售单一市场有很明显的局限性,特别是公司开办自己的生产工厂之后,这种局限越来越明显。为了平衡淡旺季的销售,范志清决定开拓欧美市场。正好在这时,阿里巴巴的客户专员为公司指明了一条全新的道路。

**用"中国供应商"开拓欧美市场,三个月收获美国好朋友**

利用网络从日本市场转战欧美市场。虽然范志清还不是很熟悉这种贸易形式,但范志清相信勤能补拙,同客户真心交流,一定会有所收获。于是范志清每天泡在网上,自己回复询盘邮件,定期更新产品图片,根据买家的关注度调整产品结构,渐渐地摸索出欧美市场的脉搏。

为了做到第一时间回复客户的询盘,范志清晚上下班后先回家睡一会,12点半准时起来上网,一直工作到凌晨两三点。

对于客户的每一封询盘邮件,范志清都在第一封回复邮件中就提供产品的所有信息,包括产品的材料、尺寸、成分、通过的认证等,尽可能详细、全面。终于,工夫不负有心人,在第三个月的时候,公司签下了一位美国客户。这位美国客人后来还成为了范志清的好朋友,订单一直没断过。

**诚信赢得客户信赖,从开始的投诉到现在的长期合作**

去年,有一位瑞士客户向公司订了一批档次比较低的货,由于他把价钱压得过低,无奈之下公司只能更换供应商。结果货发到瑞士后,范志清收到了瑞士客户的投诉,货品与样品不符,产品出现了外观疵点。一接到这个消息,范志清立刻对产品的所有材料进行严格的分析,原来是供应商在制作的过程中擅自更改了原材料,新材料中的某种物质严重超标。公司立刻向客户解释出现该质量问题的原因,并表示将承担客户的所有损失。为此,公司提出用更好的面料为客户定做一批新货,并在第一时间空运过去,不仅如此,公司还做出了赔偿。结果,公司的这番做法赢得了这位瑞士客户的信任,也赢得了他们源源不断的订单。

**外贸能力的成长**

现在,公司可以根据客户所在的国家和地区,向他们推荐合适的产品。从完全不熟悉欧美市场,到现在对市场的准确把握,电子商务帮了范志清大忙。

最近范志清还想扩大外贸部,通过这一年多以来对欧美市场的切身体会,范志清对于外贸人员提出新的要求,他们不仅要懂英语、计算机,还要了解产品知识、掌握谈判技巧。新招收的人员公司会进行半年到一年的培训。

**选择题**

1. 南通曼莱特纺织有限公司加入了阿里巴巴的( )。
   A. 免费会员　　B. 诚信通　　　　C. 中国供应商　　D. 竞价排名
2. 2005年南通曼莱特纺织有限公司加入了阿里巴巴的( )。
   A. 免费会员　　B. 诚信通　　　　C. 中国供应商　　D. 竞价排名
3. 网络贸易相对于传统贸易在企业品牌的建立方面的特点有( )。
   A. 靠广告宣传　B. 成本高　　　　C. 投资小　　　　D. 收益大

**思考题**

1. 南通曼莱特纺织有限公司是如何利用电子商务拓展生意的?

2. 经过一年多对欧美市场的切身体会,公司对于外贸人员提出了哪些新的要求?

## 11.4 案例4 贸易通的巧妙沟通

他中年重新创业,将目标锁定在电子商务;他带领公司加入阿里巴巴"诚信通"的第二个月获得第一笔订单,到第五个月月底已经做到70万人民币的订单……他从没想到,电子商务会让公司的发展这样顺利。

这就是南通叶氏帽业有限公司杨经理的电子商务之路,看起来很短,但却倾注了杨先生太多的心血,也形成了独特的"杨氏魅力",经过他的努力,几乎所有前来询价的客户都能下单,而他没有花一分钱在跑业务上。

"在阿里巴巴上做生意,最大的好处是可以利用'贸易通'与客户沟通,而这正是许多人忽略掉的。很多尴尬的话、现实中生硬的讨价还价,都可以用'贸易通'委婉地表达出来。比如你觉得价格高了,那发送一个'哭脸',对方就能会心一笑地明白你的意思了。"杨先生觉得这种方法非常受用,每个在"贸易通"上的客户都能聊得非常愉快。

"即使不是我的终端客户,我也会和他沟通,在平时的聊天中积累客户的信息,然后可以有选择性地给合适的客户牵线,促成他们双方的合作。"杨先生说,"这不是笨,这是一个长远的方向,做生意靠的就是人脉,你帮助别人了,生意圈自然就扩大了,你还怕接不到订单吗?"

经过几个月的体验,如今杨先生认定了电子商务。通过这个平台,他牢牢掌握了洞悉市场方向的方法:在网络上搜寻资讯信息、看热门产品、看流行动态等。此外,他还将自己几个月来的成功经历做了小小的总结,要做电子商务,以下两点很重要:

(1) 不要急于求成、不要急功近利。面对新客户,千万不要夸夸其谈,恨不得让对方马上下单。如果带着功利心去做生意,是很难把生意做好的,也很容易失去戒备心,一旦对方抓住你的心理,很容易上当受骗。

(2) 要让沟通人性化。平时在"贸易通"上适时地幽默、问候、关心,都能帮助你留住客户,使双方产生信任,甚至能结交同行朋友。

在这样一套"杨氏风格"的感染下,如今公司几乎所有的新客户都来自网络,每天都有新客户发来询盘,每天都有样品需要寄出,而杨先生的电子商务事业才刚刚起步呢!

**选择题**

1. 南通叶氏帽业有限公司加入阿里巴巴(　　)。
   A. 诚信通　　　　　B. 中国供应商　　　C. 普通会员　　　　D. 竞价排名
2. 要做好电子商务,在和客户沟通时,以下(　　)两点很重要。
   A. 不急于求成　　　B. 态度诚恳　　　　C. 沟通人性化　　　D. 及时回复
3. 通过电子商务这个平台,杨先生牢牢掌握了洞悉市场方向的方法,包括(　　)。
   A. 搜寻资讯信息　　　　　　　　　　　B. 看热门产品
   C. 看流行动态　　　　　　　　　　　　D. 看技术评估资料

**思考题**

1. 南通叶氏帽业有限公司是怎样通过网络和客户沟通的？
2. 杨氏电子商务策略有哪些可借鉴之处？

## 11.5 案例 5 B2B 与 C2C 的界限真的可以打破

韩炳富在桐乡，是个非常有名的杭白菊商人。原因不在于他的生意每年做几百万元，而在于他在小小的农村首先用上了电子商务。

十几年前，韩炳富开始做杭白菊生意，因为勤勤恳恳、踏踏实实，生意实在也不错。但是几年之后，由于竞争市场日趋激烈，韩炳富的生意慢慢开始滑坡，生意开始惨淡经营。在这种背景下，韩炳富想到了电子商务。

韩炳富在当地属于比较容易接受新事物的人。他听说阿里巴巴不错，就来到了阿里巴巴。经过一年的调整和体验，他觉得真的不错。

效果果然不错。在去年的销售额中，来自网络的营业额占到 50%。"其实最重要的并不在于营业额增加了多少，而是我的客户增加了很多。许多客户自己来找我们，销售变得非常简单。在加入网络贸易之前，我们从来没有做过海外单子，现在的客户已经遍及菲律宾、新加坡等东南亚国家。"

对于现在取得的成绩，韩炳富显然还很不满足。"我在贸易通上已经有了两百多个客户了，遍及食品、饮料、零售、医药、连锁等各个方面。我要向阿里巴巴提个建议，我已经不能再添加新的客户！请你们的程序考虑一下，是否可以扩大贸易通的名单？"

客户数的增加给了韩炳富很大的信心。他觉得他的客户数可以远远超过 200 个。下一步的目标在哪里？韩炳富爽朗地笑道："我打算在网上开个品牌连锁店。现在淘宝网上面有许多开小店的，我也打算打破单一从阿里巴巴上面只卖给商家的方式，或者从淘宝网上开小店直接卖给消费者也是一种方式。"

一个普通的商人不满足于厂家对厂家的销售模式，已经有一种自觉要把产品以连锁销售的方式从网上卖给消费者的需求。这种原始需求已经暗暗地显示了从 B2B 到 C2C 的某种联系。我们相信，韩炳富的愿望在不久的将来在淘宝网上可以实现，他相信，也许在将来的某一天，B2B 与 C2C 的界限真的可以打破。

**选择题**

1. 从本案例中看到，使用电子商务给该企业带来的好处有（　　）。
   A. 信息通畅　　　　　　　　　B. 销售收入增加
   C. 客户增加　　　　　　　　　D. 订单增多
2. 加入阿里巴巴前，韩炳富面临的一个重大问题是（　　）。
   A. 信息不畅　　　　　　　　　B. 对菊花不了解
   C. 没做过菊花生意　　　　　　D. 缺乏人手
3. 在总销售额中，来自网络的营业额占到（　　）。

A. 90%　　　　B. 80%　　　　C. 70%　　　　D. 50%

4. 公司在贸易通上已经有了（　　）多个客户了,遍及食品、饮料、零售、医药、连锁等各个方面。

A. 100　　　　B. 200　　　　C. 300　　　　D. 50

**思考题**

1. 从本案例中,韩炳富为什么相信 B2B 与 C2C 的界限真的可以打破?
2. 电子商务为韩炳富经营杭白菊带来了哪些好处?

## 11.6　案例6　从零开始做外贸

三年前,赵华是天喜实业的法律顾问,这是一个轻闲的工作岗位,用赵华的话说:"那时上班就是一杯水,一张报纸过一天。"平淡的日子虽舒适,却很难让他体会到工作的成就感。不久后,赵华向老总提出调岗申请。对于这个积极进取的年轻人,公司老总交给赵华一项全新的工作:利用电子商务平台发展外贸业务。这对于没有业务经验的赵华来说,可真是一个不小的挑战。

回想当时的情景,赵华说:"虽然当时我们做了两年阿里巴巴,但其实对电子商务没怎么了解。就觉得电子商务是一种时髦,但没有想过它真能给公司创造利润。说实话,领导安排我来负责网络贸易,我心里也没底,我也是从那时开始去了解阿里巴巴、了解电子商务。"

在老总把负责电子商务这事交给赵华的同时,给他提出的期望是:把投进去的本钱赚回来就行。简单的期望却并不让赵华感觉到轻松,他开始认认真真学起业务知识,不懂的地方虚心向同事请教;并通过阿里巴巴提供的培训熟悉外贸操作流程;除此之外,他还开始研究起海外市场行情,了解产品在国际上的潜在市场,判断目标市场。

经过一段时间的积累,网络平台给予赵华的回报如何呢?"第一年在阿里巴巴上,我做了十几万美元生意。也算是把当年和前一年的本钱给赚回来了。"赵华笑称道,"老总看到在网上真的能做成生意,他也有兴趣了,也更加重视电子商务在外贸业务中的推广了。"有了第一年的基础和老总的支持,赵华如鱼得水,天喜实业的网上业务更是成倍增长。

今年是赵华负责公司电子商务的第三年,也是天喜实业与阿里巴巴合作的第五年。老总对赵华以及其他外贸人员提出的新期望是:通过电子商务平台,让更多的天喜制造走向全球。

当我问赵华,为什么老总没有给他一个更具体的业绩目标呢?赵华说:"通过这三年来使用阿里巴巴的情况看,业务绝对是100%能增长。对于公司目前的状况来说,我们考虑的重点是:通过对海外市场需求的分析,确定产品的市场定位,从而提高对新产品的开发能力。有了好的产品,再加上网络平台的推广,不愁业绩的增长。老板之所以不给我一个具体的目标,也是希望我们不受数字的局限。就拿这两个月来说,从阿里巴巴上获得的订单金额,已经超过了之前四年出口业务的总和了。"

现在的赵华每天都很忙,我没问他有没有怀念过去轻闲的日子,他自信的笑容就是对他自己选择的最好诠释。

**选择题**

1. 让天喜集团网络贸易真正"活"起来的赵华,原来是(　　)。
   A. 外贸业务员　　B. 技术人员　　C. 法律顾问　　D. 业务经理
2. 赵华开始负责电子商务以后,做了以下(　　)事情。
   A. 认真学习业务知识
   B. 通过阿里巴巴提供的培训,熟悉外贸操作流程
   C. 研究海外市场行情
   D. 了解产品在国际上的潜在市场,判断目标市场
3. 今年是赵华负责公司电子商务的第三年,也是天喜实业与阿里巴巴合作的第(　　)年。
   A. 二　　　　　B. 三　　　　　C. 四　　　　　D. 五

**思考题**

1. 通过赵华的案例,天喜的成功仅仅是因为他们选择了电子商务吗?
2. 从公司的长远发展来看,我们如何做电子商务的长远规划?

## 11.7 案例 7　小雨伞大舞台

上虞市万事达伞业有限公司坐落于制伞之乡——中国伞城崧厦镇工业园区,公司专业生产外贸出口伞,主要有太阳伞系列、沙滩伞系列、高尔夫伞、男女直杆伞、礼品伞和童伞系列等户外休闲用品。

回想过去,公司创始人王总用了两年的时间使该公司在经营上有了起色,实现扭亏为盈;又用了两年的时间,企业由百分百内贸成功地转型为百分百外贸。聊起这四年做出口的感受,王总说离不开电子商务,离不开阿里巴巴对企业的帮助。

**第一年——风雨兼程**

"无论是做伞还是引入电子商务平台,在上虞我都是最早的一批人之一。"王总出生于20世纪60年代,虽然没有英语基础,但他敢想敢做:大胆开展出口生意、甚至果断地通过互联网卖产品。

"当时我通过阿里巴巴'诚信通'做内贸,一段时间下来反馈效果不错。当时我就想既然国内能做好,外贸出口与之相比收益更大,为什么不尝试一下呢?谁知第一年合作下来,我们的成交额几乎为零,这无疑给我的热情泼了一盆凉水。当初一起加入这个平台的人都接到了订单,生意做得红红火火,我的企业为什么会失败呢?这里面肯定有问题。"好强的王总并没有就此放弃,而是从中分析原因:"一、我没有购买阿里巴巴国际网站上的广告排名。再加上信息更新频率不高,一般会排在20多页之后,自然丧失了许多让买家认识我的机会。二、我的外贸人员都是新手,不熟悉操作,也不知道怎么去与买家沟通,在一定程度上造成了客户的流失。"

### 第二年——扭亏为盈

痛定思痛,第二年,王总不仅更换了外贸人员,还购买了网站上的排名优先广告。没多久,一位来自日本的客户给他们打来了电话,并通过短暂交谈很快就与他们谈成了一笔18万元的订单。这名买家告诉王总,他正是通过阿里巴巴找到了万事达伞业。这个消息坚定了王总在网络上继续走下去的信心。现在,这位客户已经成了王总的老主顾,不仅去年总共下了60万美元的订单,今年还将与他们展开近100万美元的合作。

王总的企业从亏损阴霾中走了出来,与美国、墨西哥、日本、韩国、巴西、马来西亚等二十多个国家的买家建立了联系,外贸业务终于步入了正轨。

### 第三年——由纯内销转成纯外销

"从去年开始,我将全部的精力都投入到外贸领域。"王总说,"做外贸利润高,资金回流快。而通过网络做外贸操作更是简便、快捷,只要一台电脑我们就可以参加一场'365天的展会'"。

上虞市万事达伞业有限公司四年的出口路上有电子商务共伴风雨,依靠网络,小雨伞终于登上了国际大舞台。按王总的话说,网络贸易是企业一定要占领的市场,阿里巴巴我会一直使用下去。

### 第四年——快速发展

依靠互联网公司快速发展,四年下来,收益至少达到4000万人民币。

**选择题**

1. 上虞市万事达伞业有限公司通过阿里巴巴的(　　)服务开展国内贸易。
   A. 淘宝网　　　　B. 诚信通　　　　C. 阿里软件　　　　D. 雅虎搜索
2. 上虞市万事达伞业有限公司外贸出口扭亏为盈的法宝是(　　)。
   A. 更换外贸人员　　　　　　　　B. 在电视上打广告
   C. 购买了网站排名服务　　　　　D. A 和 C 同时并举
3. 以下说法中正确的是(　　)。
   A. 上虞市万事达伞业有限公司通过引入电子商务使出口扭亏为盈
   B. 小雨伞等小商品不适合在国际上销售
   C. 该公司从内贸成功转外贸的关键是改进了产品质量
   D. 该公司从内贸成功转外贸的关键是降低了销售价格

**思考题**

1. 王总第一年通过阿里巴巴电子商务平台做外贸没有获得成功的原因有哪些?
2. 该公司第二年外贸出口得以扭亏为盈的关键是什么?

## 11.8　案例8　成熟产品也能开拓国际市场

很多人有个误区,认为电子商务比较适合新产品的推广,就众多"中国供应商"的真实体验来看,成熟的产品在阿里巴巴平台上同样有着广阔的拓展空间,宁波卫山多宝建材有限公司就是一家成功的企业。

**电子商务不拒绝成熟产品**

宁波卫山多宝建材有限公司生产的玻璃纤维网系列产品主要用于建筑外墙,是一种保温材料,由于发达国家建筑环保和节能的意识比较普及,这种产品得到了广泛运用,也成为了大宗的采购商品,是一种成熟的产品。钟经理介绍:"由于玻璃纤维网系列产品的成熟度比较高,相对于新产品买家素质的参差不齐,玻璃纤维网系列产品的买家是专业的,在与供应商的沟通中买家会更关注供应商的企业规模、服务等。我们通过引入电子商务,让更多的买家可以便捷和详细地了解卫山多宝的企业和产品,也为企业参与国际竞争打下了深厚的基础。从接触网络,到今天2年多的时间里,网络贸易已占公司销售总额的70%~80%,多年的网络推广不仅直接推动了企业规模的不断壮大,而且还提升了企业的国际影响力。"

**效果与心态有直接关系**

企业实力位居行业前列的卫山多宝是如何看待电子商务的效果的呢?

电子商务非常适合卫山多宝的需求,因为他们有与国际买家交流的强烈欲望,希望能通过主动的方式去接触买家,所以电子商务有没有效果与是否真的需要它有一定的关系。当然通过实际的操作体验,他们发现能否成交其实与心态有着更直接的关系。

因为买家是有感情的人,卫山多宝的心态会很清晰地传达给买家,所以在与买家沟通时保持一个健康的积极的心态会赢得更多的回报。卫山多宝有一位德国的客户,他最初发来的询盘就是一个"群发"邮件,卫山多宝只是众多联系厂家中的一个,成交的概率很低。但卫山多宝没有放弃,客户既然发来了询盘一定是有信息吸引了他,卫山多宝及时认真地回复了询盘,并第一时间寄出了样品,通过不断与买家沟通,最后买家给卫山多宝下了订单。试想当初如果没有积极争取敢于竞争的心态,卫山多宝能获得买家的订单吗?每一个员工都保持健康积极的心态,想不成功也难啊!

钟经理最后谈到,成熟产品的买家相对专业,但也要注意识别个别鱼目混珠的买家,大家可以通过以下几点去判断:

(1)买家的联系信息是否详细;

(2)买家对产品是否了解;

(3)买家的需求是否与其所在区域的需求特征吻合等。

**选择题**

1. 成熟产品的专业买家更关注供应商的(  )。
   A. 是否有新产品　　B. 规模和服务　　C. 价格　　　　D. 生产能力
2. 根据(  )来判断成熟产品的买家是否专业。
   A. 买家的联系信息是否详细
   B. 买家对产品是否了解
   C. 买家的规模是否大
   D. 买家的需求是否与其所在区域的需求特征吻合
3. 从接触网络,到今天2年多的时间里网络贸易已占公司销售总额的(  )。
   A. 40%~50%　　　B. 80%~90%　　　C. 70%~80%　　　D. 60%~70%

**思考题**

1. 企业在开展电子商务的时候,如何针对成熟产品和不成熟产品制定不同的推广策略?
2. 卫山多宝是如何看待电子商务的效果的?

## 11.9 案例9 特殊产品也可通过网络做外贸

众所周知,浙江天台是全国最大的产业用布生产、销售集散地,被称做"中国过滤布名城",现拥有产业用布生产企业300多家,西南滤布厂就是其中具有代表性的一员。

从创办时只拥有5台老式机器开始,到如今成为世界上专业生产高品质合成纤维布的主要制造商,固定资产2500万元,拥有先进的现代化织机70台,年产优质工业用布1000万平方米。西南滤布厂的快速成长吸引了越来越多的目光,人们不禁要问:他们靠什么取得了如此快速的发展?

**李小姐为记者解答了心中的疑问**

在工厂成立初期,我们专做国内贸易,一直到前年才开始从事出口。刚开始我们遇到很多问题——由于产品的特殊性,参加展会对我们来说作用不大,不能为工厂带来足够的客源,因此如何寻找海外买家,成为困扰企业的大问题。

**寻找客源大海捞针**

参展行不通,我们只有另辟蹊径——到网络中寻找客源。刚开始就像大海捞针,作为外贸专员,我每天都要在网上搜索买家信息,方法就是机械地在搜索引擎中输入关键词,然后浏览买家资料,遇到合适的买家,就主动发去邮件询问是否有合作意向。不可否认,这样做有点盲目,收到的效果也并不理想,因此对于出口贸易刚起步的我们来说,面临着很大的挑战。

我们试图改变这种不利的局面,希望有一个专业的平台能提供我们所需要的海外买家资源,也能让他们了解我们的产品信息,并主动与我们洽谈。直到去年年初,通过朋友的介绍以及平时的了解,我们发现了阿里巴巴英文站,并在3月份正式加入了"中国供应商",事实证明,到现在为止在阿里巴巴网站的协助下,我们的出口贸易取得了不小的成绩。

**主动出击机会更多**

让我印象最深的是一位来自越南的买家,并不是他主动寻找卖家,而是我们通过阿里巴巴英文站上的求购信息,搜索到这位客户,并给他发去邮件,提供了我们的产品类型、价格等资料。没想到很快就收到了他的回复,双方对这项合作都很有信心。经过二十天左右的洽谈,顺利地签下了2万美元的订单,虽然金额不多,但是这件事给我们触动非常大,对于供应商来说,并非一定要等买家找上门,也可以主动出击寻找买家,机会会更多。

有了阿里巴巴这个网络平台,我们变得不再被动了。对于海外买家,我们有很大的空间可以选择,与此同时,更能主动寻找买家,这样使我们积累了更多的客源,相信这是一个长期合作的过程,如果利用好阿里巴巴这个媒介,我们的发展会更迅速,规模会更大。

在时隔两年之后,记者再次拨通了李小姐的电话,通过简单的交流,这两年来西南滤布厂的情况呈现在人们眼前。

李小姐依然每天处理买家询盘,她的要诀就是"快",没有速度就要落后,此外,她坚持主动出击,经常关注阿里巴巴国际站上的求购信息,根据内容来判断买家的采购意向,最终确定是否值得跟进。一方面是等买家上门,一方面是主动出击,两者有机结合,李小姐的操作技巧很简单,却在简单之处见功夫。

此外,从展会和网络两个不同的角度来看,李小姐认为两者不能绝对地用效果来衡量:"展会和网络都要靠机遇,因为网络上的买家询盘,如果质量高,就很容易转换成订单;而展会的效果取决于买家的流量和质量,如果遇到专业的展会,成交的概率也大很多。"

**选择题**

1. 由于产品的特殊性,参加展会对我们来说作用不大,不能为工厂带来足够的客源,因此(　　)成为困扰企业的大问题。
    A. 如何寻找海外买家　　　　　B. 如何开发新产品
    C. 如何管理企业　　　　　　　D. 如何推广产品
2. 通过朋友的介绍以及平时的了解,公司发现了阿里巴巴英文站,并正式加入了(　　),事实证明,到现在为止在阿里巴巴网站的协助下,出口贸易取得了不小的成绩。
    A. 免费会员　　　B. 诚信通　　　C. 贸易通　　　D. 中国供应商

**思考题**

1. 西南滤布厂刚开始到网络中寻找客源是采用哪种方法?
2. 西南滤布厂李小姐做外贸的要诀是什么?

## 11.10 案例10　网络怪才获取大订单

一家从科研院所转制而来的科技型企业,一个五年来孜孜不倦植根于电子商务的年轻人,创造了一段西部企业的网络传奇。

**第一次创业以失败告终**

他,就是广西新晶科技有限公司的外贸部经理沈君才先生。1987年,大学毕业的沈君才被分配到广西化工研究院搞科研工作,那段时间被他称为"闭门修炼"的日子,整整10年的科研工作不仅巩固了专业知识,更磨炼了他的意志和耐心。不过搞科研总是枯燥乏味的,渐渐地,年轻的沈君才开始坐不住了。

这个时候,正巧研究院实行改制,有一部分人员分离出来从事化工产品的销售,沈君才如愿以偿地来到了销售部门,开始了人生的第一次创业。

"那个时候不幸遇到行业不景气,加上自己也没有任何销售经验,因此第一次创业没有开始,就以失败告终了。"沈君才笑着回忆说,"1997年底,受到挫折的我近乎下岗状态,每天无所事事。这样的日子持续了将近三年的时间,期间我也在不断思考,是否有什么方法可以改变当时的困境,可是始终没有找到出路。"

路在哪里?沈君才没有一刻不在想这个问题。

**花费所有积蓄买了一台电脑**

时间不知不觉已经进入1999年,一天沈君才心血来潮地告诉家人:"我准备拿出所有的积蓄买一台电脑。"这个消息一传出,立即遭到绝大多数家人的反对。"因为当时经济情况的确不好,7000元在那个时候对于广西一个普通家庭来说,不是一个小数目,何况是拿去买一台电脑。"

但是,有一个人站在了沈君才这边,那就是他的妻子。妻子投来那信任的眼神让他至今难忘:"我也知道这些钱是我们多年的心血,但是当时我觉得只有网络可以改变我的命运了,我想,通过网络发布我们的产品信息,所花的上网费总比出差一次所花的钱要少,虽然当时对电子商务的概念非常模糊。"

在妻子的支持和鼓励下,沈君才兴高采烈地捧回了一台组装电脑,可是从来没有碰过电脑的他,连电脑都不会开,更别提中文打字、上网了。

一台电脑,加上一根电话线就开始了最原始的拨号上网:"当时上网的费用高、速度慢,所以我把重点放在众多电子商务网站上,一下子注册了200多个网站的免费会员,有阿里巴巴、化工网、农药网等。为了节省电话费,我经常利用晚上半价时间来上网,期间我还写了两篇论文——《Internet上的化工资源》和《我国饲料添加剂发展状况、问题及对策》,也算是最初的一点心得吧。"

**同事眼中的"怪人"**

1999年初,研究院完成转制,沈君才回到了原单位继续工作,可是对网络世界的着迷使他每天将电脑书籍带在身边,有空的时候就拿出来仔细研究一番。后来更是一发不可收拾,沈君才干脆把电脑搬到单位里,一边上班一边在网上发布信息。

他的行为引起了公司领导的不满,当时公司其他业务员主要利用传统的电话、传真方式联系业务,不管天寒酷暑都要在外面跑业务,可是沈君才却每天守着那个"铁盒子",不得不让人另眼相待。"来自领导和同事的压力很大,他们说在广西都没有几个人知道什么是电子商务,你怎么会明白呢?但是我不信这个邪,因为在网上发布信息以后,我的确收到了不少国内外客户的反馈,这些是支撑我顶住压力,继续干下去的重要原因。"

就这样,这个同事们眼中的"怪人"通过业余钻研,慢慢掌握了基本的电脑操作、网上冲浪、发布产品信息及制作、设计网页等本领,并为多位国际客商寄送了样品。由于毕业之后的工作几乎没有用到英语,而网上冲浪必须具备良好的英语基础。为了捡回荒废了十多年的英语,他还利用业余时间学习英语,晚上还到广西大学去补习英语口语……

一段网络传奇在那时就播下了种子。

**第一笔成交说服领导投资电子商务**

在摸索和等待中,沈君才迎来了投身于网络营销以后的第一笔订单,当时的情景他已经记不清了,只记得自己长长地舒了一口气,肩上的担子似乎轻了不少。

那位买家是通过阿里巴巴网站结识的,沈君才说,200多个网站中,阿里巴巴的反馈是最多的,服务是最好的。

人们开始逐渐接受网络贸易这种新兴的事物,收费服务逐渐成为一种大势所趋。沈君才认为,时机已经成熟,他满怀信心走进了领导的办公室——他要去说服领导投资阿里巴巴网站,成为"中国供应商"。

成为"中国供应商"会员以后,公司收到的询盘慢慢多起来,沈君才在电子商务操作方面的经验也越来越丰富了,合作买家遍布东南亚、欧洲等地区。

洽谈周期最短的是一位东南亚买家,他明确要求新晶公司提供某种产品,所以价格谈妥以后,买家没有要样品就下订单了,前后不过 1 个月的时间。

一般的洽谈周期都保持在 1 年左右,因为化工产品本身的特殊性,决定了产品进入某个市场,有许多要求和门槛。一位日本买家求购的产品是无公害白色防锈颜料三聚磷酸铝,这是我们自行开发的产品,具有优势。可是买家的要求非常苛刻,要求各项指标达到食品行业的标准。这对我们提出了很高的要求,就这个指标我们足足研究了 1 年时间,终于满足了客户的需要。目前,我们公司每年向这位日本买家提供几百吨的三聚磷酸铝。

当然,还有一些潜在客户目前无法实现他们的要求,比如 GMP(Good Manufacture Practice,良好作业规范)认证、低重金属含量要求等,目前,公司的 GMP 认证正在验收阶段,全体职工都在努力工作,力争年底通过 GMP 认证工作,相信潜在客户将会成为我们忠实的合作伙伴。

新晶公司注册成为阿里巴巴"诚信通"会员,国内外业务同时开展。谈起阿里巴巴这个老朋友,沈君才有说不完的喜悦:"我真庆幸当时选择了阿里巴巴网站,在那 200 家网站中,我唯独对她情有独钟,这也是一种缘分吧。"

如今的新晶公司已今非昔比,网络营销给公司带来了令领导刮目相看的业绩。"这几年,我们连年超额完成公司的目标,领导很信任地将网络营销这一块完全交给我全权负责,从网上得到的信息也有专门的业务员进行跟进。经历了这么多年网络贸易,现在我是真正放下心来了……"

看着这些成绩,沈君才开心地笑了。电子商务历程让他饱受风霜的洗礼,所承受的压力也是常人无法想象的,但是始终不变的是对电子商务的执着和信念——这才是缔造这段网络传奇的真正动力。

**选择题**

1. 广西新晶科技有限公司一般的洽谈周期都保持在( ),这是因为化工产品本身的特殊性,决定了产品进入某个市场,有许多要求和门槛。

    A. 3 个月      B. 6 个月      C. 1 年左右      D. 2 年左右

2. 为更好地扩展销路,新晶公司注册成为阿里巴巴的( )会员,国内外业务同时开展。

    A. 中国供应商      B. 诚信通      C. 普通      D. TRUSTPASS

**思考题**

1. 什么是缔造广西新晶科技有限公司的外贸部经理沈君才先生这段网络传奇的真正动力?

2. 加入中国供应商后,为什么还要加入诚信通?

## 11.11 案例 11　让我们的光明照耀全世界

　　山东光明钨钼股份有限公司始建于 1959 年,1970 年开始生产钨钼系列产品,2002 年公司成立外贸部,正式开始拓展国际市场。

　　说起那段日子,栾先生有太多的感慨:"当时公司内部没有专门从事外贸操作的人员,因此仅有的几位外贸人员也都是中途转行,对于外贸操作了解甚微。我们只能从简单的外贸实务入手,从易到难、由浅入深,在实践的摸爬滚打中逐渐成长。当时遇到最大的困难是外贸经验和客户资源的缺乏,使得我们无法在第一时间清楚地了解国外市场的发展情况,在开发客户资源方面也非常盲目。"

　　外贸业务从零开始发展到今天,这其中的酸甜苦辣只有栾先生自己清楚。

　　钨钼产品属于工业用品,就一般情况而言,越是经济发达的国家和地区,工业发展水平也相对较高,对钨钼产品的需求量也越大,所以光明公司的目标市场主要在欧美、日本、东南亚等国家和地区。

　　栾先生介绍说:"通过参展的方式,我们将韩国市场'攻'下来了,目前韩国一些业内专业买家都是我们的合作伙伴。但是展会也有一定的局限性,费用比较高,而且对于我们冷门行业的产品来说,很难在展会上遇到专业的买家。"

　　光明公司的细钼丝和钼坯条占国内产销量的 30% 以上,如此巨大的产销量表明,他们的客户并不仅仅局限于国内市场和韩国市场。与两年前相比,光明公司在外贸出口方面更加游刃有余。

　　"当然,参加展会并不是最好的推广渠道,我们还选择了一家知名的电子商务平台,那就是阿里巴巴网站。合作以来,我们已经接到五六笔海外订单,金额都在几千美金。更为重要的是,通过网络的推广,我们打开了两块市场——印度和巴基斯坦,在那里,我们公司已经享有很高的知名度,目前我们正在为进军欧美市场做准备。我们不仅仅是要获得良好的经济效益回报,我们更要大力地推广企业的品牌和知名度,只有将这两者更好地结合在一起,企业才能长期地、健康地发展。"

　　栾先生在钨钼行业一干就是五六年,下过基层,因此对钨钼产品相当熟悉,这为他在外贸洽谈过程中的出色表现奠定了基础。"熟悉产品不仅要了解产品本身的性能、品质、价格等,还要对国内同行有一个清楚的认识。在与客户的洽谈过程中,我会很坦白地告诉客户同行的优势在哪里,我们的优势又在哪里。有些方面我们需要在客户的帮助下有所改进,我们与客户建立的不是一种纯粹的买卖关系,更多的是一种朋友间的交流。"

　　另外,随着询盘量的日益增多,如何有效地管理客户也是一门学问,在这方面,栾先生在实践中总结认为,有效管理客户的前提是细分客户,即按照不同的标准将客户分成若干个文件夹,不同类型的客户利用不同的方法加以跟进、处理。"首先根据邮件的措辞将询盘分为三大类:第一种是与我们公司的产品不相关的询盘,第二种是刚开始销售钨钼产品的新手,第三种是行业内的专业买家。相比较而言,我们将第二种询盘作为重点来跟进,因为专业买家有固定的供货渠道,他们发询盘的目的更多的是了解价格和市场行情,而新手更需要我们花时间去培养、引导,极有可能成为大买家。

其次,按照国家和地区的不同划分,将同一个国家的同一类买家进行横向比较,这个目的是真正了解对方市场的情况。

细分客户的过程也是筛选客户的过程,虽然管理起来有些麻烦,但是随着客户数量的增多,这种筛选似乎成了一种习惯,已经紧密贯穿于我的日常工作中。"

说到未来,栾先生信心十足:"前方的路还很长,还有更广阔的市场等着我们去开拓。我相信有了质量、价格和服务作保证,我们一定能让光明照亮全世界的每一个角落!"

**选择题**

1. 光明公司的目标市场不包括以下(　　)国家和地区。
   A. 欧美　　　　B. 日本　　　　C. 非洲　　　　D. 东南亚
2. 对钨钼产品的目标市场定位错误的是(　　)。
   A. 经济发达的国家或地区　　　　B. 经济落后的国家或地区
   C. 欧美发达国家　　　　　　　　D. 日本
3. 下列说法不正确的是(　　)。
   A. 细分客户有利于对客户进行有效管理
   B. 细分客户有利于维护客户关系
   C. 细分客户有利于更好地定位产品
   D. 细分客户不利于对客户进行跟进和服务

**思考题**

1. 栾先生在有效地管理客户上有哪些经验可以借鉴?
2. 细分客户给企业带来的好处是什么?

## 11.12 案例 12　亿元企业更需要网络营销

作为一家产值过亿元的企业,其生存和发展就更需要战略眼光。外向型的企业需要一个面向全球的定位和运作方式。互联网网站正是弥补空间和时间距离的营销利器,而不做推广的网站只能落得"门庭冷落车马稀"。产值过两亿元的昆山捷峰机械设备有限公司(以下简称捷峰)利用"雅虎搜索竞价"成功推广了自身的网站,改变了只有网站、没有效益的尴尬局面。成为互联网时代"强者更强"的代表。

昆山捷峰机械设备有限公司是有理由骄傲的。捷峰机械总投资 600 万美元,年产模具铣床 3000 多台、数控机床及加工中心 300 多台,是"中国台湾翊峰机械有限公司"在江沪地区的销售公司,是一家实现销售收入 2 亿多元,创税上千万元的一家高新技术企业。

作为一家产值过亿元的企业,其生存和发展就更需要战略眼光。作为一个要面向全球市场求生存,需兼顾中国大陆及中国台湾、东南亚、美国等不同地区客户需求的企业,捷峰人有他们独特的市场运作考虑。如何用最低的成本去成就最好的营销效果、去做最广阔的市场是每个企业都要面对的重要课题,而捷峰选择了互联网这个 21 世纪最快速而神奇的传播媒体。一心想告别销售人员满地跑、疲于奔命找客户的传统行销方式,捷峰在企业成立初期就制作了公司的专业网站,但一段时间过去了,还是"门庭冷落车马稀",网络并未给他们任何的青睐。

捷峰第一次接触雅虎搜索竞价,就被其强大的搜索资源、先进的服务体系和低廉的单击收费价格所吸引,一口气做了和产品有关的几十个关键词,并要求全部排名第一。

原本只是抱着试试的心态,但是接下来的日子对捷峰来说是阳光灿烂的。捷峰机械网站的访问量几乎是一夜之间增长了,还经常接到陌生客户询问产品信息的电话。后来公司的网管从后台监测系统发现了原因,接近80%的网站访问量都是由雅虎竞价搜索到自己的,而绝大多数的外地客户都是浏览了公司的网站才联系到公司进行合作的。网站的流量上升了,来自网络的订单自然随之增加了。甚至有来自国外的厂商!

"原来生意就这么简单",捷峰的业务员不由地叹道:"编制了网络这张铺天盖地的信息大网,再遥远的客户也能'天涯而咫尺'了!而且因为雅虎搜索竞价提供的客户都是自己主动搜索产品的,所以购买意向明确,也不用像以前那样磨破嘴皮地推销讨好,洽谈业务也变轻松很多呢。"经过这次"试水",捷峰对网络营销的意念也更坚定了,真是"轻轻一点,商机无限"啊。

作为一家已经有2亿元营业额的企业,其销售能力可见一斑。但是面对国际化的竞争,传统的营销手段已经不能完全满足企业发展的需求。拥有长远战略眼光的企业必将像捷峰机械一样通过携手"雅虎竞价"站在现代互联网营销的最前沿。"亿元企业更需要网络营销"是捷峰机械留给我们的深刻启示。

**选择题**

1. 昆山捷峰机械设备有限公司利用(　　)成功推广了自身的网站,改变了只有网站、没有效益的尴尬局面。
   A. 雅虎搜索竞价　　　　　　　　B. 诚信通竞价排名
   C. 诚信通　　　　　　　　　　　D. 中国供应商
2. 雅虎搜索竞价具有下列优势,包括(　　)。
   A. 强大的搜索资源　　　　　　　B. 先进的服务体系
   C. 低廉的单击收费价格　　　　　D. 以上都是
3. 公司的网管从后台监测系统发现接近(　　)的网站访问量都是由雅虎竞价搜索到自己的。
   A. 60%　　　　B. 70%　　　　C. 80%　　　　D. 90%

**思考题**

1. 为什么昆山捷峰机械设备有限公司的业务员觉得"原来生意就这么简单"?
2. 产值过亿元的企业相比其他一些中小企业,在经营上有什么特殊要求?
3. 已经成功的昆山捷峰机械设备有限公司,为什么还要选择雅虎竞价服务?

## 11.13 案例 13 从"门外汉"向"行家里手"挺进

淄博新洲汽车配件有限公司主要生产各种汽车配件,刹车盘是目前的主导产品,90%以上的产品用于出口。为了开辟新的客户资源,新洲公司于 2003 年年底加入了阿里巴巴"中国供应商"。由于没有网络贸易的实战经验,新洲公司可谓是电子商务的"门外汉"。

在这个关键的时候,国际贸易部经理李长宁走马上任,执掌国际贸易部。虽然对于电子商务有一定的了解和认识,但是对于汽车配件行业来说,李先生完全是一名新手——两个"门外汉"碰到了一块,烦恼还真不少,"对于企业来说,急切希望通过电子商务获得更加广阔的客户资源和国外市场;对于我自身来说,有太多的行业知识、标准规范等需要尽快掌握。因此 2003 年年底是我们公司发展史上的重要环节,也是我自己人生历程中的一个转折点。"

目前,新洲公司每天都能收到 1~2 条买家反馈,主要来自美国、加拿大、伊朗等美洲和中东国家,与公司原计划开拓的目标市场是相统一的。除了求购刹车盘系列产品外,买家也会针对其他汽车配件产品发来询盘。虽然这些超出了新洲公司的生产范围,但是为了满足客户的需求,外贸人员会尽力帮他们寻找相关的供应商和产品,企业也逐渐朝着生产商和贸易商双重身份发展。

公司网络贸易的顺利开展离不开李先生的辛勤耕耘,经过风风雨雨的洗礼,现在的他已经能够运用汽车配件行业的专业术语回复买家的邮件,对于买家提出的问题也能答复得轻松自如。"买家希望与专业的供应商合作,因此每天我都不能停止学习的步伐。通过阅读专业书籍、资料,通过与技术人员的交流,我逐渐掌握了基本的行业知识,并在实战中结合图纸、样品与买家沟通,得到了买家的信赖和认可。"说到这里,李先生欣慰地笑了。

半年时间过去,这期间的酸甜苦辣只有李先生自己知道:"我把这六个月时间称为过渡期,两个'门外汉'正在向'行家里手'方向一点点靠近。"

通过阿里巴巴网站的牵线搭桥,新洲公司结识了 100 多家国外客商,其中具有合作意向的有 20 多家,已经下订单的有 2 位买家。

"一位美国买家发来询盘向我们求购刹车盘,这是我们的主打产品,因此在交流的过程中,我们也给买家提出了不少建议,比如采用不锈钢材料,既保证了产品的质量和性能,又为买家降低了成本。我们的专业赢得了买家的信赖,在寄送样品的过程中,我们要求与买家共同承担样品费和邮费,对方也非常乐意接受。现在每个月,我们与美国客商都保持着 1~2 个货柜的稳定订单,每笔订单的金额都在 100 万美金左右。"李先生娓娓道来:"还有一位加拿大买家求购汽车灯泡,双方正在就细节问题展开探讨,比如产品质量、价格、包装等。买家好几次都想提前下一笔试单,但是我们都委婉拒绝了,因为我们希望把最优质的产品呈现在买家面前,不能辜负了他们的期望。"

如今的李先生俨然成了汽车配件行业的"行家里手",新洲公司的电子商务之路也随之渐入佳境。据了解,新洲公司正在准备提高生产能力,扩大经营范围,覆盖汽车配件行业的各种产品,使企业真正向全能型方向迈进。

**选择题**

1. 新洲公司从"门外汉"向"行家里手"转变的过程中,使用了阿里巴巴以下(　　)产品或服务。

　　A. 阿里软件　　　B. 阿里旺旺　　　C. 中国供应商　　　D. 诚信通

2. 新洲公司希望通过电子商务获得(　　)。

　　A. 新的客户资源和国外市场　　　B. 打开国内市场

　　C. 获得先进的技术　　　　　　　D. 国内汽车行情信息

3. 新洲公司的经营范围是(　　)。

　　A. 汽车制造　　　B. 汽车销售　　　C. 汽车配件　　　D. 汽车进出口

**思考题**

1. 李先生和新洲公司为什么能在短短六个月从"门外汉"向"行家里手"挺进?

2. 一位加拿大买家向新洲公司求购汽车灯泡,好几次都想提前下一笔试单,但却被委婉拒绝,为什么?

# 参 考 文 献

1. 宋文官.电子商务实用教程[M].4版.北京：高等教育出版社,2011.
2. 黄敏学.电子商务[M].北京：高等教育出版社,2010.
3. 方美琪,付虹蛟.电子商务理论与实践[M].北京：中国人民大学出版社,2005.
4. 加里.斯奈德等.电子商务[M].3版.成栋译.北京：机械工业出版社,2010.
5. 冯英健.网络营销基础与实践[M].3版.北京：清华大学出版社,2010.
6. 斯蒂芬.哈格等,信息时代的管理信息系统[M].严建援等译.北京：机械工业出版社,2010.
7. 美国商务部经济与统计管理局.再度崛起的数字经济[M].杨冰之,朱明娟译.北京：企业管理出版社,2004.
8. 王维安,张建国,马敏.网络金融[M].北京：高等教育出版社,2002.
9. 劳帼龄.电子商务安全与管理[M].北京：高等教育出版社,2010.
10. 宋文官.电子商务实训[M].北京：高等教育出版社,2009.
11. 杨坚争.电子商务基础与应用[M].西安：西安电子科技大学出版社,2009.
12. 宋文官.网络技术与应用[M].2版.北京：高等教育出版社,2010.
13. 瞿彭志.网络营销[M].北京：高等教育出版社,2010.
14. 宋文官.网络营销及案例分析[M].北京：高等教育出版社,2004.